U0926069

社会保障制度史

History of Social Security System

主　编　刘　芳　毕可影

内容提要

社会保障制度的发展可划分为早期慈善救济、现代社会保障制度的出现、社会保障制度的初步发展、社会保障制度的快速发展、社会保障制度的改革等五个阶段，通过对这五个阶段发展脉络的梳理，本书将系统阐述社会保障制度产生、发展与改革的历史进程，以及社会保障制度从低水平保障到高水平保障的过程。同时，本书还讨论了西方国家社会保障制度发展的经验与教训及其对中国的启示，具有很强的现实针对性；并注意剖析中国社会保障制度产生和发展的政治、经济和文化环境，注意剖析社会保障制度的内在发展机制和历史发展脉络，是本书的突出特色。

本书适合劳动与社会保障专业的研究者和本科生阅读，也可供关心社会保障问题的社会学、管理学学者和社会公众参考。

图书在版编目(C I P)数据

社会保障制度史 / 刘芳，毕可影主编. —上海：上海交通大学出版社，2018

ISBN 978-7-313-18542-6

Ⅰ. ①社… Ⅱ. ①刘…②毕… Ⅲ. ①社会保障制度-历史-中国 Ⅳ. ①D632.1

中国版本图书馆 CIP 数据核字(2017) 第 302114 号

社会保障制度史

主　　编：刘　芳　毕可影

出版发行：上海交通大学出版社　　地　　址：上海市番禺路 951 号

邮政编码：200030　　电　　话：021-64071208

出 版 人：谈　毅

印　　刷：常熟市大宏印刷有限公司　　经　　销：全国新华书店

开　　本：787mm×1092mm　1/16　　印　　张：10.25

字　　数：242 千字

版　　次：2018 年 2 月第 1 版　　印　　次：2018 年 2 月第 1 次印刷

书　　号：ISBN 978-7-313-18542-6/D

定　　价：49.00 元

前言

“社会保障制度史”作为高等学校劳动与社会保障专业的主干课程之一，在专业课程体系中的基础地位和重要性毋庸赘言。上海工程技术大学社会科学学院在劳动与社会保障专业本科和研究生教学与科研实践中，深感“社会保障制度史”经典教材的缺失。2013 年底，我们将本书的写作列为学院重点教材建设项目之一，并着力推进本书的编写工作。本书的写作正是建立在我们日常教学与科研实践经验的基础之上。本书可作为高校社会保障专业的教材资源，也可为各类民间服务组织、社区、企事业单位等实务领域的人员提供参考读物。

社会保障是现代国家最重要的社会经济制度之一。建立健全与经济发展水平相适应的社会保障体系，是经济社会协调发展的必然要求，也是社会稳定和国家长治久安的重要保证。而社会保障成为一种完善的社会制度，是最先从一些西方国家开始的。在此方面，他们积累了丰富的社会保障经验与教训。同时，关于社会保障的理论探讨，在西方也有着深厚而源远流长的传统。进入新的世纪，我国的劳动保障制度改革也面临着新的情况和新的问题，需要认真学习和借鉴国外的一切有益经验。所谓“他山之石，可以攻玉”，为了进一步完善中国的社会保障制度，为了加强有中国特色的社会保障制度理论创新，我们有必要对东西方的社会保障制度发展史做一个细致而全面的梳理与研究。

基于此，本书试图对西方的社会保障制度发展史做一个全景式的梳理，并力争做到与本土经验相印证。在写作思路上，本书以西方社会保障理论及其实践的发展演变为基本线索，考察了不同时期西方主要社会保障制度出台的背景、思想内涵、实践经验及其深远影响，并尝试将制度的发展置于社会变迁的脉络中予以考量，着力勾勒出西方社会保障制度的完整发展历程，并对中国的社会保障制度历史发展及其未来创新型建构提出思考。

目录

第一章　古代社会保障制度的思想启蒙

社会保障理论不仅为各国社会保障制度的建立、发展和完善提供思想指导，而且为各国在实践操作过程中提供具体的分配原则和分配方法。社会保障的历史发展悠久，理论也源远流长。本章将着重梳理古代西方和古代中国社会保障的思想渊源，以厘清社会保障思想的发展脉络。

第一节　西方古文明中的社会保障思想

社会保障思想的形成不是一蹴而就的。在人类历史发展的长河中，伴随着社会生产的发展，社会保障思想也开始出现、形成和发展，由最初为了生存而被动做出的选择，到后来人类有意识地建立系统性的规章制度，这期间经历了几个世纪的发展。

一、互助互利思想

互助互利的思想及行为产生于古代社会，在当时生产力水平较低的情况下，人类为了维持生存自发形成。原始社会里，大家共同生产，共同享受，多则同饱，少则同饥：生产的功能与保障的功能合一，既无功能的分化，也无结构的分化，因此，它的社会成员是很平等的，不论男女老幼都是从集体得到物质分配。这种互助互利的思想，在生产力极端低下的情况下，可以保证其成员发挥各自的优势，取长补短，优势互补地发挥自己的作用，使集体能够最大程度地获得所需的物资。但当时群体或者集体能够提供的保障也是极其有限的，所实施的范围仅限于氏族部落内部，至于氏族之外，氏族部落之间，不仅不能一视同仁，拉平饥饱，而且常常争食争地。人类以氏族的形式进行生活和生产，通过互帮互助维持生存。

在社会发展的过程中，基督教的主张对互助互利思想的发展起到了推动作用。基督教主张，“除了上帝以及与之相关的意外别无他善。一个人的首要义务是爱上帝而非爱父母。”[①]基督教注重不分远近的普遍之爱，在《圣经·旧约·申命记》中载有：“耶和华的子民

① 【法】谢和耐.中国文化与基督教的冲撞[M].沈阳：辽宁人民出版社，1989：190.

们，在每年年底，农民应将田地收获粮食十份取一份，牧民应将牛羊群十份取一份，或将其换成银子送到城里，给无分无业的人，并孤儿寡妇。”正是这种以“博爱”为基础的观念，互相帮助的观念，推动政府为主导的现代社会保障制度的建立和发展，开创了西方现代社会保障制度的先河，并影响到全世界。

二、慈善思想和宗教教义

互助互利、救济贫困的思想体现在基督教之中，甚至是基督教兴起的最重要原因。慈善思想是西方社会保障意识产生的最原始的思想基础，人们最早从慈善或恩赐的角度出发来思考和解决贫困问题。基于这种思想，政府和社会逐渐建立了各种孤儿院、济贫院，并对贫困人员发放救济金等。提倡人人共享的平均主义原则，主张穷人互助，反对富人欺压穷人，提倡施爱于人(包括物质与精神的)，爱人如己，倡导人人平等、努力向善，认为互助、博爱即是善的最重要标准。基于这些标准原则，基督教社团在早期开展了各种慈善事业活动。其中宗教教义中的博爱、救赎、平等等思想为社会保障理论的形成和社会保障实践的发展奠定了道德和理论基础。许多宗教机构根据慈善思想和宗教教义来举办各种慈善事业，有组织的向社会贫民施舍衣物、食物。由于宗教伦理与教义的广泛影响使慈善行为的范围扩展到了广大民众，宗教慈善行为逐渐演变成了社会慈善事业。

雅典和斯巴达是众多奴隶制城邦中最具代表性的两个城邦。雅典相对于其他私有制国家发展而言其速度较为缓慢。公元前621年，德拉古把当时的习惯法铸为成文法，加强了私有财产的保障，出现了债务奴隶，社会矛盾日益激化。为了缓和矛盾，公元前594年，执政的梭伦进行改革，改革的主要内容包括：取消债务，禁止借贷的人身担保，废除债务奴隶制，甚至把先前被贵族卖往国外的奴隶也赎回来；建立士兵的遗属保障制度，规定凡殉国者的子女由国家抚养和教育；在贵族会议之外另设一个由400人组成的议事会，从而限制了贵族的部分权利，也为平民把其需要转化为一种权利提供了基础。但是梭伦仍然把雅典的公民按照其财产的多寡分为四个等级。公元前509年，克里斯提尼在梭伦改革的基础上又进行了改革，推进了民主政治的进一步发展。因此，雅典的公民相对于同一时代其他城邦的民众而言享有较好的生存保障。

斯巴达则是带有很强氏族部落特色的农业奴隶制城邦，国家将全国的土地均等地分成若干小块交给斯巴达公民使用。这种份地只允许公民世代相传，不准转让或买卖。随着商品关系发展，大奴隶主兼并土地，使小所有者纷纷破产。公元前4世纪初国家正式承认土地可以转让，之后土地很快地被集中，原始的保障制度逐渐崩溃，丧失土地和公民权的自由民越来越多，使从前依赖公民权的城邦失去了支柱，出现了危机。为解决危机，国王阿基斯四世、克利奥米尼三世和那比斯先后决心改革，主张废除债务，重新分配土地，希望通过这些措施可以增加平等公民的人数和建立以土地保障为主要特征的保障制度。

古罗马人则强调关于责任感的思想。认为富人帮助穷人是一种应当无条件崇奉的即宗教信仰与公理意义上的责任。履行这种责任必须尊重穷人的尊严，否则富人亦无尊严可言。

这些慈善思想和宗教教义的观念贯穿在基督教中，在基督徒内部相互扶助，在基督教信仰人口扩大到整个帝国之后，实行政教合一的行政组织，特别是到了中世纪，基督教拥有的权利更是达到了鼎盛，照顾穷人的责任因而也由教会承担了下来。尽管之后教会衰落，但是其思想却一直发挥着作用，并构成了对现代社会保障制度有益且重要的补充。

三、“天赋人权”观

“天赋人权”观是构成现代社会保障制度最有力的思想来源，前面叙述的各种思想渊源都内涵了天赋人权思想，也可用天赋人权思想概括。早在 17 世纪开始，随着唯物主义思想的形成，社会保障思想的主要内容开始转向讨论政府在社保中的责任，认为政府应该担当社会保障责任的思想多了起来，首先是经济学家，被马克思称为“英国政治经济之父”的威廉·配第在 1662 年写的《赋税论》中将国家（公共）经费分成六个部分，其中一项是救济费，包括“对孤儿、无家可归的儿童以及弃婴的抚养费，和对各种失去工作能力的人及其他没有工作的人的赡养费”。另一项是基础设施和福利事业经费，包括“修筑公路、疏浚可资通航的河流、水道，建筑桥梁、港湾和举办其他公共福利事业所需的经费”。[①] 他分析了使公共经费增加的一般和特殊的原因，并主张削减经费，但他不是主张削减所有经费，他认为有两项经费不仅不应该削减，反而应该增加，这就是上述两项经费。他说：“对这两项，我们却主张增加。大体说来，我把这两项之中的头一项叫做贫民救济。这包括身体健康的老年人、盲者、跛者之类的收容所，以及麻烦的、慢性的、可能治愈以及不能治愈的内科及外科各种疾病的医院。此外，还有急性及传染性疾病的医院；孤儿、无家可归的儿童及弃婴的收容所。”并说，对于规规矩矩地从事劳动的人“应该得到丰衣足食”。另一项要增加的就是公共设施经费。从威廉·配第的上述表述中，我们可以得出两个结论：第一，他认为政府应该对遭受灾害者等进行救助；第二，政府救助的方式是举办收容所等机构，就是说采取政府救济的形式。另外，他认为应向无业贫民提供从事公共工程的就业机会，这反映了其以工代赈的政策主张。

斯宾诺沙最早提出了人的生存权的思想，认为每个人天生都有生存的权利。洛克从理论上论证了“天赋人权”的基本原则，经过 18 世纪法国启蒙思想家的论证和传播，人权便逐渐成了西方意识形态中根深蒂固的东西。在当代，人权论仍是支持社会保障的基本理论依据之一。

“天赋人权”观是构成现代社会保障制度最有力的思想来源，前面叙述的各种思想渊源都内涵了天赋人权思想，也可用天赋人权思想概括。“天赋人权”观的经典表述来自美国总统林肯的“葛底斯堡演说”：“人是生而平等的。”或可直译为“是被（上帝）平等地创造出来的。”卢梭在其《社会契约论》中，已隐含地表达了人是生而平等的这一思想。因为诸多公共职能的需要，他们订立契约，让部分人让渡出一部分权力，使其能够履行公共职能来维系一个社会的有序运行。当这部分人公然违约，将人民让渡的权力作为私有权力去维系一个不

① 王亚南.资产阶级古典政治经济学选辑[M].北京：商务印书馆，1979：20，24.

公正的社会时，人民即有权收回委托的权力，另选他人建立新的条约。马克思盛赞卢梭此书是“资产阶级革命的福音书”。“天赋人权观”实质上是人类最古老的，具有实用性的人本主义道德观，在高级社会阶段的更高级表述形式。[①] 人人具有生存权，最有利于人类种群的生存与延续。人都拥有生存权这一公理直接催生、缔造了现代社会保障制度。这一制度的首要功能，就是维护人人都有的生存权这一天赋人权，这一思想对后来社会追求自由、民主，为现代社会保障制度的产生和发展提供了重要的思想和理论基础。

四、空想社会主义

空想社会主义理论及其实践，是现代社会保障制度的又一重要思想渊源。西方的空想社会主义对理想社会或国度的描述，是一种被理想化的与社会保障有关的思想。

空想社会主义思潮源于古希腊柏拉图所著经典《理想国》。在这本名著中，柏拉图抨击社会的不平等，强调平等、互助、公正，反对私有制，主张财产公有，消除贫富差距，建立一个没有压迫与对立，秩序和谐人人幸福的理想社会。这一思想后来被诸多进步的思想家继承并发展，有公正原则，消除暴力与贫富对立等观点。1516 年英国人托马斯·莫尔《乌托邦》一书的出版成为空想社会主义产生的标志。莫尔向往并探索了一个没有剥削、没有压迫的理想社会：在乌托邦社会，私有制根本不存在，一切都公有，大家都热心于公事；老人受到尊重，儿童得到照顾；医疗全部免费；人们相互帮助，尽量减轻别人的贫穷与困苦。意大利人康帕内拉 1602 年出版的《太阳城》是近代空想社会主义的基石。在“太阳城”里，实行财产公有，人们共同劳动并享有共同成果，法律严明，人人平等。19 世纪著名的三大空想社会主义者——法国的圣西门、傅立叶和英国的欧文将近代空想社会主义理论推向了顶峰。空想社会主义理论中的这些重要主张为西方社会保障理论奠定了一定的思想基础。

资本主义早期阶段，由于野蛮与残酷的资本原始积累的出现使社会贫富的分化严重，广大劳动者感到生活困顿无助，目睹这一切的空想社会主义者出现了。其直接继承了柏拉图等古代进步思想家们的思想，并结合当时社会的实际情况加以阐述，最终形成了空想社会主义学说，直接开启了马克思主义的科学社会主义理论大门。

空想社会主义学说在两个方面丰富了人类思想宝库：

其一，对当时社会的阴暗面、局限性作了深刻的、全面的揭露与批判，从政治、经济到文化。政治上，他们指责选举权的不平等以及种种限制，经济、文化等社会地位低下的广大劳动者实际上基本并未享有选举权与被选举权；经济上，空想社会主义思想家们抨击残酷的剥削所导致的社会分化与对立，并直指私有制乃万恶之源；文化上，他们痛心社会道德的普遍沦丧，人们缺乏关爱和奉献精神，自我为中心，把自己的幸福建立在别人痛苦的基础上。富有者不择手段攫取财富，且社会承认其所带来的负面影响。

其二，面对着各种弊端的社会，空想社会主义思想家们诉求以更先进、更进步、更文明的

① 庞绍堂.社会保障的思想渊源[J].南京社会科学，2008(7)：132－137.

社会取而代之。他们对这一社会作了种种天才的猜测与设想(恩格斯语)。他们认为未来社会应当建立在生产资料公有制的基础上,以此实现社会成员经济地位的平等。社会不平等是一切社会问题产生的根源,而社会不平等的基础是贫富的严重分化。以经济平等(不是平均)的实现为基础,人民才能真正地追求政治、文化平等。公平、正义、道德是空想社会主义学说的核心理念、核心价值,也是现代社会保障制度发端的思想基础之一。

空想社会主义的倡导者不仅提出了这种思想,而且用于实践,其理念蕴含了社会保障全面制度化的追求,客观上为现代社会保障理论与实践的发展提供了指导。而宗教教义和"天赋人权观"对社会保障则主要起着在道德方面的影响。

第二节　中国古代社会保障制度的理论渊源

中国古代的封建王朝时期虽然朝代更替、君主易变,但随着漫长的历史发展,社会保障覆盖面越来越广、保障措施也越来越具体,逐渐形成了对后世颇具影响的几种社会保障思想:大同思想、以人为本思想、仓储后备思想、赈灾救济思想、养老慈幼思想等,本节拟对上述几种思想展开阐述。

一、"大同"社会思想

"大同"思想产生于公元前500多年前,是中国古代儒家所宣传的最高理想社会形态。"大同"一词取自《礼记・礼运篇》,书云:"大道之行也,天下为公。选贤与能,讲信修睦,故人不独亲其亲,不独子其子,使老有所终,壮有所用,幼有所长,鳏寡孤独废疾者,皆有所养。男有分,女有归。货,恶其弃于地也,不必藏于己;力,恶其不出于身也,不必为己。是故,谋闭而不兴,盗窃乱贼而不作。故外户而不闭。是谓大同。"这段话为我们刻画了一个完整和清晰的理想社会轮廓,其中的"天下为公"即实行公有制,是大同社会的最高理想。

这一尽善尽美的理想社会,主要具有这样一些特征。

大同社会是"天下为公"的社会,天下为天下人所共有的社会,在这个全民公有的社会制度中,既包括权力的公有,又包括财物的公有。因而,大同社会实行的是选贤与能的管理体制,社会的管理者是被人们公正选举出来的贤能之才,只有选用德贤之人,才能得到民众的信服。正如孔子所说:"举直错诸枉则民服,举枉错诸直则民不服。"[①]选举贤能的权力属于全社会的民众,持守的原则是"不恤亲疏,不恤贵贱,唯诚能之求"[②],选举的标准是以人的道德修养和管理能力为依据的。儒家认为,只有贤能之人管理社会,社会才能得到和谐有序地运行,而大同社会正是持守选贤任能的人才管理机制。

① 论语・为政.
② 荀子・王霸.

在大同社会中，讲求信睦是构建良好人际关系的原则。持守诚信道德，是大同社会对人的社会行为的基本要求。特别是管理者更要做到讲求信睦，合于道义，这样才能引导人们去践德行义。故孔子说："上好礼，则民莫敢不敬；上好义，则民莫敢不服；上好信，则民莫敢不用情。"[①]孟子也指出："君仁，莫不仁；君义，莫不义；君正，莫不正。"[②]管理者的行为合于诚信道德，这是实现人际关系和谐的重要基础。

在大同社会中，良好的社会保障制度已经建立，人人皆有"所终"、"所用"、"所长"、"所养"，既为社会发展贡献能力，又拥有社会保障的权力。人们视他人父母如自己父母，视他人子女如自己子女，真正实现了孟子所说的"老吾老以及人之老，幼吾幼以及人之幼"[③]。任何人都能得到社会的关怀，任何人都主动关心社会。社会管理者在治国理政时，必须实行重民爱民的政策，保证民众的生存特别是弱势群体的生存。孟子曾说："老而无妻曰鳏，老而无夫寡，老而无子曰独，幼而无父曰孤。此四者，天下之穷民而无告者，文王发政施仁，必先斯四者。"[④]实行爱民养民的仁政德治，重视社会弱势群体的生存，保护每个人的生存发展，这是为政者所应担负的职能和义务，更是大同社会所具有的重要特征。

完善的社会保障制度，和谐有序的社会运行秩序，成为大同社会的重要特征。人们依据自身的年龄性别而具有相应的社会分工，担负相应的社会职能，各尽其力。因此，大同社会没有尔虞我诈的阴谋诡计，整个社会处于安定祥和之中。大同社会，就是儒家追求的修己安人、治国平天下的社会管理目标的完美实现。

在两千年前生产力水平还极其低下的时期，设想出一个建立在生产资料公有制基础上的人类普遍幸福的大同世界，这不仅是超出现在，甚至是超出未来。[⑤]尽管"天下为公"的大同社会理想在当时的社会历史条件下只是一种不可能实现的道德理想，但是这一理想的蓝图吸收了先秦诸子百家的社会理想精华，并在一定程度上反映了古代人们向往美好社会的愿望，从而为后世许多的思想家所继承、阐发与发展，成为贯穿于中国传统社会的重要政治目标和社会理想。清朝光绪年间，康有为的《大同书》就是以孔子的有关思想作为理论武器，宣传变法维新。孙中山实行资产阶级民主革命，但也公开宣传"世界大同"、"天下为公"，以此作为奋斗目标。在长期以"大一统"专制主义作为理想政治形式的古代中国，孔子的大同思想在保障民生、争取公平、凝聚人心上发挥过重要作用，尤其是其维护社会稳定、实现社会协调的功能与今天我们所崇尚的社会保障理念是一脉相承的，在我国这样一个有着悠久儒家思想传统的国家，对孔子的社会保障思想加以吸收、转化和利用将会对中国社会保障制度的改革有着重要意义。

---

① 论语·子路.

② 孟子·离娄上.

③ 孟子·梁惠王上.

④ 孟子·梁惠王下.

⑤ 马克思恩格斯全集.第七卷:405.

二、"以民为本"思想

最早明确提出"以人为本"的是春秋时期齐国名相管仲(公元前725年前后—公元前645年)。在西汉刘向编成、汇辑管仲众多思想的《管子》一书"霸言"篇中,记述了管仲对齐桓公陈述霸王之业的言论,其中有一段论述道:"夫霸王之所始也,以人为本。本理则国固,本乱则国危。"[①]意为霸王的事业之所以有良好的开端,也是以人民为根本的;这个本理顺了国家才能巩固,这个本搞乱了国家势必危亡。管仲所说的以人为本,就是以人民为本。在我国古文献中,"人"与"民"二字经常连用,合成为一个词组。

夏商时,统治者即已实行"以民为本"的政策。《月令》中书有云:"夏王朝在仲春之月,养幼少,存诸孤",提倡在治理国家的过程中,应当也要抚育幼儿和孤儿;商汤也践行了"夷疏而积粟,饥者食之,寒者衣之,不资者振之"的政策,统治期间应当赈灾贫民,使民众皆有所养,解决温饱问题;西周时期,周文王以夏、商覆亡为鉴,力行仁政,"怀保小民,惠鲜鳏寡……用咸和万民",实行仁政,心怀民众,以民为本,关心鳏寡老幼孤独;周武王时期,"欲至于万年惟王,子子孙孙永保民",提倡爱民、保民以维护和巩固江山社稷。商朝开国之主成汤,主张采取不同于夏桀的社会保障政策,提倡统治者在国家治理过程中应当采取利民保民的措施,应当以民为本、爱护民众。商代中兴时期的君主盘庚也曾有过"罔不惟民之承"、"式敷民德"等做法,指出顺民之欲、施德于民的重要性。然而,商代后期,商王失德,失去民心,以致于重蹈夏桀亡国之辙。

西周王朝不仅在思想观点上体现着君主的"爱民、利民"主张,在社会保障各项措施上也极为突显统治者的惠民政策。《周礼·地官司徒》中记载,西周王朝以六项保安蕃息的政策护养万民:"一曰慈幼,二曰养老,三曰振穷,四曰恤贫,五曰宽疾,六曰安富"。这六项政策措施,涉及老幼、鳏寡孤独者、穷人和致富等方面,可以看出为政者在制定社会保障措施时重点以民众的得失为首要,偏向于实施顺民之欲、施德于民的政策措施。周公在真正摄政过程时,更是提出要施行德政,"用康保民",要明德慎罚,以德治民。

春秋战国时期是民本思想确立和发展的重要时期。儒家为挽救礼坏乐崩的局面和维护封建统治秩序,极力呼吁为政者要重视民众的诉求和利益,要注重民生,主张先让百姓富裕起来,以保证国家的用度开支,再用仁义道德去教化他们以改善社会风气和稳定社会秩序,"薄税敛"则是富民、惠民的重要举措。[②] 在国家治理上,应当归结于德治,以德治国是根本举措,统治者应当遵循"仁爱"的思想,主张实行仁政,为政者应当亲民爱民、实行善政,遵守最基本的道德原则和伦理规范。春秋首霸齐桓公,听从管子的建议,充分贯彻"致民"、"安邦"的思想观念,在保障措施上实行"赈孤寡,收贫病"、"慈爱百姓"的政策,使"饥者得食,寒者得衣,死者得葬,不资者得赈",鳏寡孤独废疾者的温饱、基本生活和生老病死等方面因此得到

① 管子.商务印书"万有文库"版本,1936:8.

② 田杰英.礼运社会理想研究[D].北京:中共中央党校,2014.

了充分的保障，这一系列的措施也充分笼络了民心。越王勾践在国家政策措施上也大大改革，采取了一系列收揽民心、富国强兵之策，其中既包括“越国之中，疾者吾问之，死者吾葬之，老其老，慈其幼，长其孤，问其病”，针对救助贫困孤寡的民众，并且“施民所欲，去民所恶”，除此之外，还对多数家庭予以福利补贴。

西汉著名政论家贾谊通过总结和汲取亡秦的教训，创立了自己的民本思想体系，不仅深化了对人民地位和作用的认识，还提出了安民策的一系列措施。在政治上，贾谊提出君主一定要知贤用贤，官吏切实的为百姓服务，官吏的选择应该让人民来推荐；在经济上，贾谊提出了“富安天下”的观点，即轻赋少事，不夺民时；力戒奢侈，用之有节；增加积贮。至此，民本思想由远古时代的原始酝酿到盘庚和周公初创，经过春秋战国时期的丰富和发展，到贾谊这里已臻于完善，形成了系统而严密的思想体系。①

东汉时期，王符在继承对前人关于民本思想的观点上提出了“国为民基”、“君臣法令之功必效于民”的思想，而且更加强调“爱民”、“恤民”等思想在统治者治理、国家盛衰与安危、社会的变革与发展中的影响和作用，并从政治、经济、军事等方面充分论述了民之于国的重要性，从国家根基的高度上肯定了民在国家社会中的地位，完成了由“民为神本”、“民为君本”、“多元民本论”到“民为国基”观点的理论升华，从而把民本思想发展到了一个更加完善的新阶段。② 这是国家将民本思想的着重点由国家政权的合法性过渡到民本思想是国家社会秩序稳定存在的关键性因素的重要跨越，为今后我们研究民本思想提供着宝贵的资源。

唐宋时期的民本思想的成就体现在“贞治之治”的辉煌，统治者时刻秉承“以人为本”、“天下为公”的尧舜之道的治国理念。唐太宗君臣制订和实施了一系列从民欲、顺民心，使民安乐的政策和措施。首先，普遍推行了均田制，调动了农民的积极性，开垦了大量的荒地，推动了农业生产的恢复和发展。其次，普遍推行了租庸调法，减轻了人民的赋役负担，还实行了灾情减免办法。再次，健全法制，政简刑轻，降死刑为流刑的有 92 条，降流刑为徒刑的有 71 条，还规定笞刑不得鞭背，处决死刑犯人要“二日五复奏”，“诸州死罪三复奏”。另外，皇帝带头，崇尚节约，杜绝奢靡。唐太宗即位之初，释放宫女 3000 人，并将禁苑中所养的鹰犬全部放掉，又下令停止各地进异珍，禁止厚葬。正是有了这样的认识和措施，贞观之治成了中国专制社会盛世的高峰。

而明清时期是传统民本思想发展的最后时期，在这一时期，思想家对传统民本思想进行了理论升华，使民本思想达到了历史的最高水平。③ 其中当以黄宗羲的民本思想最为具有代表性，在他的著作《明夷待访录》中，基于民本立场，抨击了“家天下”的封建君主专制制度，主张“公天下”，否定了神圣不可侵犯的君主帝王，确立了“君是为民而设”的原则，认为君主是以天下为己任，爱民、重民的，是为人民效忠效力的公仆；同时详细地阐释了君民关系、君臣关系，提出“天下为主，君为客”的著名论断，君主理应当兴公利、除公害，为人民服务。此外，

---

① 杨长安. 王符民本思想研究[D].兰州：兰州大学，2009：12.

② 杨长安. 王符民本思想研究[D].兰州：兰州大学，2009：34.

③ 陈碧芬. 明清民本思想研究[D]. 昆明：云南大学，2011：71.

黄宗羲的民本思想还体现在他的法治思想方面，批判与否定封建社会的“一家之法”，主张用“天下之法”，即为人民谋利防乱的公平之法，这样可以维护人们的正当利益、保障他们的合法权益，避免社会动乱和农民起义，以建立和保持一个稳定的社会秩序。黄宗羲的民本思想阐述了民对于国家的重要性，将中国民本思想推向了一个新的高峰，并对近代民主革命及民族精神的构建产生了积极而深远的影响。[①]

综上所述，民本思想是中国古代传统社会保障制度形成的思想基础。民本思想以亲民爱民重视民意为主，民众在社会发展和政权转移中发挥着决定性的地位和作用。民众既是国家政权的统治对象，又是社会赖以存在的基础，故民众为国之本。治天下者必先治其民，而要长治久安，就得重民、惠民、保民、安民，就要解决民众的衣、食、住、行、育、乐等问题。“民为邦本”，必须实施有益于民众的政策，才能巩固政权。

三、仓储后备思想

仓储后备思想，又称积极预防论或事先预防论，是国家建立各式各样的仓储，在丰年之时把百姓手中的余粮收集起来就地建立仓库储存，荒年再行开仓贩济，其目的在于维护社会稳定。因此，仓储后备思想是依靠国家力量来储粮备荒、保障社会成员基本生存权利的一种社会保障思想。

中国环境多变、自然灾害多发，为防止自然灾害造成的灾荒，历代统治者都特别注重囤积粮食以备不测。早在夏朝，统治者就非常重视粮食的积蓄，以防自然灾害带来的食物供给短缺。据《逸周书・文传篇》引《夏箴》所载“土广无守，可袭伐。土狭无食，可围竭。二祸之来，不称之灾。天有四殃，水旱饥荒，非务积聚，何以备之”。表明在当时的夏代，统治者就已经充分认识到储备粮食的重要性。

到了西周时期，仓储后备论已经被统治者上升至维持社会稳定和治国安邦的层次。据《周礼・地官大司徒》记载：周时“遗人掌邦之委积，以待施惠；乡里之委积，以恤民之艰厄；县都之委积，以待凶荒”。遇有灾荒，则“天子布德行惠，命有司发仓廪”。表明当时周朝已经由专门人掌管仓储制度，并视之为治国之道。

据史书记载，周朝以后，历代都曾付诸实施实行仓储制，且不断发展和完善。《史记》载秦有陈留之仓，《后汉书》又提到秦有成都秦仓。魏文侯有“御廪”；齐宣王曾发棠邑之仓，以赈贫民；韩有广武山敖仓；楚春申君为楚造二仓；后期封建国家时期，统治者沿袭前人之鉴，汉代始设常平仓，隋又创社仓。

唐宋时期的仓储后备思想较其他朝代而言趋于成熟，唐宋时期的仓储制度在先前传统制度的基础上加以改革。唐朝的仓储主要有常平仓、义仓和正仓，主要由专门人主管，并设有监督机制，以保证粮仓管理制度的有效实施；调节市场粮食均价，在丰收谷价低贱时，国家高价格收购粮食储存起来，在灾荒谷价上升时，国家低价格出售粮食，以保证市场经济的有

---

① 殷超．论黄宗羲的民本思想[D]．沈阳：沈阳师范大学，2014：32.

效运转和民众基本生活保障。

宋朝的仓储制度也较为成熟，在继承了唐朝的仓储设备基础上并加以改革，宋朝的直接救助主要是发放赈灾粮食，间接救助主要是赈粜。宋朝政府在灾荒之年时，不仅发放粮食给灾民，并提供他们作物种子和农耕工具，也会借贷给灾民或者以工代赈帮助他们恢复农业生产，此举不仅可以提高农业生产、经济，而且也可避免灾荒之年民众因灾荒带来的贫困而引发的农民起义。此外，宋朝的仓储制度不仅用以储备粮食以备荒年，而且用于军事。

明清时期统治者对前人的仓储赈灾及救荒思想进行了梳理整合并汇编成书，其中最著名的是乾隆时期官纂的大型救荒书《钦定康济录》，可以视为中国传统仓储赈灾及救荒制度的集大成之作和顶峰之作。[①]

仓储备荒是我国古代传统社会保障事业的重要组成部分，常平仓、社仓和义仓等诸种仓储各司其职，相互补充，平日积粮，在灾年通过赈济、借贷等方式救济灾民，构成了较为完整的备荒体系，对保障民众生活、维持社会稳定起到了很大作用。[②]

中国古代君主在发生灾情或者救济贫民百姓时，常常以常平仓、义仓为主，这两种仓储救济制度覆盖面广，又能以以工代赈的形式激发人们的工作潜能。

（一）常平仓

常平仓起源于春秋时管仲的“敛之以轻”、“散之以重”和战国李悝的“籴粜敛散”思想，正式出现于西汉时期，兴盛于唐宋年代，是我国古代用于平抑粮价、调节盈余的重要手段。西汉常平仓的设置主要是利用籴粜谷粟这一杠杆平衡粮价，防止丰年谷贱伤农，饥年平抑粮价惠民。[③]宋代沿袭先前国家传统，使常平仓在平抑粮价的基础上，赋予它在灾荒之年为灾民提供粮食作物的功能。[④]

常平仓的灾荒救助作用功能主要体现在以下方面：其一，赈粜。赈粜是常平仓平抑谷价和实施救荒的主要方式。赈粜的原则一般为“小饥则发小熟之敛，中饥则发中熟之敛，大饥则发大熟之敛”[⑤]。其二，救助灾民。当灾害发生后，用常平仓对灾民进行救助。此外，常平仓除给灾民提供粮食救助外，还向灾民提供粮种、耕牛等帮助。其三，发挥义仓功能，在现实运作过程中，常平仓也往往通过赈济的方式，对灾民进行救助。其四，通过常平钱谷兴修工程，发挥以工代赈的救荒作用。[⑥]

常平仓作为历代灾荒救助的主要手段，在灾荒救助、积谷减价、粜于贫民，维护社会稳定中发挥了重要作用。[⑦] 但由于人为的原因，在实施的过程中，也暴露出许多弊端和不足，主要

---

① 周荣.明清社会保障制度与两湖基层社会[M].武汉：武汉大学出版社，2006.

② 黄鸿山，王卫平.传统仓储制度社会保障功能的近代发展——以晚清苏州府长元吴丰备义仓为例[J].中国农史，2005(2)：67.

③ 孔祥军.两宋常平仓研究[J].南京农业大学学报(社会科学版)，2009，9(4)：102.

④ 郭文佳.常平仓与宋代灾荒救助[J].商丘师范学院学报，2006，22(6)：71.

⑤ 董煟.救荒活民书[M].丛书集成初编本.

⑥ 郭文佳.常平仓与宋代灾荒救助[J].商丘师范学院学报，2006，22(6)：72－73.

⑦ 邓云特.中国救荒史[M].北京：商务印书馆，1937.

表现在以下方面：其一，常平钱谷挪用严重。其二，管理常平仓的官吏多“奉行不虔”，致使常平仓不能发挥应有的作用。其三，常平仓籴粜时环节繁琐。其四，常平仓只设置在城郭，不设乡村，设置范围有限，限制了常平仓作用的发挥。①

（二）义仓

义仓是政府倡导民间自办，直接设于乡村的公益性粮仓，义仓的储粮来源于常平仓和富户捐赠。义仓作为一项重要的恤民制度，自隋朝正式设立以来逐步纳入了国家统治策略中。南宋义仓相对稳定，所发挥功能渐趋多样化，可大致归纳为以下几类：赈济水火、助育幼儿、借贷种粮、充作粜本。②

义仓作为当时封建君主治荒理政的一项社会保障措施，其主要功能和根本目的在于维持当时的社会再生产、防止农民起义和巩固封建统治。封建统治者为维护国家统治、治国安邦，设置义仓，其目的就在于保障农民的基本生活来源，保证其基本收入，以民众的发展增加国家的收入来源，也在于保证灾荒之年的灾民不流离失所、无家可归，保障他们在灾荒时国家是给予社会扶助的，给予他们农耕、作物、工作等物品，以避免他们会成为社会的不安定因素从而导致农民革命。

到了宋代，义仓职能有所发展，以赈济为主，增加了赈贷、赈粜的功能。至此，宋代义仓制度可概述如下：首先，义仓谷物由民间义务输纳，是由政府管理的民间谷物储备；其次，义仓的救荒手段最初以赈济为主，无偿发放直接救荒③。

北宋义仓同隋、唐比较大体有以下两大特点。其特点之一，是义仓数量显著减少救济支农作用减弱；其特点之二，是义仓谷物主要用于养兵。虽然从本质上讲，封建统治者设置义仓是为了维护其统治，保证社会再生产的顺利进行，以满足其奢侈的生活，但是客观上，在封建社会小农经济占主导地位的农业大国里，封建统治者设置义仓仍有一定的积极意义。④

从历朝设立仓储制度、实施仓储制度的情况来看，虽然有的朝代效果良好，但是就总体来说，因为当时的国家性质，封建专制国家的剥削本质、小农经济的局限性、社会奢靡和腐败气息浓烈，并不可能真正保障人们的生活不受自然灾害和战争导致的贫困，因此，历朝历代还是有无数人死于非命、发生农民起义行为。

但就总体而言，仓储制度是古代中国的财政基础之一，也是古代中国实施社会保障有关政策的物质基础。仓储后备制度在为贫民提供了粮食等生活供给的同时，也维护了统治阶级的统治，缓和了社会的阶级矛盾，创建了一个稳定、和谐的社会。

四、社会救济思想

社会救济，主要是指国家和社会通过给予灾民和贫困者救助和福利设施，以帮助他们应

① 郭文佳.常平仓与宋代灾荒救助[J].商丘师范学院学报，2006，22(6)：73－74.

② 孔祥军.两宋义仓研究[J].南京农业大学学报(社会科学版)，2010，10(4)：139.

③ 许秀文，阎荣素.论宋代义仓[J].河北学刊，2006，26(5)：116－117.

④ 蔡华.北宋义仓制度述论[J].甘肃理论学刊，1993(5)：60－61.

对自然灾害、意外事故带来的基本生活问题。在我国古代，由于生产力水平低，自然灾害频繁，历代统治者为了维护统治，颁布了一系列的救济措施，逐渐形成了救灾济贫的思想，并且随着朝代的变迁而日益丰富。

西周时期，中央政府为抵御自然灾害的破坏，专设了地官司徒一职，在荒年时期为了防止百姓离散采取的措施有：①散利（发放救济物资）；②薄征（减轻征税）；③缓刑（减缓刑法）；④弛力（放宽力役）；⑤舍禁（取消山泽的禁令）；⑥去几（停收关市之税）；⑦眚礼（简化庆典礼节）；⑧杀哀（简化丧葬礼节）；⑨番乐（收藏乐器，停止演奏）；⑩多婚（鼓励婚嫁，预防人口减少）；⑪索鬼神（修废祀）；⑫除盗贼。这些措施被称为称“荒赈十二”。

秦朝时期的社会救济主张主要是：①积储防饥，就是建立粮食储藏以备凶荒并赈济贫民；②赈济，是指用实物或货币救济生活极端困难、难以生存的人们，主要包括实物赈济，货币赈济和工赈；③调粟，主要包括移民就食或移食就民、平粜或平籴和告籴；④赈贷，政府对贫困无告，或灾后幸存下来，且无力恢复生产和重建家园的人们，给予借贷，以资扶助。[①]

两汉时期是我国历史上第一个自然灾害频发时期，统治者为维护统治，出台了一系列的灾害救济措施，主要有：①假民公田和赋民公田；②赈济政策，主要包括赈物，赈款和工赈三个方面；③蠲免赋役也很好地解决了一部分流民、灾民问题。同时这一时期也出现了民间互助团体，其中宗族互助是民间互助保障的主体。

魏晋南北朝时期的救济政策主要包括安置流民、赈灾济荒、医疗救恤这三大部分。在安置流民这一部分，主要措施有：遣民回乡、徕民垦田和附籍安插。在赈灾济荒上，除了中央政府有赈灾措施外，地方官也在自己管辖的区域内积极救济灾民。此外，部分乐善好施的王公贵族、士人和平民，因受佛教慈悲思想的影响，也采取相应的慈善救济方式，以解民于水火。特别值得注意的是，南北朝时期还出现了专门收容贫病者的私立医疗机构六疾馆。[②]

隋唐五代防灾救灾措施较为丰富，且在一些政策上取得了新的突破。在具体救灾措施上有赈济、调粟、养恤、除害。另外，慈善救济是唐代非制度性社会保障的另一个重要方面，主要包括对贫弱者的一般性救济如贫困救济、养老救济、灾害救济和教育救济等，还包括为贫病者提供药品和服务，为大众提供临时性住所等。

宋代时期，政府不仅设立专门的救济机构赈济灾民，而且民间、慈善事业也给予了极大的支持。这一时期为应付自然灾害，一方面实行仓储救济，在仓储救济上除了官仓，政府设立了常平仓和义仓，其作用在于平抑粮价、赈济灾民。另一方面，通过赈粮、赈钱和工赈的形式对灾民实行救助。除了灾害发生时的大规模救济，宋代也有一些日常救济措施，如设立收养贫困人口的机构，在京师有福田院，京师以外设有广惠院、养济院和居养院。这一时期的民间救济主要依靠商人、官吏和士绅为主，富商将家中存粮和钱财平价买卖、借贷给灾民，免其利息，士绅等会施粥布衣、提供医疗医治。

---

① 李昌宝，叶世昌.略论先秦时期的社会保障思想——中国古代社会保障思想的初步形成[J].财经问题研究，2011(2)：90－94.

② 张宏慧.论魏晋南北朝时期的社会保障措施[J].许昌学院学报，2011(6)：15－18.

元朝在救济方面也基本延续了前代措施，如实行义仓和养济院等。元朝对贫困人口的救济除设立养济院外，还实行对一般贫困人群的赈粜救济。相对于其他朝代更偏重于把赈粜作为自然灾害后对灾民的临时救济措施而言，元朝则把赈粜变成了对贫民的日常救济措施，并形成了一套较为规范的管理制度。①

明清时期是我国社会救济发展水平较高的阶段，主要具体表现在备荒、救荒和社会慈善事业。明清的救济机构主要参与养老、慈幼、恤贫、助葬等慈善救济活动，建立了养济院、漏泽园、惠民药局、水利事业等。灾害发生时，政府会采取施粥治病施药、赈仓救济借贷、安抚流民等措施。灾后赈济主要包括六个方面：钱粮赈济，蠲缓，鼓励贩运与调粟平粜，安缉灾民、倡导迁徙，借贷和以工代赈。其次，明清时期的商人也专注于社会救济事业，例如：积极参与修桥补路、培养士子读书、创设义塾、捐助社会公益事业等社会保障工作。②

中国几千年所传承下来的社会救济论有很多主张，例如，"赈济说"、"养恤说"、"调粟说"、"节约说"等，这些思想主张不仅缓解了我国历史上灾民、贫民的生存问题，而且维护了政权的稳定。当然，历史上的社会救济思想还有很多精华值得我们挖掘和继承，这对于完善我国的社会保障思想有很大的借鉴意义。

五、养老慈幼思想

养老慈幼，语出先秦・孟轲的《孟子・告子下》："敬老慈幼，无忘宾旅。"指的是尊重年老之人，使年老之人有一个相对幸福的晚年；爱护幼小的儿童，使他们的成长得到关怀和庇护。从《周礼》首倡"慈幼"，到孔子提出"蒙以养正"，再到孟子倡导"幼吾幼，以及人之幼"……在古代封建王朝，当尊老成为封建统治的一种必需品时，"慈幼"也成为一种积极的社会风尚。

（一）养老

春秋战国时期就规定：国家设有掌老官，老人年 70 以上，一子不服役。每 3 个月政府馈送一次肉食，年 80 以上，二子不服役，每月都要馈送肉食。年 90 以上，全家不服役，每天都要馈送肉食。老人死后，政府要供给棺椁。平时劝导老人家里的子弟，要为老人精心供应膳食。③

汉代在批准官员退休时，都要给予一次性的重赏，此外还给原俸的三分之一，直到谢世，以示尊贤。④ 东汉时养老之风非常盛行，明帝、章帝提出"以孝治天下"为治国方针。终东汉一代，始终把《孝经》作为其必读的经典。建武六年发生了水、旱、蝗灾，谷价陡涨，粮谷匮乏，诏令郡国依照惯例"给禀高年、鳏、寡、孤、独及笃癃，无家属贫不能自存者"。⑤

魏晋南北朝时期，在官僚阶层中实行致仕制度，对年老退休者给予优厚的待遇，政府官

① 王文素.中国古代社会保障研究[M].北京：中国财政经济出版社，2009.
② 吴晓玲，张杨.论清代灾后赈济制度及其成效[J].南昌大学学报，2010，41(5)：136－140.
③ 张仁玺.齐鲁先秦诸子的社会保障思想[J].东方论坛，2003(2)：90－94.
④ 周江涛.中国古代社会安全思想论纲[J].滨州学院学报，2009，25(1)：27－29.
⑤ 贾如银，孙彦.东汉社会保障政策考述[J].河西学院学报，2005(3)：38－40.

员退休养老的年限大体亦以七十为限。同时，当政者对于社会上其他的大多数老年人，则采取蠲免徭役和赈赡救济等方式，给予他们物质上和精神上的保障。①

隋唐时期，恤鳏寡孤独之老、养庶民之老、养官吏之老。国家在解决养老问题上做出的政策举措为养老保障制度做出了巨大的进步，赡养年迈老人、免征赋役、减轻刑法、给予食物等方面的规定减轻了家养老人的负担及鳏寡孤独废疾之人的养老问题。②

宋代养老慈幼政策相当于其他朝代来说比较成熟。虽然宋代没有专门的养老机构，多是一个机构身兼数职，如养老、抚幼，北宋初的福田院和南宋初的养济院都是兼有养老、抚幼、医疗的功能。③ 同时，宋朝建立了广惠仓，以赡养社会老幼为其职能。

元朝时期，朝廷的官员退休年龄仍然规定为70岁，并规定内外三品以下官员凡满70岁者定要退休。元朝设养济院专门收养鳏寡孤独、老弱残疾、贫穷而无法生存的老年人。④

在明朝，社会养老思想进一步显现，当朝委任多个部门负责养老工作。如户部和工部统筹对一般孤贫照料等社会救济工作，礼部则负责80岁以上高龄老人的赡养工作。官府不仅定期供给贫民百姓口粮，而且经常赐给他们布帛酒肉，还赐予富家老年人爵位，每逢佳节派人慰问等。⑤

清朝统治者认为应对鳏寡孤独等无依之人进行救助帮扶，是国家的责任；发生灾荒时，鳏寡孤独等弱势群体则会优先纳入救助计划，并加长赈济时间；鼓励鳏寡孤独之人自谋生路；对边疆归附部落中的鳏寡孤独之人广施恩惠；给予鳏寡孤独之人以司法优待，这主要体现为罪犯的存留养亲政策；鼓励民间举办慈善事业。⑥

老年社会社会救济和朝廷官员退休制度是老年人社会地位的直接标志。从养老的经济来源、养老方式、提供养老服务的人员方面来看，古代的社会养老制度不占主导地位，当时的养老制度主要以家庭养老为主。历代政府的措施发扬了中国以孝为先的优良传统，在一定程度上使老年人的晚年生活得以保障。

（二）慈幼

中国古代慈幼恤孤的实施，多与自然灾害或繁重的徭役相关联。通常统治者会在此种情况下实行种种仁政，颁布有针对性的措施，对幼孤等穷困人群进行慈善救济。措施主要包括建立专门的机构或者收养制度以及相应的政策来使幼儿的权利得以保障。

早在夏商时代，统治者即已实行慈幼的政策，《月令》中说夏王朝“养幼少，存诸孤”，商王告诫臣下“无弱孤有幼”。“慈幼”亦是周人的传统，《史记·周本纪》中说文王遵从先祖之法，“笃仁、敬老、慈少”。

---

① 张宏慧.论魏晋南北朝时期的社会保障措施[J].许昌学院学报，2011(6)：15-18.

② 盛会莲.唐五代社会救助研究[D].杭州：浙江大学，2005.

③ 宋香川.宋代城市的政府救济研究[D].西安：陕西师范大学，2011.

④ 周良材.中国社会福利[M].北京：北京大学出版社，2008.

⑤ 王国奇.中国古代社会保障思想与实践初探[J].攀登，2008(2)：28-31.

⑥ 王卫平，葛琦.清朝乾隆时期救助鳏寡孤独的理念与措施[J].江海学刊，2015(5)：157-162.

春秋战国时期,所谓“慈幼”,就是“凡国都皆有掌幼。士民有子,子有幼弱不胜养为累者。有三幼者无妇,征;四幼者尽家无征;五幼者又予之葆。受二人之食,能事而后止,此之谓慈幼。”其意思是:国家设有掌幼官。孩子多负担重的家庭,有三个小孩,妇女不服役;四个小孩,全家不服役;五个小孩,给保姆,发给两个人的口粮,孩子长到能做事以后停止发送。①

在汉代,据《二年律令》载:“寡夫、寡妇母子及同居,若有子,子年未盈十四,及寡子年未盈十八,及夫妻皆痒(癃)病,及老年七十以上,母异其子;今母它子,欲今归户人养,许之。”建武三年(27年)的诏书规定,对犯罪的八十岁以上的老人,十岁以下的儿童及妇女为从犯者,除了某些罪大恶极者,衙门差役,不得拘捕。同时也规定,失去父母的孤儿由郡县收养。②

魏晋南北朝时期,政府为了收养单老孤稚不能自存者,于521年正月辛丑“置孤独园于健康”,使孤幼有归,华发不匮。孤独园的出现,表明政府对社会弱势群体的关注。③ 北魏和平四年,文成帝通令全国:“前以民遭饥寒,不能存济,有卖鬻男女者,尽仰还其家”,让天下父母无骨肉分离之悲。④

隋唐时期,对于幼儿,倡导教育、并实施法律保护,隋唐时期的法律保护尚在母腹中的胎儿和刚出生的婴儿;对十五岁以下少儿的犯罪行为给予了一定程度的宽免;隋唐时期,政府会帮助父母赎回典卖的子女。恤孤方面,政府恤孤;民间之抚孤。⑤

宋朝年间,政府为贫而弃子者设婴儿局、慈幼局等机构。⑥ 对于贫困年幼的孤儿,送到小学念书,用剩余的赈款给其添置衣裳,被父母遗弃的婴儿,也雇母乳喂养等。⑦

元代从法律上作了专门规定:“诸鳏寡孤独、老弱残疾、穷而无告者,于养济院收养。应收养而不收养,不应收养而收养者,罪其守宰,按治官常纠察之。”政府设经略使官职,专门负责救济孤寡,“命经略使 问民疾苦,……常令有司恤鳏寡孤独。”⑧

明代的养济院是“以处无告”的官办慈善救济机构。在不同时期,各地在做法上并不完全相同。从朱元璋的诏谕及《大明律》规定来看,各州县收养的对象是“凡鳏寡孤独及笃疾之人贫穷无亲属依倚不能自存”者。也即是说,养济院所收养的并不是社会上所有鳏寡孤独废疾之人,而是其中“贫穷而又无内外亲属依倚不能自存者”。山西地区的养济院,曾经规定:“无目幼童年过十五者,不准收养,发寺庙教习。”⑨

清朝,为了改变溺女之风,由总督石琳、巡盐御史沈恺曾在广州城西第十甫创办了广东省第一所育婴堂,并设有哺乳房。此后,广东育婴事业受到官府和社会各界的普遍重视,如

① 张仁玺.齐鲁先秦诸子的社会保障思想[J].东方论坛(青岛大学学报),2003(2):90-94.
② 贾如银,孙彦.东汉社会保障政策考述[J].河西学院学报,2005(3):38-40.
③ 张宏慧.论魏晋南北朝时期的社会保障措施[J].许昌学院学报,2011(6):15-18.
④ 王文素.中国社会保障研究[M].北京:中国财政经济出版社,2009.
⑤ 盛会莲.唐五代社会救助研究[D].杭州:浙江大学,2005.
⑥ 王国奇.中国古代社会保障思想与实践初探[J].攀登,2008(02):28-31.
⑦ 邓大松.社会保险[M].北京:中国劳动与社会保障出版社,2009.
⑧ 王文素.中国古代社会保障研究[M].北京:中国财政经济出版社,2009.
⑨ 王卫平,戴卫东.明代传统社会保障政策述论[J].宿州学院学报,2005(5):34-38.

同治年间在东莞县创办的育婴堂；各地除了设置育婴堂外，还创办了一些其他类似的机构，如佛山镇的接婴会、香山县的保育善会、顺德县的接婴堂等，这凸显了清朝地方官府和民间百姓对慈幼事业的重视。[①]各项慈幼措施在一定程度上保护了儿童的健康成长，妇女的权利也得以保障，社会劳动力的再生产得以延续。

综观历史可以发现，中国古代奴隶制、封建制经济的高度发展孕育了灿烂的文明，其中也包含了具有丰富内涵的社会保障的思想和具有切实功效的社会福利措施，这些措施作为家庭保障制度体系的补充，起到了救助危困、分担风险、促进生产、稳定社会的作用。虽然这些思想和措施极其朴素、零散，极其原始、自发，不具有现代社会保障制度的系统、全面、科学、高效等特征，但它们毕竟是中国社会保障发展史上的第一个阶梯，它们所弘扬的仁爱、大同、敬老、慈幼、济困、助残、互助互济、患难相恤的精神，成为中国现代保障制度的思想内核，它们所推广的社会保障措施，也为后来中国社会保障事业的开创和发展，提供了制度层面、技术层面的众多借鉴。

① 万涛.浅析清代广东的慈善事业[J].黑龙江史志，2014(1)：303－305.

第二章　现代西方社会保障制度的萌芽

经济基础决定上层建筑，社会保障制度的产生是人类社会经济发展到一定阶段的产物，而社会保障的萌芽正是社会保障制度诞生的前期准备阶段。同时社会保障制度的萌芽也标志着社会保障从传统的慈善救济向以立法形式确立的社会救济转变，政府开始承担起社会保障的重任。

第一节　西方早期的社会保障形式

早期社会保障制度的萌芽作为社会保障制度的雏形，从早期的互助互济到政府实施的济贫措施，都与其所处的经济社会的发展条件息息相关。早期的社会保障形式主要表现为民办慈善事业、宗教慈善事业、社会互助组织以及官办慈善事业。

一、民办慈善事业

在人类社会初期救济贫困者是社会成员之间的自发的互助行为，当有社会成员面临饥寒或疾病时，其他社会成员就会给予帮助。而随着社会的发展这种救济活动便被成文或不成文的社会规范所固定下来，慈善事业由此而生。

在现代社会保障制度产生之前，很多国家都有民间人士举办的慈善活动和慈善组织。如 1657 年美国波士顿就出现了民间的苏格兰人慈善会，由居住在波士顿市的 27 位苏格兰人组成，开展各种济贫活动。18 世纪初，英国出现了拥有资本超过 10 万英镑的大型慈善基金会，其中最大的慈善机构“仁爱公司”所拥有的资本高达 60 万英镑。[①] 慈善如果作为一种事业来讲的话，其基本特征就是以调谐、补救、福利社会与人群为目标；慈善如果作为一种行为来讲的话，其基本特征就是以行善积德、扶贫济弱为宗旨。在中世纪的欧洲庄园里，也出现了一些救济性措施。在英国，当维兰（佃户）去世后，身体健全而无暇污的维兰寡妇可以不付过户费而保有租地权，这种惯例非常普遍，如果维兰的寡妇另外嫁人，租地权就将移交给

---

① 李韬.慈善基金会缘何兴盛于美国[J].美国研究，2005(3)：132－146.

她的子女。寡妇还可以获得自由田地上收成的1/3作为她的赡养金。在有些地方，还把这种赡养金惯例的应用范围扩大到年老体弱具有维兰身份的佃户身上，这种佃户可以把他的租地让给他的儿子，保留几英亩田地及一所农舍或几间房子，作为自己和年迈的妻子养老使用①。

个人的慈善救济在中世纪西欧的社会救济中也发挥着重要作用。社会各阶层成员大都对慈善救济活动表示支持和参与，他们中的一些有条件者特别是商人，往往将自己的一部分财产捐献给社会慈善事业，或者直接建立社会慈善机构。例如，1007年，威尼斯商人奥尔塞禄·彼得二世从自己的1 250里弗尔商业投资所获利润中拿出一部分为慈善事业使用。1173年，法国商人彼得·华尔多创办了著名的里昂贫民院。1601年，英国得文郡呢绒商人彼得·布伦达死后，留下4万英镑的财产，用于社会慈善救济事业。② 考文垂郡商人威廉·伏特建立的慈善收容院在当时非常有名，该院曾用于收容5名男子和1名妇女，伏特每周给他们发一次生活费。③

中世纪西欧一些地方还以特许状形式规定市民的互助义务。1188年，佛兰德斯的埃伊市市民特许状规定，属于本市友谊会的一切市民都应当相互扶助；亚眠市民特许状规定，本自治体内所有居民都应当尽力互助；另一些城市的市民特许状则指出，本自治体乃是相互扶助的誓约。④ 中世纪西欧的一些城市还建立起慈善救济机构。1216—1350年，英国城市中的各种慈善收养机构已经有700家，其主要财政来源是各种手工业者提供的资助。这些慈善收养院既对穷人和病人提供照顾，也对旅行者提供住所，甚至一些城市的市政机关也介入慈善收养院的管理⑤。

二、宗教慈善事业

宗教产生后，使得社会成员之间互助互济的保障行为规范化，扶贫救济就被纳入宗教教义，于是有了宗教的慈善事业。在西方，慈善捐赠的管理被置于基督教会及所属机构的掌控之下，教会组织开办孤儿院、医院、学校以及其他类似的机构，组织开展救灾、济贫、施医给药等慈善活动。西方盛行的各种宗教不仅是当时社会保障思想的重要来源，而且直接指导着各宗教团体的慈善活动，其中尤以佛教、基督教、天主教等对慈善事业的影响最大。

在早期的西欧国家济贫法制度建立之前，西欧教会举办的慈善救济在慈善事业中已经占有重要地位，成为西方国家社会保障制度的重要历史渊源之一。

教会组织在基督教慈爱思想的影响下，往往将教会收入的一部分用于对穷人的各种救济，并建立了许多救济院、医院、上帝之家、疯人院以及为罪犯赎罪提供服务的机构。每个主

① 【英】克拉潘.简明不列颠经济史[M].范定九，等，译.上海：上海译文出版社，1980：408.

② 【英】克拉潘.简明不列颠经济史[M].范定九，等，译.上海：上海译文出版社，1980：345.

③ 【英】拉蒙德.论英国本土的公共福利[M].马清槐，译.北京：商务印书馆，1989：9.

④ 【俄】克鲁泡特金.互助论[M].李平讴，译.北京：商务印书馆，1963：163-165.

⑤ 李建彬.英国社会福利制度的传统与变革[D].上海：华东师范大学，1998，12.

教管辖区的主教负有对教区内穷人救济的责任，主教管辖区一般分成若干牧师管辖区，由牧师对其辖区的慈善事宜直接负责。教区往往将其什一税收入的 1/4 或 1/3 用于救济穷人。[①] 英国是具有悠久教会救济传统的西方国家。宗教改革前，英国教会什一税的 1/3 用于慈善事业。宗教改革后，英国开始大规模解散修道院，仅 1536 年就解散了 374 个收入不足 20 万英镑的修道院，1538—1540 年又解散了 186 个“宏伟而又庄严的修道院”。[②] 16 世纪中叶，英国大约有 644 座修道院、110 座教会举办的养育院、2 374 个教会举办的施物所被解散或者取缔。原来在这些场所接受救济的贫民约有 8.8 万人。[③] 1536 年，英国贫民大起义领袖阿斯克在起义失败后接受官方审讯时指出：“解散修道院是叛乱的最大原因……因为在北方，寺院给贫民以大量的施舍，而现在不仅贫民缺乏吃穿和工资，旅行者也得不到方便了。”[④]可见，中世纪英国教会在提供救济方面所发挥的重要作用。

教会慈善在瑞典早期社会救济中同样具有重要影响。在政府颁布济贫法以前，瑞典的社会救济主要依靠教会组织的慈善事业。教会不仅在遇到天灾人祸时以教堂为中心组织各种救济，而且拿出一部分财物，建立各种慈善机构如孤儿收容院、疯人院等，对特殊需要者提供经常性救济。在瑞典世俗政府建立济贫法制度以后，鉴于瑞典教会在社会救济方面所发挥的难以替代的作用，对贫困人口的政府救济依然要通过教会来实施。直到 19 世纪中期，瑞典实行政教分离以后，对贫困人口的社会救济交由各级地方政府实施，瑞典教会在各种救济中的作用和影响开始减弱。[⑤]

一方面，各种宗教教义多将行善列为基本的准则。如佛教教人慈悲为怀，强调以深度的爱护之心予众生以快乐幸福，以深度的同情怜悯之心拔除众生的痛苦，倡导布施、福田、利行等行善方法，并将照拂他人特别是贫弱无依的人的行为称之为“善”，反之就被称之为“恶”；基督教则强调爱人如己，并将行善作为《圣经》的基本内容来约束教徒，等等。另一方面，教会组织开展的各种救灾济贫、施医助药等活动，在这一时代成为一些西方国家主要的社会保障方式，并随着宗教影响区域的扩大而扩大到全世界。尽管后来随着宗教的改革与政府势力的增长，国家逐渐介入济贫事业和其他社会保障事业，但宗教慈善事业一直未有间断，迄今仍在许多国家或地区发挥着传统的救世济困作用，并构成对现代社会保障制度的有益且重要的补充。[⑥] 以教会为主要代表的宗教慈善对西方社会救济产生积极影响的同时，也对现代社会福利产生了消极影响。在基督教神学统治下的西方社会，主导的是以神为中心，而不是以人为中心，而且社会慈善行为表现为以教会为主来组织和实施，世俗社会中的个人与社会组织的慈善行为也是在履行对上帝的虔敬，而不以关注人的需要为出发点。这不仅使中世纪西欧教会的慈善救济表现出明显的局限性，而且从某种程度上来讲对这政府社会救济

---

① Philip R Popple.Social Work，Social Welfare，and American Society[M].Massachusetts.1990：106.

② 【英】勃里格斯.英国社会史[M].陈叔平，等，译.北京：中国人民大学出版社，1991：139.

③ 彭迪先.世界经济史纲[M].北京：三联书店，1949：104.

④ 蒋孟引.蒋孟引文集[M].南京：南京大学出版社，1995：168.

⑤ 丁建定.西方国家社会保障制度史[M].北京：高等教育出版社，2010：118.

⑥ 郑功成.社会保障学[M].北京：商务印书馆，2000：118.

制度的产生和发展产生了阻碍作用。因此，早期西方教会慈善救济虽然存在，但是并不能满足西方国家及社会成员对社会救济的需求。同时我们也要认识到，宗教慈善事业也是宗教对人民实行精神统治的重要手段之一。

三、社会互助组织

出于生存和抵御风险的需要，社会成员之间自发的互助行为早已存在。而在资本主义时期产业工人自发组成的对抗失业、工伤、疾病等劳动风险的互助组织成为早期社会保障的表现形式之一，为后来社会保险制度的产生和形成提供了丰富的经验基础。

社会互助组织中一个突出代表就是行会组织，中世纪西欧国家都曾建立起各种行会组织，行会组织在西欧国家的社会救济中发挥了重要作用。行会会建立许多慈善机构，多数劳动者在行会中求得一种安全保障感，行会可以保护会员免于过度竞争、失业、生产过剩、中间人操纵以及投机者和剥削者的诡计。行东和工人可以安心地劳动，他们之间在生产与分配上维持了某种平等，工资本身不会发生突然变动，并与生活费用基本适应，帮工工资同行东所得差距不大。在 14 世纪的伦敦，瓦匠行东依照季节每日赚取 4.5～5.5 便士，帮工则可以得到 3～3.5 便士。[①] 英国是中世纪行会比较发达的西欧国家。中世纪英国行会大都对贫困会员提供救济。1333 年，伦敦木匠行会设立了一笔储备金，行会对这笔储备金作出规定："一旦任何兄弟姐妹由于上帝的旨意或疾病而陷于贫困，难以维持生计时，那么，从他生病后的第 3 周起，他将每周从行会得到 14 便士的救济，直到他摆脱贫困为止。"布里斯托尔成衣商行会也通过储备金向生病的会员每周提供 12 便士的救济。伦敦皮匠行会不仅向老年和生病的贫困会员提供每周 7 便士的救济，而且规定被救济者死后，如果其妻子是一个正派的人，又没有再嫁，便可以得到每周 7 便士的救济。中世纪英国行会章程都对行会的社会救济职能做出了明确规定。贝里克商人行会章程规定：每一个病重会员都将得到两名以上会员为期两天的照顾和看护，行会对后者提供报酬。[②] 南安普敦商人行会章程第 7 条规定：当某个会员去世时，所有不曾外出的会员都应该参加为死者举行的宗教仪式，并将死者的遗体送入墓地，死者遗体停放在家中的那个晚上，死者所在区必须派人守护。该行会章程第 22 条还规定：任何会员不幸陷于贫困无法生活时，可以从行会获得一定的救济。当 2 名指定人员前往探视患病会员时，他们必须给病人送去两只面包、一加仑酒和一盘熟食。

中世纪丹麦的一个行会的规章做出这样的规定："如果一个会友的房子被烧掉了，或者他的船遭了难，以及他在朝香的旅途中遇了不幸，那么所有的会友都必须帮助他。如果一个会友患了重病，就必须有两个会友在床边看护他，直到他脱离危险；如果他死了，会友们必须把他送到教堂的墓地去埋葬……在他死后，如果需要的话，他们还必须抚养他的子女，他的寡妻则时常成为行会的一个姊妹。"[③]

---

① 【法】布瓦松纳.中世纪欧洲的生活和劳动[M].潘源来，译.北京：商务印书馆，1985：224－225.

② 金志霖.英国行会史[M].上海：上海社会科学院出版社，1996：56.

③ 【俄】克鲁泡特金.互助论[M].李平沤，译.北京：商务印书馆，1963：158－159.

17 世纪末，在英国、德国等工业化国家先后出现了互助基金会。这些基金会由产业工人自发组成，会员定期缴纳会费，形成基金，当会员遭遇失业、工伤、疾病、死亡等风险时，由基金会为其提供生活救济、医疗津贴、丧葬费等物质帮助。在德国，1880 年底，互助基金会已经发展到 6 万名会员，到 1885 年年底，增加到 73.1 万名会员。在英国，因为资本主义发展较早，从 17 世纪末开始，面对贫困和大机器工业生产伤害的威胁，产业工人开始自发组织小范围的内部互助组织，如"友谊会""工会俱乐部"等。"友谊会"的成员多是同一行业的技术工人，会员定期缴纳一定的会费，在会员个人遇到伤、病、老、死时，由"友谊会"提供救济，如生病可得到津贴，年老可得到年金，死亡可得到一定的丧葬费等。"友谊会"的组织形式较多，共同的宗旨是"遭遇不幸时互相支援，共同娱乐，互相教育"。"友谊会"在 19 世纪得到较快的发展，成员总数已达 450 万人，接近当时英国男子人数的一半。通过会员缴纳会费，建立工会保险基金，对生病和工伤的职工提供救济，对退休的职工发放养老金、提供死亡丧葬费，对失业工人提供救济，对罢工及劳资纠纷提供资助。据 1902 年 11 月英国贸易部劳工记者调查，英国 100 家最大的工会组织中，用于失业、疾病、养老金和丧葬的费用已占会费开支的 60.8%，劳资纠纷资助开支占 19.4%。至 1904 年，参加工会保险基金的人数达 240 万人。但"友谊会"与"工会俱乐部"的成员主要为收入较高的技术工人，低收入的普通工人因无力承担会费而难以加入基金会。[①] 虽然这些社会互助组织在会员结构、管理体制等方面存在着很多不足以及实施的社会效果的有限性，但是不可否认的是，这些社会互助组织确实在维护会员利益、提供救助、扶贫济弱等方面发挥了积极的作用。

中世纪欧洲国家的所提供的行会组织，较之教会慈善救济更具有世俗性的特点，与政府救济相比则具有补充性特点。行会救济成为西欧国家社会救济的重要内容，而且也影响了友谊会、互助会等社会互助团体的救助行为，其中行业保险行为则是社会保障制度产生的直接渊源之一，可以说行会等社会互助组织所提供的社会救助是西方社会保障制度的重要渊源。

四、官方慈善事业

逐渐地自发的互助互济活动变成了上对下的恩赐，优越阶层对底层民众的恩赐。而接受恩赐的背后，接受者不得不付出人身依附关系的代价。在自然经济向社会经济过渡期间，工人阶级壮大，贫困、失业等社会问题增多，以往以宗教为主的慈善事业已无法满足社会的保障的要求，这时就需要国家出面干预。

在西方《济贫法》颁布之前，官方介入救灾济贫活动的事例也很多。如 6 世纪末的罗马城邦，城邦的市政当局就用公款和捐款来购买谷物，无偿分发给丧失劳动能力的人和阵亡将士的遗嘱，或低价出售抑制高物价。1349 年，英国颁布和实施《劳工章程》，该章程对劳工工资的上限作出规定，对没有劳动能力的无业人员实行旅行限制，所有有劳动能力者都必须在

---

① 孙光德，董克用.社会保障概论[M].北京：中国人民大学出版社，2008：22.

其居住地工作不得离开教区，必须接受任何雇主的雇佣，违者将受到严厉拷打；禁止慈善机构给身体健全的流浪者和乞丐提供帮助。章程试图以此限制人口流动，预防流浪和乞丐，阻止黑死病流行以及农村劳动力大量外流的情况，打击懒惰行为，降低无业流民的人数，并使场主们能方便地雇佣到廉价充足的劳动力。这是英国关于济贫工作的第一个政府法规。

15 至 16 世纪之交的法国，贫困造成了严重的社会问题，政府逐渐接管了宗教的慈善事业，由行政人员组成的正式的官方的救济机构产生，采取诸如集中财源、组织救济、劳动培训、儿童教养等一系列措施。英国都铎王朝时期，政府通过强制征收济贫税的条例，规定每一教区须对其贫民负责。从官方开展的救灾济贫活动，可以将其看作是由政府充当责任主体的现代社会保障制度的直接源头。

官办慈善事业虽然是政府介入社会保障领域的直接表现，但是这一时期的政府介入却具有以下的特征：一是没有法制约束，政府在法律上没有救济的义务；二是政府所实施的救济行为具有非固定性、非经常性的特点；三是所提供的救助被看成是统治阶级对被救助者的一种恩赐行为；四是这种救济活动十分有限，只是临时性措施并没有形成长效机制。因此，官办慈善事业只不过是举办者不同而已，它仍然是与宗教慈善事业性质相同的一种传统意义上的慈善事业，因而不能与现代社会政府举办的济贫事业相提并论。

不论是民间慈善、宗教慈善、社会互助组织还是早期的官方的非正式的社会救济形式，这些都使得社会保障始终停留在非正式制度层面，没有将社会保障上升到国家政策的高度。真正意义上将对贫困人民的救济救助写入国家法律的，还是以英国的《济贫法》为开端。

第二节　西方国家社会保障的初期实践

一、英国《济贫法》的颁布

（一）《伊丽莎白济贫法》产生的背景

英国的济贫制度在社会保障制度的发展中起到了重要作用。1601 年英国政府颁布的《伊丽莎白济贫法》(旧《济贫法》)是社会保障历史上第一个通过国家立法干预贫困救济、确立救济制度和政府组织社会保障项目的重要标志，是社会进步与克服贫困的制度安排，是西方国家介入社会保障并由政府承担对弱势人群保护责任的历史源头①。

工业革命的兴起和推广，使人类社会发生了翻天覆地的变化。英国作为工业革命的发源地，在 16 世纪开始由农业经济向城市工商业经济转型，“圈地运动”使大量农民失去土地，变成了无产阶级涌向了城市。对农民而言土地就是生命，有了土地就有了保障。这些进入城市的农民一部分成为产业工人，为经济的发展提供了劳动力供给；一部分因为缺乏技能而

---

① 郑功成.中国社会保障改革与发展战略[M].北京：人民出版社，2011.

成为城市的无业人员或流浪人员，需要社会的救助。而对于大量的成为产业工人的人而言，大机器生产代替了手工生产，这些工人一方面时刻面临着被先进技术淘汰的风险，另一方面城市中无产者的失业、伤残、疾病、年老丧失劳动能力等成为重要的社会问题。这部分群体很容易对社会产生不满情绪，不能够得到救助使得他们很容易走上犯罪道路，对社会治安、社会稳定甚至政府统治构成重大威胁。社会财富的快速积累为实现救助提供了强大的财力支持，此外城市贫困群体的需求以及政府维护社会稳定的动机都使得正式的、规范的社会救济成为可能。

在这种背景下，英国政府出现了以社会救济为核心的社会保障措施，由当政的伊丽莎白女王，把已有的救济贫民的惯例方法用法律的形式规范和固定下来，于 1601 年颁布《伊丽莎白济贫法》（相对于 1834 年颁布的《济贫法》，该法典又称旧《济贫法》）。该《济贫法》是将以前颁布的各项法令编纂补充而成的法典，其中的法令包括：1531 年亨利八世颁布救济物品法令，规定征收救济物品并由地方当局发放，开了政府负责救济贫民政策的先河。1536 年，亨利八世颁布法令要求各教区并拨款给教会组织对在本地区住满三年而不能工作的贫民提供救济，这标志着英国政府开始为解决社会贫困问题承担一定的责任。1563 年国会通过法律，规定每户人家应依其财产和收入按周缴纳税捐以救济贫民，这是英国历史上第一部为了扶贫而征税的立法。1576 年和 1597 年的两项法令又把伦敦首先实行的济贫院制度加以推广，要求在各个教区设立济贫院和贫民习艺所。济贫院的建立标志着英国历史上官办扶贫行政机构的出现，统治者认为，把穷人集中起来，以创造就业的方式向他们提供援助是一种比较节约的扶贫方式。[①]

（二）《伊丽莎白济贫法》的主要内容

1349 年，英国颁布和实施《劳工章程》，规定对没有劳动能力的无业人员进行旅行限制，禁止慈善机构给身体健全的流浪者和乞丐提供帮助。1531 年，英国议会颁布严厉惩罚身体健全的乞丐的法令，规定凡是有劳动能力的乞丐都将被捆绑到市场，处以赤身裸体的鞭刑，直至全身被打出血为止。法令同时要求市长、法官和其他地方政府官员，“应该努力发现并帮助所有年老的穷人和那些值得尊敬和救济的人们。”

1536 年英国颁布《亨利济贫法》，规定地方官员有义务分发社会自愿捐赠的物资。1572 年英国国会颁布法令规定每个公民都要缴纳为济贫专设的基金，政府有义务为身体健全的无业者提供工作。1601 年，英国政府颁布了《伊丽莎白济贫法》，又称旧《济贫法》。这项法律的颁布是以之前的各项法令为基础的。其主要内容有[②]：①全国普遍设立收容贫民的济贫院，强调对贫民实施救济是每个济贫区的责任，并通过委任贫民救济官的方式建立起全国范围的地方济贫行政体系；②征收济贫税，并确定了从富裕地区征税补贴贫困地区的转移支付方式；③建立贫民济贫院（poorhouse）、贫民习艺所（workhouse）、教养院（a house of

---

① 周弘.福利国家向何处去[M].北京：社会科学文献出版社，2006：33.

② 丁建定.西方社会保障制度史[M].北京：高等教育出版社，2010.

correction)，对丧失劳动能力的穷人(包括老人和病残的人)实行救济，组织有劳动能力的贫民和孤儿通过劳动和习艺而自立，对具有劳动能力却逃避劳动的懒人实行惩罚；④对无劳动能力的老弱病残者，通过院内收容和院外救助两种方式进行救助；⑤对失依儿童，以孤儿院收养、家庭补助、家庭寄养等方式进行抚养。

英国资产阶级革命爆发后，济贫法的实施工作一度中断。斯图亚特王朝复辟时期(1660年—1688年)，重新公布的济贫法肯定了《伊丽莎自济贫法》的主导思想，最低限度地满足；厂内战中掘地派呼唤平等权利的要求。1696年英国颁布《习艺所法》(Workhouse Act)，开始把贫穷的夫妻、成人、儿童当成"犯人"，强制他们住进习艺所，并将夫妻与子女隔离开来，习艺所人满为患，卫生状况很差，穷人的权利根本得不到保障，光荣革命以后，参与分享政权的乡绅阶层认为，穷人处境不好的根源在于懒惰和不负责任。于是，1723年英国议会通过立法，批准两个或两个以上的教区联合建立济贫院，目的在于使穷人"懂得"劳动，克服所谓"懒惰和不负责任行为"。到1776年，英国各地建立起2 000个济贫院。但是，"伊丽莎白济贫法"中的消极因素即"惩罚穷人"的主张被夸张，而忽视了救济贫穷本身。当然，工业革命前"惩罚穷人"的做法是有所节制的，因为社会贫困化与社会动荡同时并存，而任何形式的社会动荡都将最终损害有产者的既得利益。这是17世纪内战留给英国"有产阶级"的一个深刻教训。①

(三)《伊丽莎白济贫法》的影响

《伊丽莎白济贫法》并不是一种制度创新，而是把已有的惯例用济贫法固定下来，将济贫法案成文化。如果说它有所创新的话，就是把穷人严格地区分为三类：①身体强壮的穷人(the able-bodied poor)。不允许向那些因低水平就业或失业导致贫困的穷人提供经济帮助，他们必须被强制送到"矫正所"或"习艺所"(workhouse)工作。任何拒绝接受工作的身体强壮的穷人，都要受到示众、戴枷或监禁的惩罚。②孤立无援的穷人(the impotent poor)。包括老人、盲人、聋哑人、又有幼小孩子需要看护的母亲，以及那些身体上或精神上有残疾的人他们被集中到济贫院。如果他们的生活有着落，而且花销不多，就可以不去济贫院。获准不在济贫院生活的穷人，一般可以获得食物、衣服、燃料等实物救济。③无法自立的孩子(dependent children)。包括孤儿、弃儿和贫困之中的儿童，他们都将被安置到寄养家庭或拍卖。被拍卖出去的男孩要跟着师傅学习手艺，工作到24岁方可获得人身自由，女孩则充作家内佣人，必须服务到21岁或结婚为止。②

虽然《伊丽莎白济贫法》只是确认了国家在济贫问题上的有限责任，甚至不允许一个人登记接受贫困赈济(charity)，如果他或她的父母、配偶、孩子或其他亲属有能力供养的话。但是，这个济贫法表明统治者已经注意到贫困或失业问题对统治秩序、社会稳定和个人生活

① 钱乘旦，陈晓律.在传统与变革时间——英国文化模式溯源[M].杭州：浙江人民出版社，1991：155.

② Charles Zastrow. Introduction to Social work and Social Welfare[M]. California：Brooks/Cole Publishing Company，2003：15.

所造成的威胁，它以法律形式规定一些救济贫民的福利措施，一定程度上缓和了日益尖锐的社会矛盾。政府实行济贫法的目的就是要制止无业游民的流浪，通过强制手段把他们关进贫民习艺所从事劳动。所以，《伊丽莎白济贫法》确立起来的亲属责任、教区救助、征收济贫税等基本原则，不但为社会救济工作所沿用，也为以后英国历届政府承袭下来。[①]

《伊丽莎白济贫法》在英国社会保障制度发展史上具有重要地位。首先，它在以往各种社会救济立法的基础上，对英国济贫法制度进行了比较系统的规定，从而奠定了英国济贫法制度的基础；其次，法令所提出的对贫困人口进行区别性对待的原则，既体现出政府对应该接受救济者所承担的必要责任，也体现着强调依靠个人劳动摆脱贫困的自助精神；再次，法令对值得救济者所提供的救济是一种居家救济，这种居家救济直到 19 世纪 30 年代，一直是英国济贫法制度提供救济的基本原则。[②]《伊丽莎白济贫法》客观上促进了社会保障形式的重大变化，确认了国家负有救济贫民的责任，以立法的形式征收济贫税，救济贫困者，促进就业，开创了通过国家立法推动社会保障事业的先例。

二、1834 年英国新《济贫法》

（一）新《济贫法》诞生的背景

随着英国产业革命的发展，社会矛盾加剧，社会问题大量涌现，原有的零星的、微薄的、条件苛刻的救济行为已不足以解决矛盾、解决问题。出于巩固资产阶级政权的需要，英国议会根据《济贫法》调查委员会的报告，于 1834 年通过了《济贫法》修正案，这就是英国乃至世界社会保障史上具有重要影响的新济贫法。[③] 新《济贫法》是旧《济贫法》的更新和完善，进一步推动了英国社会保障事业的发展。

该《济贫法》是英国议会根据 1817 年和 1832—1834 年《济贫法》调查委员会的报告，于 1834 年通过的《济贫法》修正案，即新《济贫法》。新《济贫法》的思想主要是以埃德温·查德威克（Edwin Chadwick）主笔的济贫法报告主张作为基础，他认为不能因原有济贫制度的缺陷来否认济贫的现实意义，关键在于发展健全的、对有劳动能力者的救济，这种救济应当在“严格的规定和适当的控制之下”。他提出要以游手好闲者的整个状况不应明显好于收入最底层的独立劳动者的状况为原则，来修改《济贫法》，此为著名的“劣等处置”（Leas Eligibility）原则；所有救济活动必须集中于济贫院，停止院外救济，这样才能保障济贫院内受助者的生活状况确实低于院外的独立劳动者，此为“济贫院检验”；济贫必须由政府统一进行管理，不能废除济贫制度，也不能放任自流，防止地方性腐败和地方管理不善，保障制度的统一贯彻执行、提高效用以及促进劳动力流动，此为“政府统一管理原则”。[④]

---

① 姜守明，耿亮．西方社会保障制度概论[M]．北京：科学出版社，2002：88.

② 丁建定，西方国家社会保障制度史[M]．北京：高等教育出版社，2010：123.

③ 史柏年．社会保障概论[M]．北京：高等教育出版社，2012：18.

④ 【英】尼古拉斯·巴尔．福利国家经济学[M]．郑秉文，穆怀中，等，译．北京：中国劳动社会保障出版社，2004：17－18.

（二）新《济贫法》的主要内容

英国的新《济贫法》规定：①控制不加区别的院外救济，停止对身体健康和游手好闲者的院外救济，将救济对象限制在丧失劳动能力的老、弱、病、残、幼身上，缩小救济对象的范围；受助者必须住进济贫院，接受院内救济，而且受助者必须通过严格的财产审查，在得到了确切资料证明贫困不堪、毫无生活保障之后，才允许进入济贫院。②受助者接受救助的同时丧失了一系列权利，受助者的选举权和个人自由都被取消，济贫院实行严格管理，夫妇不能同居，不能擅自走出济贫院。这些措施显示出对受助者的惩罚，目的是让任何一个贫民通过个人努力而不是政府与社会帮助来摆脱贫困，因为新《济贫法》的理论依据主要是贫困由个人懒惰造成，个人通过努力即可摆脱贫困。③废除以教区为范围的救济，扩大为较大的地方单位，实行中央督导制，组建济贫实施委员会管理救济工作，提高国家对救济的行政监管力度。[①]

（三）新《济贫法》的影响

新《济贫法》确定实施救助的原则是：要求社会保护是公民的合法权利，政府有保障公民生存的义务，政府有责任维护公民的权利。社会救济并不是消极行为，而是一项积极的福利措施，必须要有经过专业训练的社会工作人员从事此项事业。新《济贫法》出于减轻财政负担的目的，对接受救济的条件的规定十分严苛，规定领取救济金的人必须接受三个条件：丧失个人尊严，接受救济者被认为是不体面的；丧失个人自由，必须禁闭在“贫民习艺所”，不得外出；丧失政治自由，接受救济者取消其选举权。[②] 新《济贫法》甚至还取消了院外救济，强迫需要救济的贫民重新回到贫民艺习所，实行残酷的苦役制度，但与旧《济贫法》相比，性质和特征毕竟大不一样。

新《济贫法》最大的进步在于：它承认要求社会保护是公民的合法权利，社会负有保障公民生存的义务。此外，新《济贫法》还将济贫权力集中到政府、集中到中央，在地方一级废止了原来由各教区掌握的济贫行政管理权，就近合并成立“济贫协会”，使济贫的基层管理扩大为较大的地方单位；在联邦一级实行中央督导制，成立济贫法实施委员会。这些措施都为国家干预和政府介入对社会弱势人群的救助提供了组织保证。在国家介入对社会弱势人群保护的社会政策立法史上，新《济贫法》算不上是一部最具影响力和规范性质的法律，但是它所确立的社会保障是公民权利和政府责任的原则，却为现代社会保障制度的产生奠定了良好的基础。[③]《济贫法》的颁布和普遍实施，使得互助救济向社会救济转化。

三、法国社会保障制度的萌芽

法国社会保障的萌芽可追溯到16世纪的慈善事业和救济活动，这些活动在当时主要是

---

① 林闽钢.现代社会保障通论[M].北京：中国社会科学出版社，2014：34-35.

② 盖瑞，杨光.社会保障学[M].北京：清华大学出版社，2009：33.

③ 史柏年.社会保障概论[M].北京：高等教育出版社，2012：26.

由个人、社团、行会以及宗教团来承担。国家的介入只是为了将贫田者排除在社会之外，把保护与镇压、隔离与监禁结合为一休，例如，下令驱逐乞丐，设立精神病拘禁所等。后来，国家出于战争、贸易以及宗教的影响，开始实行了补偿残废军人、海员等做法。亨利四世在1604年颁布敕今，规定采矿业要为工人建立伤残基金，为收留十字军东征中致盲的军人，法国国王圣路易建立了盲人院；1670年路易十四建立了残废军人院。

而法国对贫民的救济则与英国截然不同，没有像英国那样颁布《济贫法》，也没有建立起像英国那样正式的济贫法制度体系。17世纪和18世纪的法国，尽管中央政府也时常干预地方政府的事务，但对贫民提供救济的主要责任则落到地方政府的身上了。法国教会在对贫民提供救济方面发挥一种重要的作用，此外，法国贵族也在建立贫民救济院方面具有直接影响。

17世纪前期，法国开始建立贫民习艺所，主要是收容那些无业游民和贫民，法国甚至还曾展开一场禁闭贫民的运动，但是无论是习艺所还是禁闭贫民运动的发展都十分缓慢。期间，最为成功的贫民习艺所是里昂贫民习艺所，1650年，该习艺所内的贫民有1 500人之多。1656年，巴黎也建立了贫民习艺所，该习艺所强调将宗教教育与手工技艺培训相结合的原则，习艺所的负责人有权对违反规定的人员进行鞭打，为了养活习艺所中的贫民，习艺所的负责人允许收集富人餐桌上的剩饭，该习艺所建立后不足6个月，进入其中的贫民已超过4 000人。[①] 1662年法国颁布法令要在所有城镇建立贫民习艺所。到了18世纪前期，随着乞丐人数的持续增加，启蒙运动人文精神的传播以及要求采取新的措施来应对贫民问题的呼声的不断高涨，法国对贫民救济的制度开始发生变化。一方面，强化传统的贫民习艺所制度。如1764年的法令将所有无生活来源、失业6个月以上、无人证明其品行良好者视作流民，身体健全的流民将被处罚厨务，初犯为3年，第三次违反规定将被处罚终生从事厨务，老年人、病人、妇女和儿童将被关在贫民习艺所。1767年，法国又建立一种新的机构即乞丐拘留所，这是一种类似于监狱的机构，直接由国家司法当局控制，以强化对行乞行为的管制。严格的贫民习艺所制度只能为极度贫困者提供少得可怜的一点救济，整个18世纪80年代，法国用于乞丐拘留所的费用为120万里弗，用于灾害救济补贴的费用为300万里弗，用于贫民习艺所的费用为180万里弗，用于偶然性救济补贴的费用为8万里弗，用于巴黎以外各省儿童救济的费用为120万里弗到150万里弗。[②] 另一方面，开始关注贫民获得救济的权利，探索对贫民加以区分的办法，并对愿意就业者给以工作机会。法国是较早关注公民社会福利权利的国家。早在法国大革命时期，公共救助、公共教育与社会保障都已被认为是公民权利的重要内容而受到宪法保护。1791年的宪法就规定："应行设立或组织一个公共救助的总机构，以便养育弃儿、援助贫苦的残疾人，并对未能获得工作的壮健贫困人供给工作。应行设立和组织为全体公民所有的公共教育，一切所必需的那部分教育应当是免费的。"1793

① Gaston V. Rimlinger,. Welfare Policy and Industrialization in Europe, America, and Russia[M], John Wiley&Sons, Inc., 1971:24-25.

② Olwen H . Hufton.The Poor of Eighteen—Century France 1750-1789[M],Oxford,1974:193.

年的宪法更加明确地指出:“公共救助是神圣的义务。社会对于不幸的公民负有维持其生活之责,或者对他们供给工作,或者对不能劳动的人供给生活资料。教育是各人所必需的。社会应尽其一切可能来赞助公共理智的发展,并使各个公民都得享受教育。社会保障就是全体人民保障各人享受并保存其权利的行动;此种保障是以人民的主权为基础的。”[①]1813 年法令规定在矿业部门,雇主要对工伤事故提供强制性救济。1817 年通过了《保护工伤者条例》。

在这期间,工人群众自发组织起来的互济会等大量出现并得到快速发展。19 世纪初期,法国采矿、铁路等产业部门中,工人自发组织了互助会,这可视为现代法国社会保障的最早萌芽形式,工人互助会组织主要为行业工人提供退休与医疗保险。然而这种自发的工人互助互济组织却遭受到政府的禁止,为此,1834 年里昂纺织工人举行了历史著名的工人起义,他们在起义宣言中写道,“我们的事业全人类的事业,是国家的幸福,是未来的保证。”工人阶级在 19 世纪 30、40 年代后,从自发斗争走向自觉斗争,从经济斗争走向政治斗争,极大地推动了法国社会保障的发展,此外,工业革命所造成的两极分化及阶级斗争、阶级矛盾日趋严重的后果,引起资产阶级有识之士的关注与忧虑,他们在进行深入调查后,日益认识到必须保证工人的最低生活水平并改善其劳动条件,于是至 1848 年“二月革命”后,法国制宪会议把“劳动权”和“享受社会救济的权利”写进宪法草案。[②] 1850 年 6 月 18 日又通过《公共救济与预防法》,决定建立全国退休金管理局,为退休者和生活困难者提供救济,强调每个人都要担当起满足本人和家庭需要的责任,但也承认要用公共救济补充私人或宗教慈善事业,决定建立全国退休金管理局。1858 年实现了文职人员的统一退休制度。1863 年,法国颁布立法,建立起免费医疗救助制度。

19 世纪中期之前,法国政府普遍建立的贫民习艺所制度,成为该时期法国政府重要的社会救济政策。法国大革命的爆发,使制宪会议把“劳动权”和“享受社会救济的权利”写进宪法草案,意味着社会福利权利成为公民权利的重要组成部分并为宪法和法律所确认和保护,可以说法国大革命的爆发推动了法国救济政策的发展。由于长期的社会动荡,使得原先宪法所赋予的公民的社会福利权利难以实现。总的来说,萌芽时期的法国的社会保障是以个人自发性预防为主,国家没有完全承担起社会保障的责任,只是成立一个全国性退休金管理机构,鼓励工人储蓄,建立养老金储蓄制度,而没有任何强制性措施。这一时期法国社会保障的特点是:①覆盖面范围小,仅局限于国家公职人员、军人、海员和矿工等某些特定的阶层群体;②私人保险性。这一时期,法国的社会保障实质上是以社会救济为主,而这种社会救济工作大多是由社会团体和私营行业保险来负责施行,政府则对救济没有义务,其作用则体现在公共卫生方面,社会事务方面的支出不到国内生产总值 0.5%。

---

① 姜士林.世界宪法全书[M].青岛:青岛出版社,1997:907.

② 苏振苏,社会保障制度国别研究[M].北京:人民日报出版社,2004:273.

四、瑞典社会保障制度的萌芽

瑞典社会保障制度萌芽于近代出现的"济贫法"。济贫法的目的是解决贫困所引发的一系列社会问题。18 世纪末期之前，瑞典与其他国家一样，只有教会慈善救济和有限的社会救济，而早期的社会救济通过教会和社会团体来完成，政府主要从人道主义角度出发为特殊人群提供必要保护。

起初，瑞典的济贫等各种慈善事业和活动都由天主教会承担，教会包揽一切。16 世纪基督教改革运动后，大多数国家皈依新教，原教会的财产遭剥夺，无法继续过去那样的慈善工作。但在瑞典，各教区不仅履行各种宗教职责，而且继续承担济贫、救死扶伤、教育和其他福利性任务。此后相当长一个时期，济贫成为教区的首要任务，也是它最大的开支项目。18 世纪中叶济贫工作正式被列为教区的法定职责。[①]

18 世纪以后，瑞典开始进行土地制度改革，大量农民失去土地，许多失地农民开始进城谋生，但由于找不到工作，其中一部分人就四处乞讨流浪，偷盗抢劫杀人等犯罪事件时有发生，成为瑞典社会不稳定的重要因素。同时，改革也给教区带来了巨大的财政压力，教区无力继续承担起济贫工作，济贫工作缺少制度保证。为了解决这一问题，1763 年，瑞典政府颁布了济贫法，规定各市镇当局应该对贫困人口提供救济，并可以征收济贫税，作为这种救济的专项收入。

1847 年，瑞典政府颁布了新的济贫法，规定贫民享有要求救济的权利，要求社会救济是一项公民应享有的权利，而不是获得政府施舍的个人乞讨行为，各地政府有义务为贫民提供必要的救济，意味着社会救济从教会的慈善活动逐渐变为政府的义务行为。1862 年，瑞典地方政府进行了改革，实行政教分离，赋予了地方政府为教育、济贫等慈善目的而征税的权力，同时地方政府接管了部分教会的济贫职责，由于地方政府可以征税，使济贫制度有了可靠的财力保证。经过长期辩论之后，瑞典政府于 1871 年颁布新的济贫法，规定要动员身体强壮的贫民自谋生计，同时政府对于老弱病残者提供必要的安置措施。此外，瑞典政府还颁布有关家内佣工的法令，以劳动救济的方式帮助贫民改善生活，该法令规定没有任何财产的人或者没有稳定工作的人都必须进入济贫院。

19 世纪中期瑞典的济贫法制度主要为无以为生的老年人和孤儿提供救济。济贫法制度所提供的救济在瑞典农村主要包括以下几种方式：①在外寄宿和搭伙。地方政府将无以为生的老人和儿童交给其他家庭寄养，并定时向提供这种寄养的家庭提供补助。这种救济在对残废和失去劳动能力的老人提供救济方面发挥的作用比较明显。②拍卖。地方政府通过公开拍卖，将那些接受救济者拍卖给愿意接受政府所提出的最低拍价的出价人那里寄养。这些出价人往往希望通过接受这种寄养补贴来改善自己的生活状况，因此，这种救济方式当时常被称为"乞丐买乞丐"。③群体轮流抚养。这种救济方式是将需要照顾的老人和儿童在

---

① 李琮.西欧社会保障制度[M].北京：中国社会科学出版社，1989：293.

不同的农场之间轮流寄养一段短暂的时间。这种轮流寄养在不想提供其他救济方式所需的寄养费的贫穷地区非常流行。④济贫机构。地方政府往往建立各种济贫机构,对需要照顾者提供各种救济。这些机构主要包括贫民庇护所、贫民院以及救济院等。贫民庇护所主要为流浪乡间的贫民提供庇护场所。[①] 贫民院所提供的救济十分有限,甚至连最普通的食物也不充分。救济院往往与农业劳动相结合,居住在救济院中的人根据自己的能力从事一定的劳动。各种济贫机构所提供的救济具有综合性救济特点,老人、孩子、残疾人、精神病患者、酗酒者混合在一起,不加区别地给予救济,这种情况与 19 世纪欧洲其他国家的济贫法机构基本一样。1874 年,瑞典接受各种救济者中的 14.5%生活在济贫机构中,1907 年则达到 19.1%。[②] 19 世纪中后期随着瑞典工业化的发展,瑞典在 1875 年颁布了公共健康法,加强对工人健康的保护。1881 年,瑞典颁布了童工法,加强对童工权益的保护。

五、美国社会保障制度的萌芽

在早期和近代美国,无论是在殖民地时期,还是在 1776—1814 年的美国建国初期,或者在 1815—1865 年的美国近代工业化开始时期,抑或在 1865—1898 年的美国近代工业化的完成时期,20 世纪前 30 年都没有确立现代意义上的社会保障制度,都主要由私人和社区的公共援助来承担社会保障任务。从殖民地时期到 20 世纪初,美国基本上都是沿用了英国的济贫制度。主要通过捐税、赠与、私人捐赠、遗赠遗产及其他私人财产来进行济贫;同时,也政府也有少量的救助措施。如对退伍军人及其家属的经济援助,对穷人看病就诊等医疗的救助等等。内战引起了大量的社会救济问题,带来慈善行业的短暂的恢复和大量直接的公共援助活动,提供了在当时社会背景条件下的社会保障,也出现了主张社会改革的进步思潮。慈善组织的规模开始扩大,数量开始增多,政府对需要援助的人提供财政救济,同时进行住房政策改革,出版改革杂志等。

在殖民地时代,生活在北美地区的欧洲移民仍然要面对、失业、流浪、贫困、天灾人祸等现实的社会问题,而且大多数都来自盎格鲁撒克逊民族,因此,在国家没有建立之前他们就自然而然地仿效英国的济贫制度来实施社会福利。马萨诸塞殖民地的首任总督约翰·温斯洛普在 1630 年所写的《基督慈善的典范》和 1635 年所写的《日志》中曾经留下过有关北美殖民地早期社会救济的记述,如:马萨诸塞殖民地议会给撒切尔先生 26 英镑 13 先令 4 便士以帮助他渡过难关。一些殖民地通过了类似英国的伊丽莎白济贫法,规定每一城镇都要为穷人提供基本的食品、衣着和居住。其中一种对贫困者的救济方法是让贫困者寄宿在救济者家中。[①]1642 年,普利茅斯殖民地开始实施类似于英国的济贫法制度,此后,弗吉尼亚、康涅狄格和马萨诸塞殖民地都分别于 1646 年、1673 年和 1692 年相继实施救济制度。在新阿姆斯特丹,1609 年荷兰人建立殖民地以后,在此建立一种以教会为中心的救济体制,1664 年英

---

① 丁建定.瑞典社会保障制度的发展[M].北京:中国劳动社会保障出版社,2004:27.

② Tommy Bengtsson.Population,Economy and Welfare State[M].Berlin:Springer-Verlag Berlin and Heidelberg GmbH & Co. K,1994:135 - 136.

国政府接管这一地区以后，开始推行英国的济贫法制度，废除原来实施的以教会为中心的救济制度，通过征税而形成公共救济体系。[①] 而北美的济贫所最早出现在纽约殖民地伦斯勒，1660 年出现于波士顿。较早的私人慈善团体是 1657 年由 27 位苏格兰人组织的"苏格兰人慈善协会"。此后，波士顿还出现了"圣公会慈善协会""爱尔兰慈善协会"等团体，在纽约则成立了"法国人慈善协会"和"德意志人慈善协会"等团体。这些私人慈善组织主要通过捐税、捐赠、遗赠等形式提供慈善基金，向需要救助的穷人提供现金及衣服、食品、住房等生活条件。事实上，在殖民地时期，各类社会团体在协助殖民地政府解决贫困问题上起到了重要的作用。殖民地政府所实施的社会救济是有限的，因为殖民政府不是通过社会保障立法，而只是将纳税人缴纳部分税款作为济贫基金，实施有限的慈善济贫。

一些殖民地还开始为穷人提供医疗救助，1662 年的罗得岛殖民地、1673 年的康涅狄格殖民地、1687 年的纽约殖民地等都规定，应该为贫穷的人提供医疗服务，市政当局还经常通过对医生提供税收减免措施来鼓励他们为无法支付医疗费者提供救助。1664 年，波士顿当局付给托马斯·奥利弗医生 5 英镑的酬劳，以奖励他利用 7 周时间为穷人治病。针对精神病人、有生理缺陷的人、感情脆弱的人和聋哑人等特殊人群的医疗救助在 18 世纪也开始实施，1752 年，费城出现专门对精神病人提供治疗的医院。[②] 其后其他地方相继设立了类似的机构，如 1773 年在威廉斯堡建立了专门医院，1824 年在肯塔基建立了收容所。1817 年费城的一家教友派开办的医院实验了新疗法，1818 年在马萨诸塞州的萨默维尔的麦克莱恩精神病院，1824 年哈特福德的精神病疗养院，1830 年马萨诸塞州的伍斯特精神病院都起了很大的作用。1819 年最高法院有关达特默斯学院诉伍德沃德案的判词宣布颁发给一个法人社团的许可证，乃是宪法意图之内的契约，因而不受州的控制，它实际上保护和鼓励了对慈善事业的捐赠。关于残障人的救助及教育问题，1817 年哈特福德出现了第一个聋人收容所，1823 年在肯塔基的丹维尔出现了第一所为哑人开办的学校。1832 年在马萨诸塞的阿什莱姆建立了盲童学校，同年纽约研究所为盲人建立了初级中学。1848 年马萨诸塞州的南波士顿开设了弱智儿童学校。1875 年在宾夕法尼亚，1887 年在新泽西州也建立了类似的学校。[③] 此外，儿童福利院作为社会福利机构之一也开始建立起来。1824 年，纽约少年犯感化院在州政府拨款的基础上建立起来，这是美国历史上第一个少年犯感化院。1847 年曼彻斯特议会颁布了建立少年犯感化院的法令。两年后纽约又成立了第二个少年犯感化院。5 年后，俄亥俄州也照葫芦画瓢，其他州随后也纷纷效仿。同时，一些州立孤儿院也成立了，特别是在 19 世纪 60 年代，很多州都颁布了将所有孩子从县级济贫院转移出来的法案。[④]

独立战争后，联邦议会于 1818 年颁布了《独立战争养老金法案》。这是美国第一部养老

① Walter I. Trattner.From Poor Law to Welfare State：A History of Social Welfare in American[M].New York：Free Press，1989：17.

② George T.Martin.Social Policy in the Welfare State[M].New Jersey：Prentice Hall，1990：41.

③ 黄安年.当代美国的社会保障政策[M].北京：中国社会科学出版，1998：6－9.

④ 牛文光.美国社会保障制度的发展[M].北京：中国劳动社会保障出版社，2004：51.

金法案，向独立战争时期的老兵提供帮助以改善他们的生活条件。另外，联邦政府对因火灾、洪灾以及龙卷风的自然灾害的受害者提供拨款或者以其他形式给予直接帮助。社会上的一些公共或私人的福利机构也会申请联邦政府的资助，主要将这些资金用于收容和教育。如1819年春，康涅狄格州的聋哑收容所被赠予23 000英亩的公共土地，后来出售这些土地共给收容所带来了30万美元的收入，就这样，社会改革者和慈善机构开始向美国政府要求更多的财政帮助。[①] 而最早提出退休保障计划，并且这一计划已被确认为现代社会保险前身的人士之一是独立战争年代的著名人物、政治新闻工作者托马斯·潘恩。他的最后一部伟大著作在1795年冬天出版，呼吁为新生的美国建立一个公共经济安全体系，在当时极具争议性。这部名为《土地公正》的著作建议对继承财产征收10%继承税，用这笔钱建立一个特别基金，一次性付给每一位年满21岁的公民15英镑银币，使他们可以有机会创立自己的事业，同时为每一个年满50岁的公民每年提供10英镑银币，保护他们不受贫困侵扰。[②]

内战的爆发使美国出现了大量的社会问题，数百万的黑奴得到解放获得自由身，但由于缺少教育又无技能，很多成为流浪者。为了解决这些问题，1865年美国建立第一个联邦福利机构——自由民局，其主要工作是管理无主土地、救济和监管黑人以及难民。1865年—1869年这几年间，美国开设了100多所医院，使50万人获得医疗救助，同时给生活贫困的黑人和白人发放2 000多万份口粮，并为黑人开办了4 000多所学校，给很多黑人提供了受教育和学习技术的机会。

虽然1787年《美利坚合众国宪法》规定了“国会有权课征直接税、关税、输入税和货物税，以偿付国债、提供合众国共同防务和公共福利”的条款，但由于工业化时期和南北战争期间，美国盛行自由放任主义和达尔文社会主义，人们认为每个社会成员都被平等地提供了成功的机会，导致贫穷的责任不在社会而在个人能力。因此当时公共帮助被严格限制在收容所、济贫院等机构内。

济贫法制度是北美殖民地和独立战争后美国政府的重要社会救济制度，但是由于济贫措施和政府援助的有限性使得早期美国的社会保障呈现出以下几个特点：一是保障范围小，给付水平低。大多数的低收入者不能得到社会保障，救济的对象也仅仅局限于无依无靠的老年人、无法生存的穷人和病残的流浪者等。而且带有惩罚性，作为享受救济者将会以丧失个人财产权、选举权等作为代价。二是主要依靠民间力量。早期的美国社会保障被严格限制在收容所、济贫院之内，规模分散，影响十分有限。三是年金计划发展缓慢。19世纪后半期联邦政府才为警察、教师、军人等制定退休计划。四是美国济贫法制度移植了欧洲国家的济贫法制度，各殖民地宗主国不同其在殖民地也表现出不同的特点。五是没有统一的济贫法制度。独立战争后美国的政治体制以及殖民地的历史使得各州都有独立的济贫法制度，而美国联邦政府并没有建立一套统一的济贫法制度。

---

① Joel F. Handler.The Poverty of Welfare Reform[M].New Heaven:Yale University Press,1995:20.

② 王尔山，王则柯.社会保障在美国[M].广州：中山大学出版社，2000:7.

第三节　萌芽时期西方国家社会保障的特点

在社会保障制度的萌芽时期，社会保障的实施国家局限于英国、法国、德国等少数欧美国家，该时期的社会保障主要内容是社会救济，通过国家干预来解决贫困问题，与现代社会保障相比，萌芽时期社会保障的制度具有如下特点：

一、具有浓厚的封建王权思想

西方国家早期的社会保障具有浓厚的封建王权思想。在这一时期，政府所采取的救灾济贫措施是统治者居高临下的对贫民的施舍，取决于统治者的意愿和能力，而不是法定的公民应享有的权利，对于接受救济者而言不得不对救济者心存感激，提供救助者则可以驱使被救助者，甚至以丧失自身人格和接受惩罚作为救济的代价，两者处于极不平等的地位。例如流浪现象，过分强调对不劳动者的惩戒而比较忽略对需求者的帮助。新《济贫法》规定，接受救济的人丧失政治自由，失去公民权，特别是选举权。英国实行旧《济贫法》时，强迫贫民禁闭在习艺所劳动，以杜绝在英国行乞要获得“恩准”，领取乞讨证，方能在指定的地区内通行。即使英国的新《济贫法》承认要求社会保护是公民的合法权利，但在实践中却并非如此。

二、救助方式以社会救济为主

西方国家早期的社会保障的救助方式是以社会救济为主。在这一时期，各国社会保障都集中在扶贫救灾等事后救济的项目上，社会保障的核心是社会救济，而且保障项目少、保障水平低，保障实施效果极为有限，这与当时的社会经济发展阶段相适应。如英国由产业工人自发组织成立的“友谊会”与“工会俱乐部”其成员主要为收入较高的技术工人，低收入的普通工人因无力承担会费而难以加入基金会，他们自然就不能在面临生老病死等威胁时受到组织的救济。早期政府在费用支出方面的资金较少，如 19 世纪中期法国在社会保障等事务方面的费用支出所占比例不到国内生产总值的 0.5%。

三、以维护国家统治为根本目的

西方国家早期的社会保障的根本目的是为了维护统治。这一时期统治者采取的救灾济贫措施的根本目的既不是为了真正解决社会成员的贫困现象，也不是真正保障社会成员的生存权利，而是为了防止被统治者在因灾或因不幸事件陷入生存困境时发生与统治者直接对抗的行为。因此，这一时期的社会保障活动是统治者的“灭火器”，防止社会动乱，维持社会秩序，巩固其统治。如英国济贫法制度建立之初的目的之一是管制无业游民，维护城市治安，因为政府认为将劳动者束缚于他所属的教区较之使他背井离乡、四处流浪更有益于其本人和社会。因此组织无业者从事劳动，让“贫民习艺所”收容贫民，并通过强制贫民劳动以维持其生活。

四、在一定程度上体现了国家立法的进步性

西方国家早期的社会保障具有相对进步性。从初期的民间慈善、官方慈善、互助组织再到以济贫法的颁布为标志的官方救济,从非正式救济过渡到正式的制度性救济,可以说通过国家立法的形式来推动社会济贫在社会保障制度史上具有里程碑性的意义,是人类文明的一大进步。道德无法强迫人们行善,而制度却可以通过征缴税费来实现社会财富再分配的目的。正如《从济贫法到福利国家》书中所提到的:"社会福利发展的历史就是从慈悲到正义之路,慈悲是善心和情操,正义是制度化公理,前者无法持久,而后者却可以长久运行。"①此外,国家通过立法干预和介入社会救济,表明了国家的社会职能进一步增强,从某种意义上来讲,也体现了国家社会职能的转变和调整。社会济贫的国家立法,确立了国家济贫的责任,也赋予了公民享受社会救济的权利,公民的权利意识开始萌芽。因此可以说,济贫制度作为现代社会保障制度的产生之前的一种尝试,其进步意义是有目共睹的。

① Walter I Trattner. From Poor Law to Welfare State[M]. New York: Free Press,1989.

第三章 现代西方社会保障制度的形成

第一次工业革命结束后，第二次工业革命的浪潮又席卷整个世界。工业革命的兴起，工人阶级的崛起对西方社会保障制度的发展提出了新的挑战，同时也促进了西方社会保障制度的进一步形成。本章将以德、英、法、美、瑞典等国家为例，阐述现代西方国家社会保障制度的形成历程。

第一节 现代社会保障制度产生的背景

社会保障制度的产生离不开一定的经济条件、社会政治条件以及思想理论准备。经济条件是社会生产力发展到一定水平，社会有一定的剩余产品可供扣除和存储，并建立一个较为完整的调节社会收入分配制度。社会政治条件包括不同的社会制度变革和新旧体制的变革，以及同一制度下不同社会成员之间所发生的不可避免的利益冲突所要求的社会保障制度的建立。而思想理论则是影响社会保障制度产生的一系列零星的、不成体系的，以及成套的、体系完整的一些理论学说和学术观点等。

一、社会保障制度产生的经济条件

（一）经济贫困是保障制度建立的出发点

社会保障最初要解决的是与贫困相关的社会问题，而贫困既有天灾人祸的因素，也有经济落后、缺乏社会公平等诱因。各个社会发展阶段或多或少都有对弱势群体保护的政策，但是不同的经济基础就会产生不同的道德准则和解决方式，归根结底是与社会经济的发展水平相联系的。[①] 因此，就会造成某个社会所提出的解决方式而不被其他社会所认同和接受。

以中世纪为例，这段时期的战争对社会造成了重大创伤。美国著名历史学家汤普逊指出："成千上万的无家可归、无依无靠的人，贫穷、饥饿、疾病、不安全；这一切立刻产生了一个迫切的社会经济需要，各种救济方法也是由此而来。对难民和穷人，寺院遂成为救济所、寄

① 夏淑敏.社会保障概论[M].合肥：安徽大学出版社，2005：12.

宿所了。”中古后期，天主教组织托钵修会奉行“救人才能救己”的宗教理想，致力于教育、布道和慈善事业。而意大利佛罗伦萨的俗人宗教组织“兄弟会”所施舍的对象更为广泛，包括残疾人、多子女的寡妇、孤儿、穷人家待嫁的姑娘等。直到近代西方基督教会通过各地的修道院和其他慈善组织，多以提供衣服和食物的方式参与对穷人的救济，汤普逊认为，他们是社会救济的会社，其慈善行为既纯洁又真诚。① 中晚期法国的“同业救济组合”和德国的“同胞联谊会”都是以虔诚、慈善和技术传授为借口成立起来的工人联合会，其目的是寻求自由平等和公正的社会保障。② 又如 20 世纪中期，英国社会学家埃·哈拉兰博斯考察到澳大利亚土著人、爱斯基摩人以及加勒比印第安人的某些群体有过杀婴儿和老人的现象。在一些贫穷地区饥荒时期甚至用杀害女婴的办法来减少人口，食婴的现象也时有发生。塔斯马尼亚土著人过着游牧的生活，经常迁徙使得那些老弱病残者就会落到迁移队伍的后面而惨遭淘汰死亡。他还发现在加拿大以西的印第安人当在冬天找不到食物时，为了避免所有成员都饿死，就确立了以下优先进食的原则，“首先让有活动能力的成年男子吃饱，避免他们过于虚弱而不能打猎；其次是让这些人的妻子吃饱，因为她们可以多养孩子；男孩子更被重视，他们长大后可以成为猎手。老年人是首当其冲的被淘汰者，灾荒时他们要光着身子走到雪地里去自杀。如果老年人死了，就轮到女婴。杀害女婴和老人的做法是文化所决定的行为模式，为的是在食物极端匮乏的情况下，保证整个群体存活下去。对我们现代人来说，上述行为似乎很奇怪，甚至残忍，但是从某个特定的社会经济环境来看，他们又是生活中的一个明智的、合理的、可以接受的选择。”③以上都说明了在任何社会状态下弱势群体问题是必须面对的问题，只是由于社会背景的不同解决方式各异罢了。对弱势群体的保护也是受历史条件下经济社会的发展水平所制约，是以经济发展水平为前提的。

（二）工业化为社会保障制度的产生提供了经济基础

18 世纪中期，英国政府通过殖民地和黑奴贸易积累了雄厚的货币资本，并且殖民地还为其提供了广阔的市场，英国政府也高度重视国内社会生产力的发展，如把财富用于生产的投资，采用奖励等方式刺激技术发明和应用，这些因素的综合作用导致了工业革命在英国的出现，并随之在欧洲大陆迅猛发展。以机器替代人力，机器化大生产促使工业化社会的逐渐形成。

1. 工业化使劳动者在生产过程中遭受的风险事故增加

工业化尤其是机器大工业生产使劳动者在生产过程中所遭受的风险事故增多。由于机械化程度的提高，劳动生产方式变化，产业形式多样化，不仅有较早出现的纺织业，还有了各种采矿业、加工业等，生产过程中伤残、事故、职业病等事件时有发生，影响到劳动者的人身安全和生活质量。工人患病或伤残后靠本人工资无法医治，失去劳动能力后生活更是难以

---

① 【美】汤普逊.中世纪经济社会史[M].耿淡如，译.北京：商务印书馆，1984.

② 【法】P.布瓦松纳.中世纪欧洲生活和劳动[M].潘源来，译.北京：商务印书馆，1985：195－310.

③ 【英】M.哈拉兰博斯.社会学[M].上海：上海社会科学院出版社，1986：5.

维持。工业革命带来社会化大生产,社会化大生产强调专业化分工与协作,对劳动者的技能素质要求提高,也促使劳动者过早地退出生产领域。同时由于技术的进步和机器的普遍采用,资本的有机构成提高,对劳动力的需求相对减少,出现"机器代替人"的现象,劳动力相对过剩,结构性失业增加。失业的劳动者及其供养的家庭也就暂时失去了生活来源,这成为严重的社会问题,迫切要求对他们的基本生活实行社会保障。[①] 社会保障制度的建立和实施对实现劳动力资源的可持续发展以及维护劳动力的再生产与扩大再生产具有重要意义。

2. 工业化引起的家庭结构的变化需要实行社会保障制度

在以农业、手工业为主体的自然、半自然经济居主导地位的农业社会中,家庭的功能很健全。家庭既是生产单位、消费单位,同时还具有生育、教育、养老等功能,家庭保障是其成员在遭受困难时的"保护伞",遇不幸时的"保护伞"。在生产社会化的条件下,机械化的高效低成本的大生产,在竞争中彻底摧垮了家庭为基本生产单位的自然经济、半自然经济基础。家庭的职能由之前的生产和消费单位转变为单一的消费单位,同时家庭的保障功能也大大减弱,因此便产生了保障社会化的要求。

3. 劳动力专业化分工协作使劳动者的社会依赖性增强[②]

工业革命带来了社会化大生产,而社会化大生产则强调劳动专业化分工和协作,对劳动者的技能素质要求提高,迫使劳动者在其素质赶不上技术进步和新机器不断涌现的条件下毫无保障地退出劳动力市场。社会的劳动分工越精细,劳动者就越脆弱。同时,在机器普遍使用、技术进步,资本有机构成提高时,社会对劳动力的需求减少,劳动力相对过剩,就会出现结构性失业。失业的劳动者及其供养的家庭失去了经济来源,陷入生活困境,迫切需要社会对他们的基本生活进行保障。

（三）市场经济的发展强化了对社会保障制度的需求

1. 社会保障制度是对市场经济负面影响的补偿

市场经济遵循的是优胜劣汰的竞争机制,不断有企业破产、重组、壮大,有企业建立就有企业倒闭,由企业发展就有企业衰落,然而不同的企业发展前景会给劳动者带来不同的生活前景。纯粹的市场机制追求的是效率而不是公平,这必然会导致公平的缺失,社会成员之间贫富差距越来越大,穷者越穷,富者越富,使社会矛盾增多甚至出现社会动荡。政府为了维护社会稳定,必须建立社会保障制度以帮助弱势群体和市场经济中的"失败者",以弥补市场缺陷,满足社会成员的基本生活需要。

2. 社会保障制度随市场经济的发展而不断完善

市场经济运行的内在规律也要求实行社会保障制度。正常时期,由于市场经济自身的缺陷如自发性、滞后性、盲目性等特点,企业破产、工人失业等现象伴随其中;繁荣时期,企业

---

① 童星.社会保障与管理[M].南京:南京大学出版社,2002:57-58.

② Titmuss, R.M.The Social Division of Welfare: Some Reflection on the Search for Equity[M].London: Allen and Unwin, 1958:34-35.

扩大产能，劳动力需求量大、生产工人在岗工人大量增加，工伤事故增多，对工人劳动保护需求增强；滞涨、衰退时期，大量企业破产停工、劳动力过剩，大批工人失业，生活窘迫。因此，在工人失业、因工致伤、致残、生活来源断绝时，必须及时给予物质帮助以保障其生活。这样不仅可以减少犯罪率、缓解社会矛盾、维护社会稳定，而且可以保存劳动力实现劳动力的可持续使用，作为劳动力需求扩大时的储备力量。

二、社会保障制度产生的社会政治条件

（一）社会化大生产是社会保障制度产生的社会条件

一方面，传统的自给自足的自然经济模式被社会化大生产所打破，劳动者从家庭走向社会，而劳动者一旦失去工作能力或失业，生活问题就成为严重的社会问题，需要引起政府的关注。社会大生产使结构性失业、周期性失业等问题增加，同时专业化的分工协作使得劳动者的工作强度加大、工作效率更高，对于年老体弱或没有专业技能的人就不得不退出工作岗位。而且就工资水平而言也是很低的，“几乎只限于维持工人生活和延续工人后代所必需的生活资料”，①没有资金储备以备年老时使用，使社会问题进一步凸显。另一方面，劳动力的社会化，要求社会必须对劳动者的基本生活以及年老丧失劳动能力后的生活负起责任。社会化机器大生产使劳动力需要按照社会分工的要求来培养和训练自己的劳动能力，而经济的波动往往造成结构性失业问题，这些问题的解决必须靠社会来共同承担。

（二）工人阶级斗争是社会保障制度产生的政治条件

经济利益的分配和社会权利的分配是由社会各阶级、各集团的政治力量所决定的。工人阶级的斗争是将社会保障制度产生的可能性转化为现实的决定性力量。在机器化大生产条件下，恶劣的工作环境将劳动者置于生老病死残以及失业的威胁之下，无产阶级为了为维护自身的利益而团结起来与资本家进行斗争。而资产阶级为了自己的经济利益，缓和阶级矛盾，往往采取“施压”和“安抚”并重的策略。早期社会保障制度已成为资产阶级安抚劳工、平息运动的一种手段和工具。19 世纪 80 年代被确定为现代社会保障制度产生时期，而当时的德国建立社会保障制度与其国内工人阶级的斗争是息息相关的。纵观西方各国的社会保障制度建立的背景大多都与工人阶级运动有很大的关系。

三、社会保障制度产生的理论基础

社会保障理论繁多，大致可以分为国家干预主义、经济自由主义以及中间道路这三大理论流派。国家干预主义大致包括德国的新历史学派、新剑桥学派、瑞典学派、福利经济学、费边社会主义、凯恩斯主义等；经济自由主义主要包括古典自由主义和新自由主义；中间道路学派主要包括市场经济理论、第三条道路等。这三大理论学说主要是围绕着公平与效率、权利与义务、政府和市场的关系所展开的争论。

---

① 马克思恩格斯选集(第一卷)[M].北京：人民出版社，1972：258.

国家干预主义认为自由的市场是有缺陷的，而政府必须通过干预来弥补市场的缺陷，政府在社会财富分配中占有主导地位，政府肩负着为人民谋福祉的重任。19 世纪末，资本主义社会矛盾日益尖锐，工人阶级反对资产阶级的斗争愈加频繁，一些学者提出在不改变现有的生产关系条件下，通过政府制定社会政策、缓和社会矛盾，维护资产阶级统治的主张，其中以德国的新历史学派为主要代表，包括施穆勒、布伦坦诺等人提出的福利国家理论。传统经济学认为，国家不应该干预国家经济，国家的职责是维护社会秩序。而新历史学派认为，国家除了维护社会秩序的职责外还有“文化和福利的目的”，主张通过国家兴办社会公共事业来改善国民生活。如发展公共教育、改善公共卫生、征收易长穗等。20 世纪初，英国费边主义者韦伯夫妇设计了“福利国家”的蓝图，他们主张通过资产阶级的议会立法，对贫民以及老、弱、病、残进行救助。同时期的英国经济学家和改良主义者霍布斯主张以“社会福利”作为经济研究的中心问题，通过税收等政策，使社会的“剩余价值”归国家所有，从而进行社会财富的再分配，以实施社会福利。1920 年英国经济学家庇古提出，提高穷人收入在国民收入中所占的份额，就会扩大社会总福利，增加社会总的满意度。此外，庇古还提出了“收入均等化”的转移措施以及政府向富人征税，补贴给穷人以及建立各种社会服务措施等所形成的福利经济学理论。20 世纪 30 年代经济危机爆发，工业凋敝、工人失业、社会矛盾尖锐，凯恩斯指出经济萧条和危机的根本原因是有效需求不足，只有扩大总需求，刺激总供给，从而增加就业机会，才能使经济保持一定的增长速度。政府除了要鼓励私人消费和通过税收政策鼓励资本家投资，扩大中央银行信用等措施外，还要积极干预经济，推行扩张性财政政策；兴办公共工程增加有效需求和就业机会；扩大社会福利措施；施行累进税制和制定最低工资标准等。凯恩斯提出的一系列应对经济危机的理论和政策主张，形成了经济学说史上影响很远的凯恩斯主义。

经济自由主义分为古典自由主义和新自由主义。古典自由主义主要以亚当·斯密、边沁、穆勒等为代表，反对国家干预经济，主张市场经济自由。亚当·斯密认为利己主义是人类的本性和一切行为的动机，每个人都追求个人利益但是又要照顾到他人的利益，否则个人利益就难以实现。追求个人利益与追求社会利益从根本上说是一致的，因为市场机制这只“看不见的手”会起到自然调节和平衡的作用。亚当·斯密认为政府应采取自由放任的态度去解决社会问题，既是对中世纪封建主义和近代早期重商主义的批判，是为工业资产阶级服务的自由主义理论，对 18 世纪英国传统的济贫政策和 19 世纪自由经济的发展产生了重大影响。新自由主义以弗里德曼和哈耶克为代表，进一步倡导经济自由，反对国家干预。弗里德曼认为资本主义经济动荡是由政府错误的财政政策造成的，反对政府干预经济。社会保障方面，他认为市场自由竞争产生高效率，对低收入者发放补助会挫伤人们的劳动积极性，主张采用负所得税，既可以维持低收入者的最低生活水平又不挫伤人们的劳动积极性。新自由主义的社会保障思想包括：第一，崇尚自由，公开反对社会公平和分配正义；第二，强调个人责任和市场的作用的发挥，反对国家和政府干预。第三，反对强制性保险，提倡有选择的保险制度。哈耶克反对将强制保险运用于国家控制的集权垄断之中，因为“它违背了秩序的自由性”。第四，主张削减社会福利，倡导社会保障领域内的竞争；第五，主张改革福利政策，实行激活性劳动就业政策。[①]

中间道路学派，介于国家干预主义和经济自由主义之间，认为资本主义自身所存在的缺陷导致了贫困、失业和不平等等现象，而政府行为恰好可以弥补市场的不足，解决这些问题。中间道路学派的基本观点是：第一，强调自由市场与国家干预之间以及经济政策和社会政策之间的平衡。第二，从维护社会稳定出发支持再分配。第三，倡导政府参与下的福利经济的多样化。[②] 20 世纪 80 年代末，西方新自由主义的自由化、私有化造成了新的经济社会危机，“第三条道路”开始出现。第三条道路主张：第一，政治政策上实行新的社会治理方式。第二，经济政策上奉行“市场社会主义”信条，模糊所有制定位，摒弃国有化政策，主张走一条有别于自由放任和国家干预的混合经济之路。第三，在福利政策上把社会福利国家改为社会投资国家。[③] 第三条道路从某种程度上来讲是兼顾了国家和市场，公平与效率，权利和义务相结合的原则，推行新政策，发展新经济，谋求资本主义的再发展。

第二节　各国社会保险制度的建立及影响

一、德国社会保险制度的形成

德国之所以成为世界上第一个建立社会保障制度的国家，与其时代背景和历史传统是密切相关的。德国社会保险制度的建立，对欧洲国家社会保险制度的建立以及福利国家的建设起到了重要借鉴和示范作用。

（一）德国社会保险制度产生的背景

德国是最早建立社会保险制度的西欧国家。1883 年颁布的《疾病社会保险法》、1884 年颁布的《工伤事故保险法》和 1889 年颁布的《老年和残疾社会保险法》标志着现代社会保险制度在德国的建立。

德国建立社会保险制度的社会背景可概括为：①德国已完成了由农业社会向工业化社会的转型，伴随工业化而来的年老、疾病、伤残、失业等日益成为普遍性的社会风险，家庭及劳动者个人、社会救济、自发性的慈善活动等保障方式难以应对这些社会风险，呼唤制度性的社会保险制度的诞生。②19 世纪下半叶，德国社会矛盾和阶级矛盾错综复杂，并日趋尖锐。1848 年 2 月，无产阶级的政治纲领《共产党宣言》发表，标志着马克思主义的诞生，并首先在德国传播开来。在马克思主义指导下，德国的工人运动风起云涌，1875 年德国社会主

---

① 柯卉兵.新自由主义社会福利及政策实践评析[J].南都学坛（人文社会科学报），2006(6)：28－32.

② 范涛.欧洲福利理论中的中间道路学派及其影响[J].南开大学学报，2000(2)：33.

③ 魏娟.“第三条道路”评述[J].前沿，2003(7)：97－98.

义工人党成立。面对如此复杂的社会环境,俾斯麦政府奉行的是“胡萝卜加大棒”政策:一方面,1878年颁布反社会主义法令(《社会民主党企图危害治安法令》),对工人运动及其政党进行血腥镇压;另一方面,试图通过社会保险立法来改善劳资关系。所以说,社会保险是工人阶级长期斗争的结果,也是资产阶级维护社会稳定的社会政策。③“讲坛社会主义”学派盛行,其政策主张对社会保险立法产生了直接影响。在社会矛盾日益尖锐的背景下,社会改良思潮兴起。19世纪末,德国“讲坛社会主义”学派(新历史学派)的一批经济学教授提出阶级调和、自上而下的社会改良(资产阶级改良主义)的主张,并于1872年创立“德国社会政策协会”。该学派的政策主张是:实行自上而下的社会改革,国家干预经济生活,由国家制定劳动保险法、孤寡救济法等,增进社会福利,保护劳动者正当权益,协调劳资关系。德国政府采纳了这些政策主张。① 在承袭原普鲁士王国既有的济贫、雇主责任制和保险等社会政策形式的基础上,强调国家乐于为工人谋福利,以此作为“消除革命的廉价投资”,维护帝国统治,实现社会安定的目的。

出于进行“消除革命的投资”的目的,俾斯麦政府受德国新历史学派有关改善工人境况、缓和阶级矛盾、政府出面干预经济和社会生活管理的主张的影响,仿效一些社会赞助团体的济贫行为以及官方和一些私营行业雇主享受养老金和病假工资的先例,决定由政府出面举办社会保险事业。1881年11月,在俾斯麦的倡议下,德皇威廉一世颁布建立社会保险的致国会的文告。文告提出:对社会问题的解决不只是镇压社会民主主义的不法行为,而是力求稳定地、积极地促进工人福利。我们将其视做皇帝的职责,并真诚地将此任务交给国会。我们有义务重新并持久地保证国内和平,有义务给予需要帮助者更大的安全感和更多的支持。文告宣布了国家打算采取的保护措施和社会救助措施,文告并且明确了这样的理念:为民众提供保护和帮助是国家的任务而不是施舍,有劳动意愿而无法劳动的人有权要求国家或社会的照顾。② 可以说德国社会保险制度的推出,并不是出于人道主义救助的考虑,而更多的是出于政治方面的考虑。1881德皇威廉一世在颁布诏书《德国社会政策大宪章》中提到:“社会恶害的矫正,只靠镇压社会民主党的煽动骚扰是不够的;还要坚持寻求方法,积极增进劳动者的福祉。……对于祖国,应谋求国内和平秩序的永续保证;对于贫者,应谋求他们在生活上的更安定与更丰富。”③从此,德国开始建立自己的社会保险制度,并走上为社会保险立法的道路。

(二)德国社会保险法的主要内容

1881年,德皇威廉一世宣布实行社会改革,强调要采取措施保护劳工的利益,该诏书名为《黄金诏书》。因此,俾斯麦政府提出了工伤事故保险法草案,作为社会改革的措施交由国会讨论,由于存在严重分歧,工伤保险法草案未能获得议会通过。

---

① 高灵芝.社会保障概论[M].济南:山东人民出版社,2011:42.

② 史柏年.社会保障概论[M].北京:高等教育出版社,2012:26.

③ 曾繁正.西方国家法律制度、社会政策及立法[M].北京:红旗出版社,1998:205.

1882年，俾斯麦政府提出疾病保险法草案，该法案规定工人一律实行强制性的疾病社会保险，工人承担保险费用的2/3，企业主缴纳1/3的保险费；工伤事故保险费用由企业主承担；参保的工人可以免费享有医疗和药品。该法案引起了社会的强烈反应。其中，德国社会民主党认为工伤事故保险应该是雇主的责任，不应该由工人承担费用并由国家补贴，疾病保险则是工人自己的事情，因此疾病保险应该由工人自己管理。①

1883年5月帝国国会高票通过疾病保险法案，于1884年12月1日正式生效。1884年6月，国会正式通过工伤保险法草案，于1885年10月正式生效。

1888年11月，继基本社会保险法和工伤社会保险法出台之后，老年和残疾社会保险法案提交国会。草案主要内容是：对工人和低职务官员一律实行老年和残障社会保险；保险金来自国家、企业主和工人三方，工人和企业主各缴纳保险费一半，国家对领取保险的老人或残疾病人补贴50马克；退休工人的退休收入，依工人原工资收入等级和地区等级而定；只有证明确属失去谋生能力者，并缴足5年保险费者，才有权享受残障保险；凡年满71岁，缴纳保险费30年以上者，始有权享受养老保险。②

1889年初，社会民主党人向国会提交了老年和残疾人社会保障法案修改提案，其主要内容包括：①将领取养老金的年龄范围从71岁降低到60岁，将养老保险缴费资格年限从30年降为20年；②将国家补贴的标准从50马克提高到90马克；③降低获得残疾保险津贴的条件；④对收入在3 000马克以上者征收累进税，作为老年和残疾社会保险的基金来源。③

1889年5月24日，德国国会以微弱多数票通过老年和残疾社会保险法，并于1891年1月1日开始生效。至此，从1883年到1889年德国通过出台《疾病社会保险法》《工伤事故保险法》《老年和残疾社会保险法》三部法案，从而确立了德国社会保险的基本体系，德国社会保险制度开始建立起来。19世纪末德国三大保险法的内容比较见表3-1。

表3-1　19世纪末德国三大保险法的内容比较

	疾病社会保险法	工伤事故保险法	老年与残疾社会保险法
保险对象	符合法律规定的工厂劳动者，年收入不超过2 000马克	符合法律规定的工业劳动者，年收入低于2 000马克	年收入低于2 000马克的所有工资劳动者与雇员
财政来源	费用由雇主承担30%，雇工承担70%，国家给予一定的补贴	费用全部由雇主承担	费用由雇主及雇工各负担一半，国家给予补贴，参保者服兵役期间的保费由国家担负

① 【德】F.梅林.德国社会民主党史(第4册)[M].青载繁，译.北京：三联书店，1966：224-231.

② 夏淑梅，罗遐.社会保障概论[M].合肥：安徽大学出版社，2005：28-29.

③ 和春雷.社会保障制度的国际比较[M].北京：法律出版社，2001：16.

（续表）

	疾病社会保险法	工伤事故保险法	老年与残疾社会保险法
资格条件	患病	因工伤害，但不包括故意受伤害	老年津贴领取者需达到 70 岁，并缴费1 200周（30 年），参加津贴领取者也须缴费 200 周（5 年）
津贴标准	津贴标准为工资的 50%，从生病后的第 3 天开始领取，领取最高时限为 13 周	工伤事故保险津贴标准为工资的 2/3，需护理者的标准为全额工资，领取时限为 14 周，工伤致死者的家属可领取死者工资的 20%	基本津贴为 50 马克，由国家补贴，固定津贴为 60 马克，其余依缴费期限和工资等级确定
组织管理	由各种疾病保险基金组织管理，雇工因承担绝大部分费用而在疾病保险管理机构中发挥决定作用	工伤事故保险由企业协会管理，雇主在工伤保险管理中发挥决定作用	养老保险由国家统一管理

资料来源：Peter A.kohler，The Evolution of the Social Insurance，1881—1981，studies of Germany，France，Greate Britain，Austria and Swithland，New York，1982，pp.28 - 31.

1911 年德国又将这些法规综合为单一的德意志帝国法典，这是世界上第一套完整的社会保险体系，开创了资本主义国家社会保障体系的先例。它对改善劳资关系，促进经济发展，发挥了积极作用。1911 年还制定了《职员保险法》，1923 年颁布了《帝国矿工保险法》，1927 年制定了《职业介绍和失业保险法》。权利和义务统一的原则，以交费为享受保险条件的原则，保险费用多方面分担的原则是德国社会保险法中三个重要的原则，并且成为以后各国社会保险体系的基础。但德国的社会保障制度从保障对象、覆盖范围和保障水平来看，不仅保障水平低，覆盖范围也很窄，只是为有正常工资收入的人提供保障，保障项目多是与职业相关的单项社会保险。

继德国之后，法国于 1898 年实行工伤保险，1905 年实行失业保险，1910 年又实行养老保险。英国于 1908 年实行养老保险，实行《养老金法》，使领取养老金在历史上第一次成为公民的一种权利，以法律的形式被确定。191 1 年实行失业和疾病保险，通过了《失业保险法》和《国民健康保险法》，其中《失业保险法》是世界上第一个全国性、强制性的失业保险法，规定其保险费由雇主、工人和国家三方负担。瑞典于 1891 年实行疾病保险，1901 年实行工伤保险，1913 年实行养老与残疾保险。到第一次世界大战前，丹麦、奥地利、英国等 16 国建立了养老保险；比利时、英国、瑞士等 9 国实行了疾病生育保险；英国、法国、西班牙等 9 国实行了失业保险；波兰、南非、美国等 37 国实行了工伤保险。① 至此，社会保障制度已在西方国家逐渐形成，并开始走向成熟，详见表 3 - 2。

① 金红磊，理治.社会保障导论[M].北京：中央民族大学出版社，2013：32.

表 3-2　世界上早期建立社会保险体系的国家

国家	颁布第一个险种法令的年份	实施各主要险种的年份			
		工伤保险	养老保险	疾病保险	失业保险
德国	1883	1884	1889	1883	1927
奥地利	1887	1887	1906	1888	1920
丹麦	1891	1901	1913	1891	1934
瑞典	1891	1901	1913	1891	1934
挪威	1895	1895	1936	1909	1906
芬兰	1895	1895	1937	1963	1917
英国	1897	1897	1908	1911	1911
意大利	1898	1898	1919	1943	1919
法国	1898	1898	1910	1928	1905
荷兰	1901	1901	1913	1913	1916
澳大利亚	1902	1902	1908	1944	1920
比利时	1903	1903	1924	1944	1920
加拿大	1908	1908	1927	1966	1940
瑞士	1911	1911	1946	1914	1924
日本	1911	1911	1941	1922	1947

资料来源：林闽钢：《现代社会保障》，中国商业出版社 1997 年版，第 3 页。

（三）德国社会保险制度建立的影响

德国社会保险法的颁布及实施极大地缓和了社会矛盾，为德国的对外扩张提供了良好的社会环境。同时，对于保护广大劳动者的合法权益具有很大的积极意义，社会保险法中所体现出的风险共担的原则也为后来社会政策的发展提供了很好的范例。德国社会保险制度在社会保障制度发展中的作用表现为三部社会保险法中所体现的重要原则——强调权利与义务统一的原则，以缴费为条件的保险原则——保险费用由国家、雇主、工人等多途径分担的原则，强制性投保等原则，为以后很多国家建立和发展社会保险制度奠定了基础；在全社会范围内推行社会保障，使之第一次确定为正式的公共社会保障计划；由政府组织构建社会保障体系，提高了社会保障制度的效率。①

总的来说，德国社会保险法的颁布和实行使得国家对民众生活状况的改善由早期的社会救助为主转变为社会保险制度为主，开启了社会保障制度化的历程，标志着人类历史上以社会保险为核心的现代社会保障体系的正式形成。对于建立现代社会保障制度具有非常深

① 林闽钢.现代社会保障通论[M].北京：中国社会科学出版社，2014：38.

远的意义。其“三大保险定天下”的经验也“引起了整个西方世界的高度关注,并为工业化国家所仿效”。[①]

二、英国社会保障制度的形成

德国现代社会保险的立法深深触动了英国,促使英国从一贯的社会救济立法开始走上现代社会保障立法之路。不但由此结束了实施300多年的新《济贫法》,而且步德国社会保险立法之后尘,于1897年颁布了《劳工伤害赔偿法》,对劳工遭受伤害的赔偿进行了法律的规定,该法规定某些特殊行业中,由于各种事故受伤或者丧失工作能力的工人有权要求雇主给予赔偿,这是英国历史上首次以立法形式规定给予因工业事故丧失工作能力的工人要求每周获得某种形式的津贴的权利。1900年,将行业的范围扩大到了农业。直到1906年,工伤保险的覆盖范围才扩大到所有的行业。

英国是工业革命的发源地,是现代工业的摇篮,在英国诞生了世界上最早的产业工人;为了摆脱社会贫困问题,英国成为世界上第一个在全国范围内强制推行失业保险法的国家。19世纪末20世纪初,在第二次工业革命的影响下,英国的产业结构开始发生变化,经济出现周期性波动,失业问题严重。面对日益严重的失业问题,英国社会各界强烈要求政府承担起应有的责任。工人阶级举行示威游行活动向政府施加压力,要求政府尽快采取有效措施解决严重的失业问题。大多数的地方政府和议会认为,为失业者提供工作是国家的最高职责。伦敦西汉姆区地方议会致书下院,声称“为身体健全的失业者寻找工作的责任应该由国家承担起来”。地方政府事务部大臣沃尔持·朗在1904年指出:大多数失业者真诚地希望能找到工作,当他们已经濒于贫困的边缘时拒绝给他们救济,使他们成为贫民,这是一种“国家犯罪”。1905年1月,下院议员巴克斯顿代表议会中所有来自首都的议员指出:“为忍受失业之苦的人提供工作既是地方的责任,也是国家的职责。”[②]

在社会各界的舆论压力下,出于缓和社会矛盾稳定社会秩序的目的,英国政府于1905年颁布《失业工人法》,国家正式开始对失业问题承担起责任。该法规定:伦敦每一个区建立一个贫困委员会,同时成立一个伦敦中心委员会,贫困委员会的职责是熟悉他们所在区的劳工状况,在中心委员会的要求下进行调查并对申请者进行区分,对其认为适合该法情况者寻找工作,对其认为应移交中心委员会者将其移交给中心委员会。中心委员会的职责是监督、协调和帮助贫困委员会的行动,中心委员会可以通过帮助申请人及其家人移民国外或移居他处、通过向失业者提供暂时的工作等途径给失业者以帮助,但这种工作必须有助于失业者将来找到稳定职业或自食其力。中心委员会及贫困委员会的开支由志愿捐款以及每区议会按其税值每镑1便士的比例批拨的款项承担。任何人不能因接受此种工作及其他救济而被

---

① 岳颂东.呼唤新的社会保障[M].北京:中国社会科学出版社,1991:103.

② Jose Harris.Unemployment and Politics: A Study on English Social Policy(1886—1914)[M].Oxford: Oxford University Press .1984:153 - 158.

取消公民权。伦敦以外地区依照伦敦地区的做法设立同样的贫困委员会。[①] 该法以国家立法形式承认了国家解决失业问题的重要责任，受到西方学术界的高度评价。但是也存在很多缺陷，如：仍然是一种以地方为中心的失业救济体制，没有对中央政府的职责做出明确、具体的规定；缺乏法令推行资金，该法开始施行时只有 15.3 万英镑的资金，1906 年约 40 英镑，根本无法满足需要，加上程序过于复杂，很大程度上限制了该法作用的发挥。

1905 年英国的《失业工人法》由于多种原因而没有达到预期的效果，促使刚上台的自由党政府做出更加积极有效的措施。在丘吉尔的领导下，英国议会于 1909 年 10 月 20 日通过了《劳动介绍所法》，其主要内容是：贸易部可以在其认为适当的地方建立劳动介绍所，也可以帮助或接管现存的各类劳动介绍所，可以利用其认为合适的方式收集有关劳动力供需的信息，在财政部批准的情况下，向已由劳动介绍所为其找到工作以及申请人不得不前往者提供旅费。1910—1914 年间，英国的劳动介绍所从原有的 61 个增加到 423 个，在劳动介绍所登记的申请者从 140 万人增加到 200 万人。1911 年颁布的《国民保险法》《失业保险法》作为该法的第二部分于 1911 年被议会批准实施。该法于 1912 年 7 月开始实施，适用范围限于建筑、造船等波动性较大的几个行业，英国正式建立起失业保险制度。据《失业保险法》规定，失业保险费由三方分担，其中劳资双方各负担每周 2.5 便士，政府出资额为前两者之和的 1/3；当受保人失业时，每周可获得 7 先令的失业补偿金，每人每年至多可以领取 15 周的失业保险金。这是英国第一部失业保险法的主要内容，它的立足点是：第一，必须由国家强制推行失业保险，工人必须无选择地参加；第二，必须强制参加保险者按期交纳保险费。虽然《失业保险法》只维持了部分人失业期间的最低生活水平，受保人当年即达到 255 万，保险效果比较明显。[②]

1909 年的《劳动介绍所法》与 1911 年的《失业保险法》的颁布实施，使英国建立起了全新的失业保险制度，英国的失业保险制度也让英国成为西方国家失业保险制度的典范。与济贫法制度为失业者所提供的有限救济相比，劳动介绍所制度与失业保险制度不仅可以为被保人提供失业保险津贴以防止失业者陷于贫困，而且还可以使失业者尽快实现再就业，从而为失业者提供更加合理、更加有效的社会保障。《失业工人法》《失业保险法》的重点在于救济失业者，而《劳动介绍所法》的重点在于帮助失业工人重新就业。可以说《劳动介绍所法》是对《失业工人法》和《失业保险法》的补充，由国家资助和管理、由经济学家贝弗里奇负责建立的劳动力介绍所可以说是职业介绍所，是与济贫法机构相分离的全国性组织，它的根本目标是解决英国存在的长期失业问题。

二战期间，英国经历了大规模的工人失业，对社会稳定和经济秩序提出了严重挑战。1929 年英国政府利用财政补贴失业金对领取失业补偿金期满时仍未就业的失业者发放过渡性津贴（失业救济金），实现了失业保险金和失业救济金的分离。1933 年 9 月，英国根据

---

① David C Douglas.English Historical Documents[M].London：Routledge，1977：80－582.

② 姜守明，耿亮.西方社会保障制度概论[M].北京：科学出版社，2002：92.

《全国政府法》建立起失业保险法定委员会和失业救济管理局两个政府职能部门。1934 年和 1 936 年又相继通过《失业法令》《农业失业法令》和《国民健康保险法令》，至此英国有关失业社会保险的立法工作基本完成。

在老年人社会保障方面，英国早在 19 世纪 70 年代末就有一位社会改革人士肯·威·布莱克利提出了要给老年人和疾病者实行强制性保险的建议，但在当时他的这一建议遭到了很多人的反对。反对者认为，英国的情况不同于德国，德国是一个实行政府管制的中央集权制国家，而英国却具有个人自由的传统，尽管德国已经实施了社会保险计划但是由于两国的国情不同，因此德国的经验不适用于英国。此外还有 1891 年约瑟夫·张伯伦的方案以及 1891 年查理斯·布斯提出的方案。这几种方案的提出引起了社会各界对养老金制度的广泛讨论。

1896 年英国地方政府事务部决定开始对值得救济的老年贫民提供院外救济，但是要求这些人应当具备良好的品行、节俭的意识以及早期生活的独立性等特点。养老金问题在保守党长期执政期间一直争论不休，在 1905 年的选举中，自由党因为提出了免费养老金制度的竞选口号而赢得选举。自由党上台执政后为了推进免费养老金制度的实施，1907 年开始推进累进所得税制，以为接下来的免费养老金制度提供充足的财政资金，并且内阁成立了专门委员会制定国家养老金计划。1908 年 8 月，英国议会正式出台了养老金法案，英国国家养老金制度诞生。

1908 年英国《养老金法》明确规定了国家养老金制度的免费性和普遍性原则，任何人只要符合该法所规定的条件就可以领取国家养老金，养老金费用均由议会拨款。其中规定，所有年收入不超过 31 英镑的 70 岁以上老人，均可领取养老金；以年收入 21 英镑以下者每周领取 5 先令为标准，依次递减，直到 1 先令为止。对年收入超过 31 英镑 10 先令的人规定不能享受补贴，而且享受年金的条件要求年龄在 70 岁以上，没有因为犯罪(包括酗酒)而进过监狱，要向年金管理当局证明自己确实曾经为了养活自己及其合法亲属而努力工作，定居英国 10 年以上，并且 1903 年 1 月 1 日以后不再接受济贫法的救济等诸多条件。可见该法对享受养老金所规定的条件是相当严苛的。《养老金法》于 1909 年开始实施，当年申请者即达到 65 万人，费用超过 800 万英镑。

1908 年英国《养老金法》是 20 世纪初英国颁布和实施的第一部重要的社会改革法令，第一次建立起国家养老金制度，是一种不同于济贫法制度的新型社会保障制度。在贫困未形成事实之前就通过国家养老金防止因老年而致贫的一种积极的预防性措施。英国养老保险立法开始于 1908 年颁布的《养老金法》、1911 年颁布的《伤残保险法》和 1925 年颁布的《老年和遗嘱保险》。但是，该养老金法也存在诸多弊端，一方面养老金覆盖面极为有限，享受标准高、保障水平低。早在 19 世纪末，英国著名统计学家、社会学家查尔斯·布斯就已经把周工资在 1 英镑以下的工人定为贫困者，现在退休者根据《养老金法》所能领到的养老金只是杯水车薪，仅能缓解或解除部分老人的后顾之忧；而且它所规定的享受年龄标准较高(只有年满 70 岁，收入低于一定水平的老人才有资格领取养老金)，因而被称之为“死人养老金”。另一方面，巨额的养老金费用支出也给国家财政带来巨大压力，还会导致个人对政府的过度依赖，影响国家养老金制度社会意义和作用的有效发挥。

除了为解决上述主要的社会问题而颁布的社会保险法令外，政府还颁布了包括1906年(英国自由党执政)颁布了《餐食供应法》，规定向小学生提供免费午餐；1908年颁布了《儿童法》和《老年年金保险法》，为年满70岁、收入低于一定水平的老年人提供养老金，在历史上第一次认为社会有责任无偿地为低收入的老年人提供生活保障；1909年年颁布《住宅及都市法》和《劳动交换法》；1911年颁布了《国民保险法》(又称《国民健康和失业保险法》)，对健康保险和失业保险作了强制性的规定；1912年的《矿工最低工资法》；1918年的《妇幼儿童福利法》；1920年颁布了《失业保险法》和《盲人法》；1926颁布了《寡妇孤儿及老年年金法》，对经济危机所造成的社会失业人口和其所赡养人口的生活保障作了法律规定。这些立法是19世纪下半叶以来英国政治、经济发展和社会矛盾的产物，普通劳动者的合法权益得到重视，英国的现代社会保障制度逐渐建立起来了。

三、法国社会保险制度的建立

在19世纪之前法国还没有把救助、贫困看成是国家应负的责任，直到19世纪末法国才陆续颁布一系列的和社会保障制度有关的法令和条例。19世纪80年代末至二战开始前，随着法国资本主义的发展，法国社会保障的构想渐趋成熟，他们提出“人人有权劳动并获得报酬，人人享有社会成果”，这时国家才开始真正参与到社会保障事务中来。国家开始提供救济，目的是减少穷人，以维持社会再生产。

19世纪末20世纪初法国的国内和国际环境不利于国家社会保险制度的建立，但是法国社会尤其是工人阶级的对社会保障方面的强烈诉求，对国家社会保险制度的建立起到了重大的推动作用。1888年，法国工会代表大会提出下列改革要求：八小时工作日制度，规定最低工资，禁止转包工，由资方负担工伤事故费用。1890年，法国举行大规模五一示威游行，法国工会宣布这次示威游行的宗旨是争取八小时工作日制度和劳动保护立法，保证最低工资，限制童工和女工劳动时间，取缔私人职业介绍所和转包工。[①] 1893年，法国建立了公费医疗保障制度。1894年颁布强制退休法，规定退休资金由雇主和工人按同样比例缴纳，由国家退休金管理局统一管理。1898年通过《工伤保险法》，开始对因公受伤者给予补助，规定雇主必须为其雇员提供工伤保险，即使是雇员自己责任造成的工伤事故也将得到补偿；1904年对儿童进行社会救济；1905年对老年残疾人和绝症患者给予救济；1910年颁布法律，在工人和农民中实行普遍退休制度，规定退休年龄为65岁，年收入不超过3 000法郎的工资收入者强制参加，年收入在3 000～5 000法郎的自愿参加，资金来源于雇主和工人交纳的保险税，国家给予少量的补贴；1913年开始对孕妇进行补贴；1914年，享受国家财政支付的退休金的人数达30万人，主要集中在采矿和铁路部门。

---

① 【法】泽瓦埃斯.1871年后的法国社会主义[M].中央编译局国际共运史研究室，译.北京：三联书店，1983：35.

第一次世界大战之前,法国的社会保障主要是沿着两个方向发展:一方面社会救济体系不断扩大;另一方面通过社会立法,社会保险逐渐被认为是一种社会权利,社会立法范围越来越广。其社会保险也具有临时救济的性质,只针对疾病、老年、工伤等方面,而且大部分都是在企业内部实施,提供的救济数量有限而且时间也很短,主要是建立在个人储蓄和互助的基础上。

世界大战的爆发以及经济危机加深了法国的社会矛盾迫使法国政府建立社会保障制度,以缓和社会矛盾,维持社会经济的健康稳定发展。1914 年法国建立了累进所得税制度。1919 年通过了对战争受害者给予补偿的法令,并开始就退伍军人的退休金问题在议会展开辩论(1930 年最后通过)。1920 年 7 月 23 日法国议会成立了一个社会保障制度起草小组,并于 1921 年 3 月 22 日提出了社会保障法草案,经过长达 7 年的议会辩论,于 1928 年 4 月 5 日通过。经过补充修订,1930 年 4 月 30 日法国正式颁布了第一部社会保障法。1930 年通过的《社会保障法》,初步建立了对雇佣劳动者的普遍保险制度。社会保障形式从局部的措施逐步向完整的政策体系与福利制度方向发展。此法同后来法国通过的一系列有关儿童、老人、贫困病人、多子女家庭和产妇的法律一起构成了现今法国《社会救助法》中有关如何救助社会弱势群体的基本内容。

1930 年《社会保障法》的基本内容主要是:法国工商业部门中低工资雇佣劳动者可以享受包括疾病、生育、残疾、老年和死亡补贴等项目的保险待遇;资金的主要来源是雇主和职工交纳的社会保险税,各为 50%,国家基本不提供财政补贴;农民交纳的社会保险税只占其收入的 2%,国家提供较多的财政补贴;社会保险金由原有的社会保险机构和中央政府在各省设立的专门机构管理。具体内容主要有:①疾病、生育保险的补贴额为基本工资的 50%,按日发放;疾病补贴最长期限为 9 个月,生育补贴最长期限为 12 个月。医疗、药品、住院费不按实际支出补贴,由执行保险机构的专门规定,补贴标准很低。②残疾人丧失劳动能力 66% 以上才能得到补贴,补贴额为整个登记时期平均基本工资的 40%。③老年保险的规定有两种:一是由投保人交纳保险税,60 岁以后发给退休金,交纳保险税的年限必须满 30 年;二是退休金低于年工资收入标准 40%的人给予适当追加补贴,但追加数额很小,且附带了一些苛刻条件。1930 年制定的《社会保障法》,经过 1935 年的修订,一直执行到 1945 年。[①]《社会保障法》体现了法国公民受保障的社会权利,反映了法国社会保障内容的普遍性和强制性,它的出台标志着法国社会保障制度的形成。

1932 年法国开始实行家庭补助制度,雇主对有子女负担的家庭提供家庭补贴。1935 年至 1936 年人民阵线政府执政时期,经过工人群众的艰苦斗争,实行 40 小时工作周和带薪休假等制度,增加了职工的社会福利待遇。

第二次世界大战前法国虽然实行了社会保险立法,但保护的范围有限,有关社会保险的制度也很不完善,补贴标准不统一。另一个特点是仍以行业为基础,矿业、铁路等部门分别

---

① 顾海良,张雷声.世界主要国家社会保障制度概观[M].北京:中国大百科全书出版社,1995:101.

在本行业内实行一些保险项目。通过立法建立的这些保险项目零散,缺乏统一和有力的执行机构。由于有关社会立法多为单向,有救济性质,所以雇主往往不愿承担责任。这与当时法国的大型重工业尚不占主导地位,产业结构仍以酿酒、香料、化妆品以及其他消费品生产为主,企业规模一般较小,工作风险性不很突出等社会经济因素有很大关系。

四、瑞典社会保险制度的建立

1882 年,在德国提出疾病保险法案和工伤保险法案后不久,就有议员向瑞典议会提出了建立社会保险的建议。在瑞典社会保障制度特别是社会保险制度建立的过程中,真正具有重大影响的是阿道夫・赫丁在 1884 年提出的社会保险法案。作为一名新自由主义者,他主张自由和民主,强烈要求政府参与社会生活制定合理有效的社会立法和社会政策,解决普通民众工作和生活中的困难。

在 1884 年社会保险法案中,赫丁指出有必要重新认识早期反国家主义的地位,主张瑞典应该像其他西欧国家那样,通过立法由国家直接干预劳工阶级的生活和劳动,在瑞典建立起类似于德国的社会保险制度,并希望把下列社会保险放在优先位置,那就是工伤事故保险和工人养老保险。赫丁的社会保险法案一提出,瑞典地主阶级就在一份修正案中指出,由国家提供财政支持的福利不应该仅仅适应于城市劳动者,农业劳动者同样应该有权获得这些福利。同时,以福赛尔为首的保守派对赫丁的社会保险法案坚决反对,他们认为,根本没有实行国家福利的必要,国家福利不仅将导致庞大的官僚机构及税收的提高,也是对个人自由和进取意识的一种极大威胁,在像瑞典这样的贫穷国家根本不可能承担得起劳动安全保护和工人工伤赔偿的费用,更不用考虑养老保险制度。赫丁的社会保险法案最终还是在大多数议员的支持下获得议会的通过,这使得"1884 年成为瑞典社会政策的关键一年"。[①] 1884 年社会保险法案的通过是瑞典现代社会保障制度发展史上一个重要事件,使建立社会保险制度逐渐成为瑞典社会的一种共识。

社会保险法案通过以后,瑞典政府便采取实际行动,着手建立社会保险制度。但是在瑞典社会保险制度的建立过程中遇到了很大的阻力。1884—1898 年,瑞典议会先后组织三个"工人保险委员会",对社会保险问题进行调查并提出了有关养老金制度和残废保险制度等方面的报告,但是却遭到了农业利益集团以及保守派的反对,此报告最终流产。与此同时瑞典兴起一场争取养老金制度的运动,其组织和领导者拉布认为,依靠瑞典政府推行社会改革,建立以养老金制度为主要内容的社会保障制度存在困难,于是,他就用十余年时间开展有关建立养老金制度的公共运动。拉布还建立一个宣传委员会,鼓动建立强制性养老金制度。他还提出过建立养老金制度的调查报告,并且在斯德哥尔摩专门召开有关养老金制度的会议。这些活动极大地推动了瑞典社会对社会保险制度的认识和关注。[②]

---

① Sven E. Ollson.Social Policy and Welfare State in Sweden[M].LuridArkiv Academic Press,1993:43-47.

② 丁建定.瑞典社会保障制度的发展[M].北京:中国劳动社会保障出版社,2004:30.

20 世纪初，随着瑞典政治经济和社会环境的变化，瑞典社会保险立法历程加快，通过一系列社会立法，推动了瑞典现代社会保障制度的建立。

在健康保险方面，1891 年瑞典实施了"自愿性疾病保险计划"，政府开始对自愿性健康保险团体提供国家资助。1910 年瑞典政府正式颁布法律，对自愿性疾病保险做出具体规定，扩大了对自愿性健康保险团体提供的国家资助。

在儿童福利方面，19 世纪末，瑞典已经通过了一些与儿童福利直接相关的重要法令，例如为了保护童工的权益，1881 年瑞典政府就通过了童工法。1902 年，瑞典颁布儿童法，为遭受忽视和陷于贫困的儿童提供福利。1912 年通过的劳工福利法，禁止雇用 13 岁以下的儿童。1924 年，通过了专门的儿童福利法，对儿童福利事宜做出相关规定。地方政府还建立起许多旨在促进儿童健康发展的福利设施和机构，如"婴儿之家""母亲之家"以及日间托儿所等。

在劳动保护和劳工福利方面，1901 年，瑞典通过工人赔偿法，强令雇主对疾病和受伤的雇员提供保障其最低生活的赔偿，对工伤事故承担赔偿责任。1912 年，瑞典政府又颁布劳工福利法，法令的适用范围是除家内佣工和自营就业者以外所有的工资收入者，还包括农业部门中操作机器的工人，法令要求雇主必须为确保工人的健康和安全提供相应的设施与条件，如安全设施、火警、通风、公共卫生以及休息时间等，必须为在有害于身体健康的岗位上工作的工人提供定期的医疗检查。怀孕女工有权享受假期，要求女工上夜班也属违法行为。劳工福利的管理由国民保险局实施，中央建立职业调查局，它由 11 名调查员和特别调查员组成，负责劳工福利法的实施，并负责对劳动环境的调查，劳工福利的地方事务由地方健康局负责。[①] 1916 年政府颁布法令，开始实行强制性工伤事故保险制度。1919 年瑞典政府在各方要求下，正式通过 8 小时工作日法，并于 1920 年正式实施。1929 年，瑞典通过职业病法，进一步完善了瑞典的工伤保险制度与职业安全制度。

在养老金制度方面，1905 年，瑞典政府成立了以民政大臣为首的有关养老金问题的专门委员会，该委员进行了为期五年的调查后提出一项建设性报告，该报告被自由党政府采纳，并依此制订了养老金法案。经过长时间的修改和完善，1913 年议会通过了全国养老金法案，这是瑞典政府在 20 世纪初通过的最为系统的一项社会保险法令，法案规定对全国的老年人和丧失工作能力者提供养老保障，所有 18～66 岁的瑞典公民都可以通过缴费参加养老金制度，而对无力缴纳养老金费用者，由政府提供免费的养老救济，但是这种免费养老救济是以领取者接受收入调查为前提的。这是世界上第一个全国性社会养老保障计划，由此瑞典建立起养老金制度。

在失业保障方面，19 世纪 80 年代瑞典政府就建立起针对失业问题的自愿性互助保险团体。尽管瑞典在 20 世纪初没有建立起国家失业保险制度，但是为了保证这些自愿互助性失业保险团体的正常运行，1906 年，政府开始给这些团体提供财政上支持，以弥补这些互助性

---

① Karl J.Hojer.Social Welfare in Sweden[M].Swedish Institute Forum，1949：51－53.

失业保险团体资金的不足。

在社会保障管理机构方面。1901 年，瑞典成立社会保险局。1913 年成立了社会事务局。1914 年，成立了养老金局。1920 年成立了社会事务部。随着相关法律法规的出台以及机构的完善，到 20 世纪初，瑞典现代社会保障制度的雏形已基本呈现。

20 世纪 20 年代末 30 年代初的资本主义经济危机成为瑞典社会保障制度发展的转折点。在此时上台的社民党面临着庞大的财政赤字和高失业率，为解决瑞典的经济危机，社民党实施了膨胀性的经济计划和积极的劳工政策。同时，社民党社会大臣古斯塔夫·穆勒提出了“人民之家”计划，即人民可把社会视为自己的家，社会在就业、医疗、养老等方面满足他们的要求。在此基础上，社民党提出一系列在年金、社会救助、医疗保健和教育等方面的较为激进的改革措施。[①] 瑞典政府于 1926 年通过国民保险法、1930 年颁布了工作时间限制法，法令规定，任何雇主不能让雇员在一周内工作 48 小时以上。1931 年通过医疗补助法。1933 年，瑞典政府成立了社会住房委员会和国家住房贷款办公室，负责住房政策以及住房贷款等方面的相关事宜。1934 年对住房建造实行补贴，同年通过了失业保险法。失业保险法规定在各种被认可的工人失业互助保险组织基础上，建立国家给予资助的失业保险制度，国家资助的失业保险制度仍然由工会和失业保险团体管理和实施。失业保险费用由雇员单方缴纳，雇主不缴纳，法令还对领取失业保险津贴的资格和标准做了明确规定。同时为了促进就业，瑞典还在全国范围内建立起劳动介绍制度并出台法律规定地方政府必须无条件提供劳动介绍方面的服务，以盈利为目的的私人职业介绍机构将逐步被关闭。1935 年，瑞典政府决定对附带收入情况调查的养老金制度加以改革，使其成为对所有低工资收入者都适用的养老金制度，并大幅度提高退休人员的基本养老金，养老金津贴标准依照各地生活水平而定。

由此可见，经济危机虽然给瑞典社会造成了重大损失，但是同时也极大地促进了瑞典社会保障制度的发展，国家在社会保障中担任的角色越来越突出。社会保障制度的基本建立，为二战后瑞典福利国家的形成奠定了扎实的基础。

五、美国社会保险制度的建立

南北战争对美国的劳工立法和社会保障制度建设起到了积极的推动作用，“因为讨论奴隶解放问题时就不能不牵涉到北部劳工的地位，尤其是当讨论到南部的经济学家们认为南部奴隶的情况比北部工资收入者的情况还要更好一些的时候。”内战结束后，美国的工人运动迅猛发展。1886 年，几十个全国性工会组织联合成立了“美国劳工联合会”，增强了美国工人阶级的力量。“劳联”的宗旨是以合法的手段增进、保护工人的权益，主要包括增加工资，减少工时，改善工作条件，维护女工和童工的权益，等等。大规模的工人运动极大地改善了劳动者的境遇。据统计，从 1865—1890 年间，美国工人的平均实际工资增加了 1 倍；

---

① 邵芬主.欧盟诸国社会保障制度研究[M].昆明：云南大学出版社，2003：164.

1897—1914年，受物价上涨的影响，工人实际收入的增长速度有所降低；但从1920—1929年，美国工人的实际收入又有了显著的提高。与此同时，美国工人的工时有了较大幅度的降低。据统计，1844年美国平均工时为11.5个小时，1865年为11小时，到1890年已经减少到10小时。1916年的《亚当孙法令》规定州际运输工人的工作时间为每天8小时，得到了美国最高法院的认可，首先实现了8小时工作制。[①] 总的看来，美国早期的社会保障制度萌芽，主要零星地散落在各州的社会立法中，大多主要涉及工时、工资、工伤、女工和保护童工等方面。由于各州的立法制度差异性很大，直到罗斯福新政时期才逐渐统一起来。

到了19世纪末20世纪初，美国仍然没有建立像西欧国家那样的社会保险制度，作为政府社会救济的主要措施仍然是各州实施的济贫法制度，不过济贫法制度也发生变化，济贫院外救济的发展成为这一时期主要特点。以1870—1896年的纽约州济贫法制度实施情况为例，接受济贫院外救济的人数超过接受济贫院内救济的人数，用于提供院外救济的费用也远远超过院内救济，接受济贫院外救济的人数与比例总体上呈现出增长趋势，这些迹象表明济贫院外救济正在成为美国济贫法制度的主导形式。

20世纪初，促使联邦政府采取措施建立联邦社会保障制度不仅有西欧各国社会保险制度的建立而且与美国各州社会保障立法的颁布实施也有密切关系。1902年，马里兰州制定美国第一个工伤保险法，1907—1919年，美国已有39个州颁布类似法案；1915年，阿拉斯加州首次提出退休金法，1923年，蒙大拿州、内华达州和宾夕法尼亚州也颁布老年雇员退休金法，1933年，美国已有28个州通过类似法案；1908年，盲人救济法在美国开始出现，1933年，美国已经有26个州颁布向盲人提供救济的法案，到1935年，颁布实施这种法案的州增加到29个；1911年，美国密苏里州和伊利诺伊州颁布实施寡妇抚恤金法令，到1930年，除4个州以外，美国其他各州都已经颁布向母亲提供救济的法案。[②]

在工资保护方面，州立法限于女工和童工保护领域，成年男工的工资问题主要由工会与雇主谈判解决。1912年，马萨诸塞州颁布法律，成立一个专门委员会来管理女工工资，委员会可以制定最低工资标准。1925年，这种最低工资法被最高法院宣布为违宪，直到1937年俄勒冈州最低工资案进行判决的时候才纠正过来。

在工时保护方面，各州的立法主要也集中在女工和童工领域；1836年马萨诸塞州颁布法律，规定必须保护童工受教育的权利，这就意味着必须缩短童工的工时，到1914年，除去南部的6个州之外，美国其他各州都已经规定14岁以下的儿童应强制入学，除假期之外不得工作。威尔逊总统于1916年签署了基延—欧文法案，将雇用14岁以下儿童或14～16岁儿童(工时超过8小时)生产的工厂产品，都排除在州际商务之外，同时禁止矿山雇用16岁以下的儿童做雇工。国会也于1919年通过了法令，规定对童工产品课以重税。同时，到第一次世界大战以前，美同所有的州都立法规定了女工的最高工时，有的州还规定女工不能从

① 【美】福克纳.美国经济史(下卷)[M].北京：商务印书馆，1964：116-143.

② 黄安年.当代美国的社会保障政策[M].北京：中国社会科学出版社，1998：11.

事夜班劳动。

在工伤赔偿方面按照当时的习惯，在发生工伤事故的时候，雇主只有在应由其本人负责的时候才负有赔偿责任。首部关于雇员的工伤补偿法(Workers' Compensation)在1902年的马里兰州通过，但它在1904年被宣布违宪。尽管如此，要求工伤补偿的立法趋势仍然无法阻挡，在1908年国会制定了《联邦补助法》，对从事危险工作的联邦政府非军属雇员给予补助。到1929年，除4个州外，全美其他所有州均通过并实施了工人补偿金法，用来补偿工人因工伤事故而导致的损失。作为美国的第一个社会保险计划，工人补偿金法存在很多不足之处：覆盖面没有涉及所有的工人，涵盖内容没有包括职业病项目，津贴额也不能满足残疾人的需要；但不能因此忽略它具有的重大意义，这部实质性的福利立法，是改善工人福利的重要开端，为其他社会保障内容的提供开辟了道路。①

在失业救助方面工业化的发展使单纯依靠亲友、慈善机构的支持和救济解决长期存在的失业问题愈加困难，为消除失业的不良影响，必须制定一种新制度。1916年，为解决失业工人的生活困难，马萨诸塞州政府最先颁布了支付保险金的法令。1921年，该州又通过了关于失业补偿的一项计划。其他州及周会也纷纷制定了提供失业补助金的法令。然而受多种因素的影响，阻碍了该法令的有效实施。1929年经济危机爆发后，失业严重，社会矛盾激化。为解决这些问题，1931年12月，在纽约州州长富兰克林·罗斯福的督促下，纽约州立法机构通过了失业救济法案，即威克斯法案。该法案是在临时紧急救助署的运作下，通过该州各地方政府，向纽约州失去工作的公民提供失业救济。在1931年年底，24个州效仿纽约出台失业救济法，建立独立的管理资金的机构；该法案也为联邦救助法案的实施提供了经验和模式，是联邦救助法案的先驱。1931年，美国劳工立法协会进一步提出失业储备金计划。该计划要求每个雇主建立一笔储备金以补助被辞退工人，1932年在威斯康星州获取通过，开创了失业补助的先河。1921—1933年，美国共有27个州通过了186项与失业保险相关的法令，其中威斯康星州和纽约州为通过失业保险法令最多的州。美国联邦政府的失业保险制度开始于20世纪20年代。

在职业福利方面，美国的主要企业纷纷推行"职工入股"制度，以强化职工与企业之间的联系，瓦解工人阶级的斗志。但实际上，职工的股份额很低，对个人和企业都没有什么实质性的意义。美国联邦贸易委员会的统计表明，1922年美国职工购买的企业股份只占普通股的1.5%，而且这些股票的拥有者多半还是企业的白领。当时，很多企业面向职工推行教育计划，鼓励职工拥有自己的住房，实行免费医疗和带薪休假制度。通过增进职业福利来稳定职工队伍。② 企业为职工办理了各种形式的团体保险制度，包括工伤、残疾、死亡等险种。据统计，到1927年已经领取的团体保险费达到了56亿美元，涉及在职职工的人数为470万人。同时，美国的职业养老金制度也开始发展起来。1926年宾夕法尼亚州养老金委员会的

① 成新轩.国际社会保障制度概论[M].北京：经济管理出版社，2008：158.

② 林闽钢.社会保障国际比较[M].北京：科学出版社，2007：50.

研究表明，当时至少有 400 个工厂建立了养老金制度，涉及员工数量达到 400 万人。[①]

在医疗健康方面，私人医疗保险协会中蓝盾协会和蓝十字协会于 20 世纪初迅速发展起来。1909 年，为解决患病工人的医疗费用，俄勒冈州和华盛顿州推出了合同医疗制，标志着蓝盾协会的起源。1914 年，俄勒冈州的医疗协会又制订了一个预付医疗项目的全国性计划，由俄勒冈内科医生服务组织开展该计划，该组织在 1946 年成为蓝盾协会的主要成员。1929 年，克萨斯达拉斯德内罗大学为 1 250 名教师实施了一项健康保险计划，规定每人交 50 美分，就可每年获 21 天的医院照顾。1932 年加州也推出了一个社区保险计划——蓝十字协会计划，即一定地区范围内，只要加入该计划的用户交纳预付金，加入该计划的医院就为这些用户提供医疗服务。总之，在社会变革运动中，美国在卫生健康方面取得了重大进展，已经拥有了现代社会保障体系中卫生健康的许多内容。此外，老年退休金也是从州一级开始广泛建立的。在工业现代化的进程中，老年人口急剧增长，依靠过分勤俭、自助已满足不了老年人的生活需求，为老年人提供经济安全的方案应运而生。1915 年，《老年雇员退休金法》首次在阿拉斯加州颁布。1923 年，蒙大拿州、内华达州和宾夕法尼亚州相继通过了类似立法，到 1933 年，美国已有 28 个州批准了《老年雇员退休金法》。[②]

1929 年至 1933 年美国的经济大危机给美国经济带来了沉重打击，但是也推动了美国社会保障制度的建立。1932 年，罗斯福当选为美国第 32 任总统，采取了大刀阔斧的"新政"措施，主要内容之一就是救济工作。1933 年国会通过《联邦紧急救济法》，成立了联邦紧急救济署，实行"以工代赈"的救济措施，逐渐使遭受经济危机的国民渡过难关。但是这些只是权宜之计，只能缓解暂时的危机。随后罗斯福系统提出了社会保障化的主张，并于 1935 年政府制定和颁布了《社会保险法》，这是美国历史上第一部社会保障法典，奠定了现代美国社会保障制度的格局和基础。从此，美国开始实行由政府主导的社会保障制度，逐渐建立起一个由中央政府管理的社会保障体系，美国社会保障制度开始在全国范围内建立起来。美国社会保障制度成为影响美国经济和社会发展的重要因素，发挥了社会生产力发展的保护器、美国各阶层及利益集关系的调节器以及稳定美国社会的安全阀的重要作用。

第三节　西方社会保障制度形成时期的特点

一、以社会保险为核心内容

该时期社会保障制度主要以社会保险制度为核心内容，辅以社会救助和社会福利。如德国的三大保险法，1883 年颁布的《医疗保险法》、1884 年颁布的《事故保险法》和 1889 年颁

① 顾俊礼.福利国家论析——以欧洲为背景的比较研究[M].北京：经济管理出版社，2002：248.

② 成新轩.国际社会保障制度概论[M].北京：经济管理出版社，2008：158－159.

布的《伤残与老年保险法》，英国1911年颁布的《国民保险法》和《失业保险法》，法国1898年通过的《工伤保险法》等等。社会救助的范围则包括由于自然灾害造成的贫困者、职业竞争失败造成的贫困者、个人生理原因造成的贫困者和个人能力问题造成的贫困者，救助的目标是使他们克服贫困。诸多社会保险法的颁布和实施，进一步丰富了社会保障制度的内涵，同时也将社会保障制度推向了一个新的发展阶段。

二、推出背景为政府的应急措施

该时期社会保障主要是作为政府的应急措施推出，还没有作为国家长期的发展战略和经济发展的配套措施而考虑。这一时期的社会保障从零星的、局部的社会政策措施开始走向构建完整的社会保障体系。其基本特点是资产阶级出于自身的政治需要，被迫将社会保障制度纳入国家立法轨道，实行“统一”和“平等”的社会保障原则，试图通过国家直接干预和调节社会再分配，消除广泛发生的社会问题，回应工人阶级运动，缓和社会矛盾。到了20世纪初，出于尽快摆脱经济危机的目的，政府强化了国家干预经济和扩大社会保障支出的政策。

三、保障对象主要针对工人阶级

该时期的社会保障的覆盖范围依然不广泛，此时主要以社会保险为主要内容的社会保障制度其主要的保障对象是针对工人阶级等广大的受雇佣者，以解决他们的失业、工伤、退休等问题。如德国的社会保险制度从保障对象、保障水平、保障范围来看，不仅保障水平低、覆盖范围也很窄，只是为有正常工资收入的人提供保障，保险项目多是与职业相关的单项社会保险。但是相比于德国的社会保障制度来说，欧洲国家建立的社会保障制度又有了进一步的发展，主要表现在：一是工伤保险雇主赔偿制。过去一般认为雇工伤害产生于雇主，雇主才承担赔偿责任。在工人阶级的斗争下，几乎欧洲各国都逐渐建立工伤损失都应由雇主负责赔偿的保险制度；二是失业保险制度开始建立。第一次世界大战后，资本的积聚加剧了工人失业率的上升，进一步促进了英国社会保障制度的形成。1911年，英国议会通过了“国民保险法”，内容除老年、工伤残废、疾病，还包括失业，这是历史上最早的失业保险。以后，陆续有许多国家仿效。至此，资本主义国家实行的社会保障正式形成一个体系，内容包括五大类：老年、伤残与死亡；疾病与生育；工伤；失业；家属津贴。而在第二次世界大战后，有些国家才开始将保障范围覆盖到全体社会成员，提供“从摇篮到坟墓”的社会福利政策。

四、保障体系仍欠完整

该时期社会保障的体系还不完整。许多国家虽然都先后效仿德国建立了自己国家的社会保险制度，但相同之处是，都没有形成按照全体劳动者或全体公民可能遭遇的所有社会风险而设计的一整套社会保险计划。而且此时的社会保险作为社会安全政策，其保障功能侧重于治疗，主要是补偿那些在工业社会中遭遇风险的劳动者，例如向失业者提供失业救济金,向因工受伤者提供伤残津贴,以及为有劳动能力的失业者提供再就业的机会和补助等,这些都属于善后措施。直到第二次世界大战后,各国尤其是欧美一些国家才逐步完成了社会保险体系的建设。

第四章　现代西方社会保障制度的发展与完善

1929 至 1933 年资本主义世界爆发了严重的经济危机，各资本主义大国经济萧条，大量企业倒闭导致了严重的失业问题，社会治安形势严峻。完善社会保障的社会呼声也越来越高，各国政府纷纷出台相应的社会保障政策以维护社会稳定。时任美国总统罗斯福实施了著名的“罗斯福新政”，政府积极干预经济，建立统一的社会保障制度。1935 年 8 月 14 日，罗斯福总统签署了《社会保障法》。法案中第一次从理论上提出“社会保障”这一概念，这标志着现代社会保障制度的进一步发展与完善。

第一节　现代社会保障制度发展的背景

社会保障制度是社会前进的产物，其发展离不开一定的经济和社会条件。1929—1933 年，世界经济危机席卷全球，企业破产、工人失业等社会问题十分严重。西方国家社会矛盾日益尖锐，针对资本主义经济危机以及市场经济的缺陷，英国经济学家凯恩斯强调政府应该对经济进行宏观调控，以提供有效需求，解决失业问题，缓解经济危机。这一主张得到西方社会的普遍响应，为刺激社会需求，许多西方国家政府开始改变自由放任的社会经济政策，开始对社会和经济进行全面的干预和调节。它们积极施行由政府主导的社会保障和社会福利措施。这些措施不再是过去那种单纯的、济贫性的慈善行为，而是对社会全体成员提供安全保护。

一、产业革命的推动

工业革命带来的社会风险多样化、复杂化、常态化需要相应措施予以保障。工业化尤其是机器大工业生产使劳动者在生产过程中所遭受的风险事故增多。生产机械化程度提高，劳动生产方式改变，生产过程中伤残、事故、职业病等事件时有发生，影响着劳动者的人身安全和生活质量。工人患病或伤残后单纯依靠本人工资无法得到有效医治，失去劳动能力后，生活更加难以为继。

生产社会化不仅造成经济结构和产业结构的变化，而且也引起了社会、政治、文化的变迁。生产社会化导致社会结构变迁，使传统的农业社会过渡到工业社会，大工业在瓦解家庭制度的经济基础及与之相适应的家庭劳动的同时，也瓦解了旧的家庭关系本身。家庭的职能由生产实体转变为单纯的消费实体，劳动者与生产资料的分离弱化了家庭的保障功能，家庭保障功能外溢，保障需求社会化。为保障劳动者在疾病、工伤、残疾、失业、生育、年老、死亡等不幸发生时的基本生活，也为了保障机器大生产所需要的劳动力供给，制度化保障成为必然选择。

二、市场机制的发展

现代工业化的进程是伴随市场经济的发展而深化的。市场经济是以市场调节为主要手段配置资源的，它得以运行的主要机制之一就是竞争机制，优胜劣汰的竞争机制使企业间不断出现破产、重组、壮大的发展前景，企业效益的高低对其员工的收入具有很大影响，企业的破产会导致员工失业，从而使劳动者遭遇严重的生存风险。

同时，市场经济是以市场为主要方式配置资源的经济，主要是通过价格和竞争机制在市场上进行优胜劣汰的残酷选择。纯粹的市场机制有利于实现效率的优化，但却会造成社会成员之间"富者越富，穷者越穷"的两极分化不良现象，社会贫富差距越来越大。单纯依靠市场调节将会造成社会公平扭曲，引发社会动荡。要维护社会公平，保证劳动者都能"人人有饭吃"，政府必须采取措施弥补市场缺陷，对在市场竞争中出现生存难以为继者给予物质上的帮助，满足他们最基本的生活需要。社会保障作为一项国民收入再分配措施和转移支付手段，是国家干预经济、调节市场的理想选择。建立健全社会保障机制成为发展市场经济的基础和有力保障，市场机制的确立和发展也强化了社会保障制度存在的合理性和建设社会保障制度的迫切性。

三、社会保障理论的成熟

社会保障制度的发展离不开日渐成熟的社会保障理论的指导，社会保障理论及其他相关学科理论极大发展和完善，为保障事业快速发展提供了深厚的理论基础和支撑，尤其是经济理论的发展完善，成为构建现代社会保障基础性理论的根基。社会保障相关理论的发展深化了人们对建立健全社会保障制度意义的认识，人们对保障制度的积极作用、发展规律也有了进一步的把握，这都为社会保障的发展创造了条件，奠定了群众基础，也促进了保障事业的发展。

20 世纪 30 年代以后社会保障理论取得了突破性发展，20 世纪 30 年代英国著名经济学家凯恩斯提出的有效需求理论，20 世纪 50 年代西方经济学在批判和吸收了庇古旧福利经济学的基础上形成的新福利经济学理论，以拉弗为代表的供给学派和以布坎南为代表的公共选择理论等，均对现代社会保障提出了各自的学术观点与政策主张。每一种不同的观点与主张都从特定的视角阐述了实施社会保障的理论正当性，论证了社会保障政策的科学性，从理论层面指导社会保障事业向前发展。

第二节　发展时期的社会保障理论

20 世纪 20 年代至 80 年代是社会保障制度的发展时期，社会保障在该时期的发展具有以下几个表现：一是社会保障制度在多国家已经普遍建立起来；二是社会保障的覆盖面与受益范围进一步扩大；三是社会保障项目构成趋于网络化；四是社会保障水平提高，社会保障开支占国民生产总值的比重显著增加。[①] 这一时期社会保障理论也取得了重大发展，以凯恩斯的有效需求理论为代表的国家干预主义思想和以弗里德曼的现代货币学派为代表的新自由主义思想，以及以安东尼·吉登斯为代表人物的"第三条道路"理论，是社会保障发展时期典型的理论成果，这些思想成为社会保障制度建立和发展的直接理论依据。

一、国家干预主义的社会保障思想

国家干预主义主张由国家对社会经济活动进行干预和控制，并直接从事大量经济活动，强调自由市场机制的缺陷必须通过国家干预来弥补，突出政府在社会财富再分配中的重要作用。新历史学派和庇古的福利经济学都是早期国家干预主义社会保障思想的先锋，在社会保障制度发展时期，国家干预主义思想有了进一步的发展和突破，这一时期的具有代表性的国家干预主义社会保障思想有：凯恩斯的有效需求理论和帕累托、希克斯、萨缪尔森等人在对庇古福利经济学的批判和吸收的基础上形成的新福利经济学。

（一）凯恩斯主义

1929 年—1933 年资本主义世界经济大危机的爆发使得以市场自由经营为核心观点的新古典经济学说颓然衰弱，凯恩斯经济理论应运而生。1936 年，著名英国经济学家约翰·梅纳德·凯恩斯在其出版的《就业、利息和货币通论》一书中提出了有效需求不足理论，抨击了萨伊定律，否定了"供给自然创造需求"的学说，主张国家干预。

凯恩斯认为资本主义制度下发生的生产过剩和失业都是由有效需求不足造成的，有效需求理论是凯恩斯用来解决决定就业量的因素和导致"非自愿失业"成因的基本理论。凯恩斯的主要观点有二：一是认为有效需求不足是市场机制自发作用下的必然产物，因此，扩大有效需求，实现充分就业的目标就不可能通过市场机制自身调节来实现，而需要依靠政府的力量对经济实施干预，通过扩张政府的需求来弥补私人有效需求不足，以使总需求与总供给在充分就业的水平上实现均衡。二是凯恩斯主要从三个方面提出了国家干预的政策：①赤字预算。即政府的财政预算应从传统的预算平衡思路中解放出来，走向积极主动的赤字预算，以此刺激社会经济活动，增加国民收入。②适度的通货膨胀。他主张国家通过自己控制的中央银行系统增发纸币，扩大信贷，降低利率。这样一方面可以使企业家预期纯利润增

---

① 李珍.社会保障理论(第 2 版)[M].北京：中国劳动社会保障出版社，2007：121 - 122.

加，从而加大投资的欲望；另一方面，纸币流通量的增加造成物价上涨，这不仅压低了工人的实际工资，相对地也提高了资本的边际效率，刺激投资。③福利措施。凯恩斯提出政府要直接兴办公共工程，增加社会福利设施，同时，通过征收累进税和兴办社会福利事业等办法重新调节国民收入分配，从而达到扩大消费需求，刺激生产，实现充分就业的目的。

第二次世界大战以后，凯恩斯宏观经济理论占绝对主导地位，成为建立国家的重要思想基础和资本主义各国制定公共政策的主要理论依据。凯恩斯主义成为社会保障理论领域内一个新的里程碑，它直接推动了第二次世界大战后社会保障制度在全世界范围内的建立，在相当长时期内，凯恩斯主义成为西方福利国家社会保障制度建立的理论基石。但是，值得注意的是，凯恩斯通过财政政策提高社会福利的政策是从生产角度提出的，目的是维持再生产的可持续，因此，他提出的是一种有限的社会保障，其本质是强调个人责任，政府负担较轻。

（二）新福利经济学

20 世纪 30 年代后，英美一些著名的经济学家对旧福利经济学作了重要的补充和修改。到 20 世纪 50 年代，西方经济学在批判和吸收庇古旧福利经济学的基础上形成了新福利经济学，即现代西方福利经济学。该学派主要代表人物有英国的卡尔多、希克斯与美国的勒纳、萨缪尔森等人。新福利经济学家运用“序数效用论”“帕累托最优”“补偿原理”“社会福利函数”等分析工具来说明政府应当保证个人的自由选择，通过个人福利最大化来增进整个社会的福利，以此实现社会福利的极大化。

新福利经济学对于福利的增进提出了两种理论：

1. 补偿原理

任何能改善一部分人福利的社会变革必定会使另一部分人的福利受损，所以，“帕累托最优”在现实生活中几乎不可能实现。在 20 世纪 30 年代末，英国学者卡尔多、希克斯等人提出并论证了所谓“假想的补偿原理”。他们认为，在一场社会变革中，部分人受益必定会使其他人受损，不过政府可以采取适当的政策补偿受损者。根据这一原理，假定一项政策实施后使一方受益，另一方受损，如果受益总额超过损失总额，那么，政府可以向受益者征收特定税收，通过再分配以补偿利益受损者，这样做对任何人都没有损失，而对部分人有利，因而增进了社会总福利。

2. 社会福利函数理论

美国学者柏格森、萨缪尔森和阿罗等人对补偿原理提出异议。他们认为补偿是否恰当，须在受益人受益后才能评价，事前是无法知晓的，所以补偿原理并不科学。柏格森和萨缪尔森把福利最大化寄托在最适度条件的选择上。在他们看来，生产和交换固然应符合最适度条件，但生产和交换达到了最适度条件并不一定表明福利实现了最大化，经济效率是福利最大化的必要条件，合理分配是福利最大化的充分条件。只有将所有分配方面以及其他支配福利的因素一并列入，编制一种“社会福利函数”，当这个函数达到最大值时，才算实现了福利最大化。这一理论认为，社会福利和影响社会福利的各因素之间存在某种函数关系，社会福利值 W（用序数表示）取决于被认为影响福利的所有可能的变量 Z_i，即 $W=W(Z_1,$

Z_2,…)。这些影响因素可能有不同的组合。在一定的收入分配条件下,社会福利的最大化就在于个人对各种不同组合的选择。个人的自由选择是决定个人福利最大化的重要条件,而社会的福利又随着个人福利的增减而增减。因此,要使社会福利最大化,政府应当保证个人的自由选择,进行"合理"的收入分配。

20世纪40年代以后,英国后起福利经济学家利特尔提出了个人经济福利增加的标准,他试图在资本主义社会中把个人利益和社会利益协调起来,使"社会福利"达到最大量。在他看来,一个社会要达到"最适度"状态,除了要满足生产和交换的"最适度"条件外,还要求福利在个人之间进行理想分配,而实际收入的平均分配能使幸福达到最大量。利特尔试图以这一理论为基础,创造一套新的社会福利标准,作为"福利国家"的指导原则。

新福利经济学虽然经过了一些完善,但它与旧福利经济学并没有本质上的差异。它们都是建立在边际效用价值学说、消费者"自由选择学说"和自由竞争学说之上的,都包含两方面的内容:一是福利经济学的第一个定理,即竞争的市场注定是帕累托有效的;二是福利经济学的第二定理,认为政府通过采取适当的收入分配政策能够有效地矫正"市场失灵",实现社会福利的最大化或"帕累托"最优。福利经济学的这些理论为福利国家社会保障制度的建立提供了重要的理论基础。①

二、经济自由主义的社会保障思想

经济自由主义以亚当·斯密"无形的手"的理论为基石,认为市场机制具有完美的自动均衡能力,一切生产要素及其价格都可以通过市场机制的自我调节实现均衡。任何外在的人为干预,尤其是政府的各类调节措施不仅不会使情况变得更好,反而会使之变得更坏。因此,要坚持以"市场"为第一性,排除政府行为的影响就成了经济活动的前提条件,政府唯一要做的就是充当经济的"守夜人"。经济自由主义产生于18—19世纪,到20世纪70年代由古典自由主义发展为"新自由主义",进一步倡导市场经济及自由竞争,反对国家对经济和社会的干预,倡导自由是人不可侵犯的权利。该学派的代表人物有弗里德曼、哈耶克等。新自由主义理论流派分为现代货币学派和供给学派。

(一) 现代货币学派

现代货币学派是20世纪50年代中期在美国出现的反凯恩斯主义学派,代表人物是密歇尔·弗里德曼。弗里德曼反对国家干预,鼓吹自由放任的信条,认为市场自发力量可以使资本主义经济自然地趋向均衡。他认为,资本主义经济的动荡都是由于实行政府干预市场经济的错误的财政金融政策造成的。他反对凯恩斯主义用扩大政府财政支出的财政金融政策来消除失业,提出所谓"自然失业率"的概念,即在没有货币因素干扰的情况下,让劳动力市场和商品市场的自发供求力量发挥作用时所应有的、处于均衡状态的失业率。他主张,就业水平应取决于劳动力市场的一般条件,而不应取决于政府的就业措施。在社会保障方面,

① 吴宏洛.社会保障概论[M].武汉:武汉大学出版社,2009:42-43.

弗里德曼认为,高效率来自市场竞争,如果对低收入者给予"最低生活水平的维持制度",会挫伤人们的劳动积极性,最终有损于自由竞争和效率。因此,他反对政府对低收入者发放差额补助的社会保障制度,但是完全取消又会遭到公众的反对。为了既能救济贫困,又不有损于效率和竞争,弗里德曼提出实行征收负所得税。通过负所得税,既帮助低收入者维持最低生活水平,又不挫伤人们的工作积极性。

(二) 供给学派

供给学派是 20 世纪 70 年代中期在美国出现的一个反对凯恩斯主义有效需求理论、特别重于供给方面的新自由主义学派。在美国,供给学派存在"极端供给学派"和"温和供给学派"之分,极端供给学派的主要代表人物有阿瑟·拉弗、保罗·罗伯茨等人。他们企图通过恢复金本位制来紧缩货币供给量,从而降低通货膨胀率;主张对富人减税,刺激其增加储蓄和投资的积极性,对穷人削减福利开支,刺激其工作的积极性,从而增加社会的有效供给和实现政府的预算平衡。供给学派对 20 世纪 80 年代早期美国里根政府的经济政策起了较大影响,里根提出的"经济复兴计划"主要就是根据供给学派的论点和主张制定的。因此,西方经济学界有时把供给学派思想称为"里根经济学"。供给学派在社会保障方面的主要论点有:①减税不会加剧贫富悬殊。他们提出减税将会刺激储蓄,提高储蓄率,从而增加商品和劳务的供给,这将有利于开辟新税源,增加财政收入,保持财政收支平衡,一切经济活动将正常有序地进行。在他们看来减税可以刺激富人投资,穷人又愿意加班,这样可以使富人更富,但同样能增加穷人的收入,既可以增进效率,又不会有碍于公平。②社会福利的税收效果是,选择工作所获得的收入与选择领取救济金所获得的收入在量上非常接近。社会福利金、社会安全保障、失业补偿金所得转移的社会福利制度,实际上是鼓励不工作的人,而打击工作的人。如果说失业补偿有任何一点价值的话,并非是它能维持社会总需求,而是它能提供一个绝对的最低生活所得,使人们不致因不幸遭遇而挨饿。但是,当人们认为依赖失业补偿金为生胜于从事工作为生时,显然是对社会福利制度的一个重大扭曲。

三、"第三条道路"的社会保障思想

20 世纪 80 年代末 90 年代初,西方国家新自由主义的自由化、私有化政策造成了新的经济衰退和社会危机,催生了"第三条道路"的出现。"第三条道路"是一种试图超越老派社会民主主义和新自由主义的"中间偏左"的社会民主主义的政治哲学或理论。"第三条道路"的主要代表人物有安东尼·吉登斯,其理论深受当时的英国首相布莱尔、美国总统克林顿、德国总理施罗德等政界人士所奉行,并在欧美形成了一种社会思潮。他们在反思凯恩斯主义和新自由主义的基础上,提出了要使传统的社会民主主义与新自由主义相结合,扬利抑弊地采取兼顾国家与市场、供给与需求、公平与效率、权利与义务相平衡的原则,塑造新经济,构建新福利、推行新政策,谋求资本主义再发展。

第三条道路的政策主张主要包括:

第一,在政治政策上,主张实行新的社会治理方式。它倡导政府由管理型向治理型转变。在社会生活中,政府只牵头,但不包办,鼓励公民参与,发挥民间组织的力量,增加地方政府权力。国家不应该再是高高在上的命令发布者,而应扮演各种社会力量之间的调节人角色,为社会力量赋予适当的公共事务,鼓励其承担更多的政治责任,独立解决各种问题,国家侧重于在法治、民主、高效的前提下协调各种社会力量之间的关系,引导国家目标的实现。

第二,在经济政策上,奉行"市场社会主义"信条,模糊所有制定位,摒弃国有化政策,主张走一条有别于自流放任和国家干预的新混合经济之路。按吉登斯的说法,与过去西方国家混合经济的区别在于,新的混合经济不是去努力实现国有企业和私有企业之间的平衡,而是要实现经济生活和非经济生活的平衡。政府的作用在于促进宏观经济的稳定增长,鼓励充分的自由贸易。

第三,在福利政策上,主张用"社会投资国家"来取代"福利国家"。"第三条道路"放弃过去或削减或扩大福利的做法,变福利政策为投资政策。通过在经济、教育、培训等领域的政府投资和个人投资,提高接受福利者进入市场的能力,帮助他们适应就业,以防止一些人滥用福利,变"授人以鱼"为"授人以渔"。福利既是每个人的权利,同时个人也要履行义务,提出了"无责任即无权利"的思想,寻求"权利与义务""权利与职责"的平衡,建立一种使福利可以维护,但享受者具有相应责任与风险的"积极福利"政策。①

总之,"第三条道路"作为资本主义社会内部出现的一种改良主义,是各国社会民主党为了摆脱困境,迎接挑战而提出的一套提高竞争力和就业能力、限制和削减消极与不稳定因素的政策体系,是对传统民主社会主义价值观念、政治纲领、经济政策等进行调整和修正的结果。

第三节 社会保障制度的发展与完善

第二次世界大战前后,社会保障制度全面发展,形成社会保障现代化体系,并向其他国家推进,1935 年至 20 世纪 80 年代成为社会保障发展的繁荣期。这一时期社会保障制度发展的特点是社会保障制度的全球化、保障范围的全民化、保障项目的多样化和保障水平的攀升化。

一、美国《社会保障法》的诞生

20 世纪 30 年代,美国《社会保障法》的颁布,推动了现代社会保障制度向前发展。早在全国推行保险制度前,美国的新泽西州和亚利桑那州就分别于 1896 年和 1914 年先后出台了《教员年金法》和《老年退休计划》。但美国联邦政府很少关心全体国民的社会保障问题。

1929 年 10 月 24 日,美国纽约证券市场陷入崩溃,自此开始的经济大危机波及了整个资

① 魏娟."第三条道路"述评[J].前沿,2003(7):97 - 98.

本主义世界。经济大危机给美国的社会造成了严重创伤，广泛的经济危机加剧了劳资双方的矛盾，美国掀起了工人运动的高潮。

1933 年罗斯福就任美国总统后，为了摆脱危机，重振美国经济，缓和国内阶级矛盾，开始实行一系列新的社会经济政策，史称“罗斯福新政”。新政把充分就业作为首要目标，强调国家干预社会经济生活，以扩大政府支出，扩大公共工程规模，推行社会福利计划作为解决危机、刺激经济复苏的主要手段。建立与完善社会保障制度是新政的重要组成部分。

1935 年，在罗斯福的领导和主持下，美国国会通过了历史上第一部《社会保障法》。美国《社会保障法》的基本内容包括两个社会保险项目和三个社会救济项目：老年社会保险、失业社会保险、贫穷盲人救济、贫穷老人救济、未成年人救济（仅限于失去双亲、出走或残疾而无人抚养的未成年人）。法案的主要内容包括：①提供老年保障，老年保障分为养老保险和老年救助。老年救助是对于既没有获得资助又没有任何商业保险的贫困老年人，提供最低标准的救济金，其经费由政府财政拨付。法案规定，受益人只要符合各州制定的并经联邦委员会批准的年龄、工龄和居住条件等，均有资格享受给付金待遇。养老保险也称“老年储蓄账户”，其待遇与平时的缴费挂钩，联邦政府承担社会保障的最终责任。②举办失业保险，保费主要由雇主承担，政府给予适当补贴。③建立社会救助项目。此前，社会救济主要由私人慈善机构来完成。《社会保障法》规定，各州要提供资金援助孤儿、救济盲人，由各州建立母亲和儿童福利计划。向公共保健局拨款，用于新职业培训和职工疾病检查。美国的这部《社会保障法》的一个显著的特点是，它是一个有限的保障计划，它在发挥政府责任的同时，也强调了个人、家庭的义务与责任，从而创造了一个不同于“福利国家”的社会保障制度模式。

《社会保障法》是世界上第一部完整的社会保障法，该法的基本出发点和目的，是提高居民个人消费能力，刺激总需求，以解决美国社会面临的失业问题，实际上是作为反经济危机和需求管理的重要工具。这是适合当时资本主义世界生产相对过剩的情况的。该法案首次提出了“社会保障”概念，使社会保障从形式到内容都更加完整统一，标志着社会保障由社会保险制度向综合性社会保障制度发展。它为美国构筑起了以养老保险、失业保险、社会救济为核心的社会保障体系。但是由于当时法案的制定者缺乏经验，再加上各个利益集团的博弈，最终导致法案出现了一些缺陷。随着美国社会经济的发展，国会对《社会保障法》进行过多次修订，扩大了覆盖范围和给付标准。

1935 年颁布的《社会保障法》对美国社会保障制度的建立产生了巨大的影响，它在美国历史上具有划时代的意义。罗斯福在签署该法案时曾经说过：“即使参议院和众议院在这次艰难持久的会议期中只通过这一项法案，这一会期也会被看作是划时代的。”[①]

首先，《社会保障法》促使美国开始福利国家的建设。如前所述，美国人长期坚持个人主义和自由主义，认为贫困是由于个人懒惰和无能造成的，与社会和政府没有关系，这导致美国的社会保障长期落后于其他主要西方国家，到 20 世纪 30 年代仍旧没有建立起全国性的

① 【美】罗斯福(Franklin D.Roosvelt).罗斯福选集[M].关在汉，编译.北京：商务印书馆，1982：86－87.

社会保障体系。但《社会保障法》改变了这种状况，国家开始承担起保障人民福利的义务，美国开始构筑起全国性的社会保障体系，走上了福利国家的道路。《社会保障法》是美国社会稳定、经济快速发展的重要保障。

其次，《社会保障法》奠定了美国社会保障事业的基础。历届美国政府在《社会保障法》的基础上进行修改和补充，使美国建立起了一套以养老保险、失业保险和社会救助为核心的完备的社会保障制度。

最后，《社会保障法》的实施增加了美国国民的购买力，促进了美国经济发展，减轻了经济危机的破坏力。在危机期间，个人投资减少，工人工资下降，但政府支付的失业保险和社会救济却大幅度增加，这就增加了社会购买力，减轻了经济危机的破坏力。70 年代以前的历次经济危机破坏程度和持续时间大为缓解，社会保障制度作用明显。80 年代石油危机引发的经济危机，经济危机和经济萧条相继发生，但社会保障保证了公民的正常生活，稳定了社会秩序。

1935 年的《社会保障法》开创了美国的社会保障制度，奠定了美国社会保障制度的基本格局，长期维持了美国社会的稳定。继美国之后，阿根廷、墨西哥、巴拿马等南美国家先后建立了社会保障制度，尤其是第二次世界大战以后，世界政治、经济和社会形势发生了重大变化，包括中国在内的一大批发展中国家先后建立和实施了社会保障制度，社会保障进入了世界各国普遍建立的新阶段。据 1993 年出版的美国社会保障总署研究报告《全球社会保障制度》的统计，到 1940 年，实行任何一种社会保险的国家有 57 个，实行老年、伤残和遗属保险的国家有 33 个，实行疾病和生育保险的国家有 24 个，实行工伤保险的国家有 57 个，实行失业保险的国家有 21 个。①

二、英国“贝弗里奇报告”的出台

第二次世界大战后，各参战国满目疮痍，百废待兴。为了解决战争所带来的各种社会问题，建立健全社会保障制度成为各国战后重建的首要任务之一。20 世纪 50 年代至 70 年代，世界社会保障制度进入了进一步完善与全面普及时期，也可以说是繁荣期。

20 世纪 40 年代下半期至 70 年代初是英国社会保障制度全面发展的鼎盛时期。“二战”期间，英国炮火轰鸣，硝烟正浓。英国内阁决定以“福利国家”作为战后重建家园的理想目标，以鼓舞人民战胜法西斯的决心与斗志。1941 年，英国伦敦经济学院院长、自由党人贝弗里奇受英国战后重建委员会主席阿瑟·格林伍德先生委托，出任“社会保险和相关服务跨部门协调委员会”（即“贝弗里奇委员会”）主席，负责全面调查与剖析英国当时的社会保险状况，并对战后的社会保险计划提出具体建议和改革方案。

在收集了大量资料，召开多次会议并与各方进行广泛协商后，贝弗里奇于 1942 年 12 月向政府提交了一份《社会保险与相关服务的报告》，即著名的《贝弗里奇报告》。为体现报告

---

① 康士勇.社会保障管理运作实务[M].北京：首都经济贸易大学出版社，2008：36.

的独立性，该报告由贝弗里奇单独署名，不代表政府部门意见，该报告正式发表后在社会上引起强烈的反响。

《贝弗里奇报告》阐述了社会保障的基本范畴，对英国社会保障制度的实施现状、问题进行了深度剖析，对以往实施的各种福利措施进行了反思，并系统勾勒出战后英国社会保障计划的宏伟蓝图。报告指出，英国现行社会保障制度中，每一类社会问题都是被单独对待，而没有考虑或很少考虑到相关社会问题，这使得各种社会保障措施彼此孤立，有些保障重复，有些保障却是空白，从而影响了社会保障制度的实际效果。现行的社会保障制度在一些规定上差异较大，使得英国现行社会保障制度的管理十分复杂，所以，要求建立统一的、完整的社会保障体系。

贝弗里奇吸取有关“国民社会保障权利”的观点，并将其融入制定的计划中，从英国的现实出发，设计了一套完备的社会福利制度。该报告提出了建立社会保险制度的六项基本原则：一是社会保险津贴统一标准原则。除工伤事故或职业病导致的伤残以外，失业、退休等社会保险津贴发放采取同一标准；二是社会保险缴费统一标准原则。所有被保险人按照统一费率缴纳社会保险费，而不考虑其经济状况；三是行政管理职责统一原则。每一个被保险人，无论存在多少种社会保险津贴，他只需每周缴纳一项综合性社会保险费，所有社会保险费应集中到一项社会保险基金中，所有社会保险津贴也将从该项社会保险基金中支付；四是社会保险津贴发放时间与数量应该合理的原则。社会保险津贴在数量上必须保证被保险人在正常情况下的基本生活，在时间上，只要被保险人的这种需求继续存在，就应该向其发放社会保险津贴；五是综合性原则。社会保险制度应该是一种综合性制度，它应与国民救助制度及志愿保险制度结合起来，为社会成员提供全方位的保障服务；六是分类原则。社会保险应根据不同收入阶层与需求调整社会保险费用和津贴，在每种社会保险阶层中，根据大多数人的需求确定社会保险的有关标准。报告以消除贫困、疾病、肮脏、愚昧和懒惰五大社会病害为目标，编织了一张覆盖全社会各阶层和各方面的社会保障网络，建立了一套以社会保险为核心的社会保障制度，其改革内容主要包括以下方面：

①凡有收入的国民都必须参加社会保险，按统一标准缴纳保险费，按统一标准享受保险给付。每个参保人只需每周在一份专门的保险文书上贴一张印花缴费，就能享受所有的保险福利待遇。②社会保险和国民救助由社会保障部统一管理，在地方设立下属机构，为参保人提供便捷服务。③废除现行的对缴费相同的强制性参保者实行不同福利待遇的批准社团制度，同时保留互助会和工会作为发放疾病福利待遇的负责机构，管理其会员的国家福利待遇和自愿性福利待遇。④将工伤事故或职业病纳入统一的社会保险方案，通过特殊途径解决工伤赔偿所需费用，向长期伤残者提供特殊养老金，对因工伤或职业病死亡的人员的家属发放补助金。⑤将医疗服务和现金待遇分开管理，建立一个由卫生部负责监管、覆盖全民、涵盖所有诊疗项目及各种伤残的综合性医疗服务体系。⑥将家庭妇女作为有工作人群中的一个特定保险阶层，并根据她们的特殊需求调整福利待遇。⑦将长期伤残保险的范围扩大到所有从事有酬工作的人员，将退休养老保险的范围扩大到所有工作年龄内的人口，无论其

是否从事有酬工作。⑧对所有失去生计的人员,无论其所从事的工作是否有报酬,都提供培训保险金,以帮助他们顺利转向新的职业。⑨统一失业、伤残(因工伤事故或职业病造成的长期伤残除外)和退休的保险金及养老金水平。⑩统一失业和伤残福利待遇的等待时间。⑪统一领取失业和伤残(因工伤事故或职业病造成的长期伤残除外)保险金的缴费条件,修订领取养老金的缴费条件。⑫取消全额失业保险金的享受期限限制,只要失业者在指定的培训中心或工作场所接受培训,则其在失业期间都能享受全额失业保险金。⑬取消伤残保险金的享受期限限制,条件是伤残者符合特殊行为规定。⑭只有从工作岗位退休后才能领取养老金(工伤养老金除外),对达到最低退休年龄(男 65 周岁、女 60 周岁)后继续连续缴费者,每缴费一年,养老金提高一定数额。⑮将农业、金融和保险业人员专门设立的失业保险计划并入社会保险的普通失业保险计划。⑯废除下列人员不得参加社会保险的规定:特殊职业人员,如公务员、地方政府工作人员、警察、护理人员、铁路工作人员以及其他从事有资格领取养老金的职业的人员;年收入高于 420 英镑的非体力劳动者。⑰取消为寡妇无条件提供低水平养老金的做法,变更为:对各种情况按特殊标准发放临时寡妇保险金;必要时发放培训保险金;对有子女需要抚养的,发放监护人保险金。⑱将丧葬补助金纳入强制保险的范畴,并面向全体国民。⑲将目前由地方机构管理的公共救助职能(慈善性医疗服务除外)移交给社会保障部。⑳将保障盲人生活的职责移交给社会保障部,并通过社会保障部、地方机构和自愿团体之间的相互合作,为盲人构建一个新的生活保障和福利计划。㉑将救助署的职责,关税与消费税部管理的非缴费养老金工作,劳动和兵役部管理的就业服务工作以及其他部委涉及各种现金福利待遇的管理职责移交给社会保障部。㉒用社会保险法定委员会取代失业保险法定委员会。㉓将原来商业化运作的简易人寿保险的业务变为公共服务项目,并由简易人寿保险委员会负责管理。①

《贝弗里奇报告》为英国国民保险制度的改革确立了比较全面的原则,它一方面为战后工党政府的社会保障改革绘制了蓝图,激发了英国国民战斗的热情,另一方面也将英国民间的注意力聚焦于国民保险制度改革上,英国国民对战后的英国充满希望与期待,人们希望自己为之战斗的国家,能够在战争结束后给自己带来新的美好生活。

根据《贝弗里奇报告》,首相丘吉尔在演说中宣布,英国将在战后建立一整套“从摇篮到坟墓”的社会保障体系。此后,英国颁布了一系列法令,推动这一计划的实施。从 1946 年到 1948 年,政府先后制定了《国民保险法》《住房法和房租管理法》《国民医疗保健法》和《国民救助法》等一系列社会保障法律。英国政府的这些“福利国家”举措,使其成为当时西方国家社会保障立法最完备的国家。1948 年 7 月,英国首相艾德礼宣布英国已建立成世界上首个福利国家,贝弗里奇也因此获得了“福利国家之父”的称号。至此,福利国家型社会保障模式终于形成。

---

① 【英】贝弗里奇(Sir William Beveridge).贝弗里奇报告——社会保险和相关服务[M].北京:中国劳动社会保障出版社,2008.

《贝弗里奇报告》在人类历史上第一次表达了建立福利国家的重要思想，打破部门利益的限制，从国家整体的角度，强调社会保障作为一项基本的社会政策的重要性，提出了社会保障发展中政府责任和公民义务相结合的现代社会保障思想。它建议英国政府，建立全面的社会保障制度和国民医疗保险制度，保障人人都能享有免于贫困、疾病、愚昧、污染和失业等权利，并提出英国在战争结束后，尽早建立一个由政府向每个社会成员提供基本生活保障的福利社会，实施全面的社会保障。①

《贝弗里奇报告》紧紧围绕这些一般的社会阶层设置社会保障计划，体现了普遍性原则和类比性原则，即社会保障应该满足全体公民不同的社会保障需求。在《贝弗里奇报告》中，社会保障被首次赋予了普遍性原则和类别性原则，被认为是代表社会进步的可理解的政策的一个组成部分。《贝弗里奇报告》的出台和英国福利国家社会保障制度的实施受到了英国广大普通民众的支持和拥护，在资本主义世界引起了巨大反响。

在 20 世纪资本主义发展史上，《贝弗里奇报告》是一份较为完整的现代福利国家的蓝图。它既是贝弗里奇本人辛勤工作的成果，也是英国历代社会思想家智慧的结晶。这份具有划时代意义的文献，不仅使得英国成为人类历史上第一个"福利国家"，同时也确立了当代西方资本主义的发展轨迹。西欧和北美发达资本主义国家先后参照英国经验建立起本国的社会保障体系。瑞典、芬兰、挪威、法国、意大利等国也纷纷效仿英国，完善和扩大社会保障立法，相继建成"福利国家"。瑞典等北欧国家更是进一步发展成为西方"福利国家"的橱窗。

三、强政府干预下的德国社会保障

1949 年，德国颁布社会保险调整法，废除了战时乃至战前的一些特殊法令，调整了社会保险津贴尤其是提高了养老金津贴，实行每周 50 马克(寡妇为 40 马克)的最低养老金标准，同时，在工人养老保险中推行无条件的寡妇养老金，并且将残疾标准从原来的丧失收入能力 2/3 降低到 1/2。养老保险缴费率从 5.6%提高到 10%，失业保险缴费率从 6.5%降低到 4%，取消国家对失业保险的补贴，疾病保险缴费由雇主与雇员平均分担，而在此之前雇主仅承担 1/3。

此后的一系列社会保险法极大地推动了德国社会保障制度恢复与重建的步伐。在提高社会保障津贴标准方面，1951 年通过了养老金提高法和生活费用补贴法，1952 年通过了疾病保险津贴提高法，1953 年通过了疾病保险津贴提高法和基本补贴提高法。在有关特殊群体的社会保障法律地位方面，1950 年通过了战俘返家人员法和联邦养老金法，1953 年通过了严重残疾人员法，这些法律对战争伤残人员的养老金做出规定。1952 年通过的战争负担公平化法，不仅对因战争造成的财产损失提供赔偿，而且对养老金损失提供赔偿。

1953 年以后的 10 年间，德国社会保障制度发展的主要特点呈现出强化国家干预，推进综合性社会保障，逐步走向福利国家的趋势。20 世纪 50—60 年代初期，德国通过一系列法

---

① 岑子彬.《贝弗里奇报告》的社会保障理念及其启示[J].重庆科技学院学报(社会科学版)，2010(15)：85-86.

令逐步完善各种社会保险制度。在养老金方面，1957 年德国政府颁布战后具有重要影响的养老金改革法，其主要内容是：养老金开始与在职人员工资增长挂钩。社会保障咨询委员会每隔一段时期将依据工资情况调整养老金标准。该法规定，残疾人保险分为残疾和失去就业能力者保险两部分，残疾人养老金领取年龄延长至 55 岁，旨在促进健康和就业机会的补充津贴的标准得以提高。该法还规定：失业 1 年后达到 60 岁者可以退休，丈夫在 1949 年以前死亡的寡妇无条件享受寡妇年金。在持续 20 年的大部分时间缴纳社会保险费的妇女可以在 60 岁退休。养老保险的财政体制也发生变化，养老保险基金积累必须满足 1 年的养老金支付需要，养老金缴费率从 11%提高到 14%，失业保险缴费率则从 3%降低到 2%，国家在不增加其在养老保险基金支出中的比例的前提下增加对养老保险基金的补贴。

在手工业者社会保险方面，1956 年，德国对手工业者保险法进行修改，规定手工业者保险费财政收入与支出分开，同时，在手工业者保险中实行不同类型的缴费印花。1960 年的手工业者保险法对该项社会保险做出较大改革，取消手工业者可以在社会保险和私营保险之间选择的做法，将所有手工业者的强制保险限制到 18 年，法令只保证手工业者的基本保障，工人保险制度开始对手工业者补充保险承担责任。德国还推进工伤事故保险和疾病保险制度的发展。1963 年的工伤事故保险改革法强调工伤事故预防的重要性，在拓展职业病赔偿的可能性的同时，扩大了康复、职业咨询的可能性。工伤事故保险津贴标准将依照工资变化情况进行调整，联邦政府必须定期向议会提交工伤事故预防情况报告。

德国还通过一系列法令，逐步建立起比较完善的社会救助制度。在家庭补贴方面，1954 年德国实施家庭补贴法，给被雇用者提供从第 3 个孩子开始的家庭补贴，家庭补贴的财政来源于雇主缴费。1961 年，德国规定从第 2 个孩子开始提供家庭补贴。1964 年，德国对家庭补贴制度进行调整，联邦政府开始承担家庭补贴的费用，并在联邦劳工局建立家庭补贴机构。德国家庭补贴制度逐步建立并完善起来。在老年人社会救助方面，1957 年德国实施老年农场主救助法，规定当农场被转给继承人或出租时，老年农场主将获得老年补贴，老年农场主只要证明自己曾经是一个农场主就可以得到老年补贴而不需缴纳任何费用。与此同时，农场主协会中开始建立农场主养老金制度，老年农场主养老金的费用来源于农场主缴费，并很快得到联邦财政日益增长的财政补贴。1963 年，德国开始对失去工作能力且年龄近于老年者提供老年补贴，1965 年，又采取一些保护老年人收入能力的措施，并用工作性救济代替一部分现金救济。此外，1961 年德国还通过联邦社会救助法规定，社会福利与社会救助的目的是使那些需要帮助者过上一种具有人类尊严的生活，社会救助实行国家补贴和个人化原则，不仅提供现金补贴而且强调实物性补贴。①

20 世纪 50—60 年代中期，德国的社会保障制度存在一种强烈的国家干预并逐步走向福利国家的趋势。1957—1961 年，德国疾病保险参与率从 90%提高到 100%，1963 年，德国公共社会支出占国民生产总值的比例为 17.1%，高于英国与瑞典等福利国家。20 世纪 50 年代

① 丁建定.德国社会保障制度的发展及其特点[J].南都学坛，2008(4)：46－51.

末,德国人平均收入的12%~13%用于缴纳社会保障。正如里姆林格所指出的那样,阿登纳时代(1949—1963年任总理)结束的德意志联邦共和国"实际上是一个福利国家"。①

20世纪60年代中期以后,德国社会保障制度呈现出既发展也改革的特点。1963年,艾哈德当选德国总理,在其施政宣言中明确指出:社会立法必须进行彻底评估,并宣布进行社会公平的官方调查。1965—1966年,德国经济出现短暂的萎缩,这使得德国社会保障财政开始面临压力,德国社会开始讨论如何保持社会保障与经济发展的协调。1966年,社会公平调查委员会提交的一份报告开始对疾病保险与养老金制度进行经济学分析,政府认为,必须通过降低社会保险津贴标准并提高社会保险缴费率来应对社会保障制度的财政压力。1967年,德国通过财政修正法,降低国家对养老金的补贴,分阶段提高养老金缴费率。1968年,提高到15%;1969年,提高到16%;1970年,提高到17%。②

可见,第二次世界大战后,德国社会保障制度的发展在经历战后一个短暂的恢复和重建时期以后,很快进入一个比较快速的发展时期,并曾出现一种走向福利国家的趋势。随着德国社会保障制度的快速发展以及德国社会经济的发展变化,德国社会保障制度在20世纪60年代末70年代初也开始进入既有发展也有改革的时期。

德国社会保障制度的发展过程体现出强烈的国家干预色彩。19世纪末20世纪初,德国新历史学派提出多种强化国家干预的社会政策建议,主张建立社会保险制度,以适应德国社会经济的发展变化所导致的社会问题的发展变化,也正是在强政府的干预下,使得德国成为最早建立社会保险制度的西欧国家。同时,社会保障制度的推行需要借助一定的配套职能机构和设施,因此,它促进了第三产业部门的发展,提供了更多的就业机会。

德国社会保障制度的发展中始终秉承共同责任原则。政府、雇主与雇员在社会保障制度中的责任机制对社会保障基金来源、津贴水平、覆盖范围、制度模式、基金安全、保障观念、改革道路以及制度效果等重要方面都产生直接影响,进而直接决定一个国家社会保障制度的基本特征。雇主责任与雇员责任在社会保障制度的建立和发展中始终处于重要地位,但政府责任在社会保障制度发展的每一个阶段都明显表现出来,这种责任机制使得德国的社会保障基金具有自助化特征,除了工伤保险费由企业单方面负担外,德国养老、医疗与失业保险费用均由雇主和雇员共同负担,政府只对各种社会保险项目的亏空给予补贴并承担社会救助的资金。这既有利于减轻政府的负担,同时也明确了雇主、雇员的责任,要求各主体承担其相应的职责。同时,德国社会保障的管理也呈现出高度的自治化,德国社会保障实行政府与互助团体合作管理,除失业保险以外的各种社会保险均由劳资双方共同参与管理与决策。③ 如此,能够发挥被保险人的主体作用,调动各主体的积极性。

---

① Gaston. V. Rimlinger. welfare Policy, Industrialization in Europe, America and Russia[M].New York,1971.

② Peter A. Kohler. The Evolution of the Social Insurance,1881—1981,Studies of Germany, France, Great Britain, Austria and Swithland[M].New York,1982.

③ 丁建定.德国社会保障制度的发展及其特点[J].南都学坛,2008(4):46-51.

四、瑞典——福利国家的橱窗

瑞典的社会保障始于19世纪末期，1932年社会民主党上台执政以后，大力推动社会福利建设，各种社会保险和社会保障措施日臻完善，瑞典成为其公民“从摇篮到坟墓”一生都有保障的福利国家。瑞典社会福利模式一度成为欧洲最先进和最具平等理念的成功样板，成为社民党福利社会的橱窗，社会福利制度成功实施反过来也帮助社民党长期执政瑞典政坛近七十年。

第二次世界大战以后，瑞典经济获得了快速发展，并创造了令世界各国瞩目的“瑞典模式”。与此同时，瑞典政治生活也进一步发生变化，在劳资集体协议的基础上，瑞典逐渐形成以利益集团之间的合作为基本内容的“社会主义”模式。瑞典不仅建立起基本养老金制度和补充养老金制度等多层次养老金制度，而且实现了从自愿性健康保险制度向强制性健康保险制度的转变，瑞典还建立起社会救济制度，并逐步建立和完善了社会保障管理体制。这样，第二次世界大战后到70年代末，成为瑞典社会保障制度快速发展时期，也是瑞典福利国家建立时期。

早在1944年，瑞典社会民主党就提出了《工人运动战后纲领》，纲领把社会民主党战后社会保障制度建设方面的任务具体化。纲领奠定了瑞典战后社会、经济发展的理论基础与指导方针。纲领中所提出的有关瑞典社会保障制度发展的计划和目标，为瑞典战后社会保障制度的发展描绘了蓝图，成为指导战后瑞典社会保障改革的纲领性文件。

养老金制度改革是战后瑞典社会保障改革的一项重要内容。1946年，瑞典议会通过一项新的养老金法案，1948年起，正式实施。1946年的养老金法案目的是在全国建立起统一的基本养老金制度。这种养老金制度不与参与者退休前的收入水平相联系，所有参加该种养老金制度的67岁以上的老人都可以领取基本养老金。养老金缴费标准是个人应税收入的1%，并且规定了最低和最高缴费数额。基本养老金实行全国统一的标准，对单身老人和老年夫妇的基本养老金标准也作了统一规定。除了上述基本养老金津贴外，基本养老金领取者还可以得到特别的住房与亲属津贴。新的养老金制度还包括残疾人养老金与寡妇养老金，但是，这两项养老金都是有收入限制的养老金，残疾人养老金主要向全部失去或部分失去劳动能力者提供，寡妇养老金向丈夫去世时年龄达到55岁的寡妇发放。

1948年实施的养老金法是瑞典养老金制度的一次重大变化，它不仅在瑞典建立了一种国家基本养老金制度，而且养老金的津贴标准也明显提高。这种国家基本养老金制度的建立，在一定程度上为瑞典老人提供了较之以前更加有效的养老保障。这一时期瑞典政府还举办自愿养老保险计划，以便为老年人提供额外养老金。但是随着瑞典社会发展和人们生活水平的提高，民众对以养老金制度为主要内容的社会保障制度提出了更高的要求。人们认为，国家基本养老金制度虽然可以为他们提供基本的养老保障，但这种基本养老金制度难以满足人们更高水平的养老需求，统一标准的基本养老金制度也不能体现不同收入者养老需求的差别。为了适应瑞典社会的发展变化，特别是不同收入者养老需求的变化，普遍认为应该对瑞典养老金制度进一步改革,建立起适应不同养老需求的多种形式的养老金制度。因此,战后不久,要求瑞典养老保障改革的呼声又高涨起来。

1947 年,瑞典议会成立了委员会专门研究养老金制度的改革问题。委员会于 1950 年发表了一个报告,提出建立一种与收入相联系的补充养老金。由于存在许多分歧和争议,委员会的这项建议并没有被采纳,1956 年,瑞典政府再次成立有关养老金问题的委员会,但此次提出的改革方案也没有被通过。1959 年 1 月,瑞典议会通过补充养老金法案,瑞典的补充养老金制度得以实施。

20 世纪 60 年代末以后,瑞典养老金制度又进行了其他一些改革。1969 年,瑞典开始实行一种特殊的补充养老金,这种特殊的补充养老金主要是针对没有领取补充养老金或者领取较低标准的补充养老金者。1976 年,实行针对临时工的养老金制度,在临时工中实行较低的退休年龄。

因此,战后瑞典养老金制度由国家基本养老金制度和补充养老金制度构成。国家基本养老金是一种普遍性养老金,雇员缴纳基本养老金所需费用,政府给予财政补助,津贴标准与收入没有联系。补充养老金也具有普遍性,雇员与自我雇佣者都可以参加,雇主必须为所有雇员缴纳补充养老保险金,全部补充养老金的费用由雇主承担,津贴标准与收入相联系。

在社会保险制度快速发展的同时,社会救济制度也进行了改革。1950 年瑞典社会福利皇家委员会向议会提出了有关社会救济制度的报告。报告指出,尽管瑞典已经建立起良好的社会保险制度,但仍然有必要建立一种普遍的社会救济制度,因为一些人没有资格得到社会保险津贴,或者不能从社会保险津贴中得到充分的帮助。经过反复讨论与修改,1957 年瑞典议会通过了社会福利与社会救济法,这意味着瑞典传统的济贫法制度的终结,新的社会救济制度的建立。新的社会救济制度用社会救济取代济贫法救济,体现出人道主义和公民权利意识,强调国家对社会成员应该承担的社会保障责任与义务并且将获得社会救济作为公民的一种权利。在资金来源上,救济支出主要由中央政府负担;在救济方式上,以现金为主。新的社会救济制度还规定,在中央政府中有关社会救济的立法由社会事务部负责,社会事务部下设国家社会委员会,负责对瑞典全国范围内的社会救济实施情况行使基本监督权,社会救济的具体实施由市级政府建立的公共福利机构负责。

在儿童福利方面。1948 年,瑞典议会通过法令决定实行一项普遍性儿童福利制度,取代以前实行的通过减少家庭所得税为儿童提供福利的传统做法。1957 年的社会福利与社会救济法将对儿童提供充分的社会福利作为社会救济制度的重要内容。1960 年,瑞典再次颁布儿童福利法,重新强调每一个社区都必须建立一个儿童福利委员会,保障年轻人的健康发展,并在一个满意的环境下获得成长的机会是每一个儿童福利委员会的职责。社会救济制度下的儿童福利与社会保险制度下的儿童补贴、教育与家庭服务制度下的儿童补贴,共同构成了完善的儿童福利体系。此外,其他社会保障制度也都有对儿童的特殊照顾规定。

在劳工福利方面。1946 年,瑞典颁布新的劳工福利法,扩大劳工福利法的实施范围,将农业工人与家内佣工也包括在劳工福利法的覆盖范围之中,对未成年人就业、妇女就业、工作环境、工作时间等都进行了规定。1948 年，瑞典议会再次通过劳工福利法，对劳动时间、劳动安全方面的规定作了进一步改进。1949 年，实施了工伤安全法。1974 年，为了解决那些未能参加失业保险团体的工人的失业保障问题，瑞典政府实行了一项失业补贴制度。

此外，在老年福利、残疾人福利等方面，瑞典也出台了一系列规定。总体来看，二战后瑞典政府在社会保障方面的作用全面加强，大部分社会保险制度逐渐由自愿性社会保险转变为强制性的社会保险制度，社会保障制度逐渐完善，形成了庞大的公共服务部门，瑞典福利国家基本形成。

到 20 世纪 60 年代，瑞典“从摇篮到坟墓”的高福利社会保障制度基本形成。同时，二战后到 20 世纪 60 年代，瑞典经济也保持了持续快速发展，失业率很低，基本实现了充分就业，社会问题相对较少，通过高税收、高福利，基本实现了收入均等化，阶级矛盾得到缓和，为经济的发展创造了一个稳定的社会环境，社会保障与经济发展形成了相互促进的运行状态，被人们称为“瑞典模式”，成为福利国家的典范。瑞典这种高福利、高税收、高增长的经济社会发展模式受到国际社会的高度评价。①

瑞典社会保障制度覆盖范围广泛，养老保险覆盖了全体居民，医疗保险覆盖率高达 100%。② 充分体现了社会保障的公平性原则，完备的社会保障制度为劳动者解决了后顾之忧，调动了劳动者的积极性。瑞典政府则始终把公平作为社会保障制度，甚至是整个社会制度的最终目标。该国的福利制度为国民提供了“从摇篮到坟墓”的全面保障，强大的转移支付力度实现了收入分配的相对均等化，缩小了国内贫富差距。

五、新加坡的中央公积金制度

任何国家的社会保障都是建立在本国特定的社会政治制度、经济发展水平以及传统文化基础之上并受一定的理论原则指导的。新加坡社会保障制度的建立同样如此。20 世纪 50 年代，新加坡面临着严重的社会问题：失业、住房紧缺、缺乏必要的社会保障体系，绝大部分国民没有养老保障。但当时国家正处于经济发展初期，没有雄厚的经济实力提供高水平的社会保障。同时，新加坡政府认为，过分的社会福利不利于竞争，会使人民产生对政府的依赖。因此，新加坡政府在体察国情的基础上，本着务实精神立法建立了独具特色的社会保障体系。

（一）中央公积金制度的基本概述

新加坡政府社会保障体系由社会保险和社会福利两部分组成。其中，社会保险是由国家强制实施个人储蓄的中央公积金制度构成，是新加坡社会保障体系的主体部分；社会福利是指政府对无法维持最低生活水平的成员给予救助，如对低收入家庭发放住房补贴、生活救济和救助金等，它是社会保障制度的辅助部分。

---

① 粟芳，魏陆.瑞典社会保障制度[M].上海：上海人民出版社，2010.

② 邹根宝.社会保障制度欧盟国家的经验与改革[M].上海：上海财经大学出版社，2001.

1955 年 7 月，中央公积金制度正式建立并实施，同年成立了专门负责管理公积金的中央公积金局。建立中央公积金的最初目的是通过公积金这种强制储蓄制度，预先筹集个人养老资金以解决国民的养老问题，为雇员退休后或不能继续工作时提供一定的经济保障。1965 年新加坡独立以后，为适应社会和经济发展的变化，在公积金的使用范围和用途上进行了积极的探索，不断调整放宽对公积金用途的限制，扩大了公积金的社会保障功能。1968 年 9 月，新加坡政府推出了“公共住屋计划”，允许会员退休前支取公积金存款购买政府建造的组屋，标志着中央公积金的使用范围开始放宽。此后陆续推出了医疗保健、家庭保障、教育、投资理财等一系列保险计划。

这样，中央公积金制度就由最初的仅提供退休养老保障，发展成为集养老、医疗、住房、家庭保障、教育、资产增值等多功能为一体的综合性社会福利保障体系，其社会保障功能愈益显现出来，成为一项行之有效、成绩卓著的社会保障制度。

（二）社会保障发展时期的中央公积金制度

1. 退休养老

退休养老是中央公积金制度设立的最先动因，也是这一制度最基本的功能。1955 年 7 月，中央公积金局最早的养老储蓄计划规定，当公积金会员年满 55 岁，或终生残废，或永久离开新加坡和西马来西亚，会员可以提取其公积金存款。若会员不幸身亡，其公积金存款将交给会员所指定的受益人。为了确保会员在 60 岁退休后享有固定的退休收入，1987 年 1 月起实施最低存款计划。它规定公积金会员在年满 55 岁提取存款时，必须保留一定存款作为最低存款，最低存款额为 3 万新元，以保障养老费用。公积金会员也可以在填补最低存款计划下，用公积金存款或现金来填补自己、父母或配偶的退休账户。

2. 住房保障

自 1964 年起，新加坡推行“居者有其屋”计划。为鼓励低收入阶层购买住房，1968 年 9 月中央公积金局推行了公共住屋计划，允许会员使用公积金存款购买建屋发展局的住屋。在这一计划下，低收入会员可以动用其公积金普通账户的全部存款，加上每月将缴纳的公积金款项，来购买政府组屋。如果普通账户的存款不足支付，可向建屋发展局贷款，用将来的公积金来偿还。1975 年，在中等入息公寓计划下，允许中等收入会员申请购买政府组屋。1981 年 6 月，中央公积金局实施了私人住宅产业计划，允许会员使用公积金存款在新加坡购买私人住宅。除了供自己居住外，也可用作投资收租。

3. 资产增值

为了鼓励会员个人投资，增强公积金的保值和增值功能，中央公积金局自 1978 年起推行了多项公积金资产增值计划。1978 年 4 月起实施的新加坡巴士有限公司股票计划，允许会员动用公积金储蓄购买新加坡巴士公司的股票，购股额在 1 000～5 000 新元之间，并可获得红利。如果会员出售或转让该公司股票，则必须偿还本息给公积金局，以存入会员账户。

（三）对新加坡中央公积金制度的评价

新加坡的中央公积金制度实现了社会保障功能与激励机制的双重作用。新加坡社会保障的指导思想和具体措施以鼓励自食其力为主,其目的在于调动社会成员自我保障的积极性。从这一基本点出发,公积金制度具有强烈的激励机制。新加坡国民所享受的社会保险待遇与其个人努力程度和存款紧密相联,付出与回报呈正相关关系,会员越是努力工作,公积金存款就越多,他所享受养老金、医疗保健等福利待遇也越多。基金积累模式通过个人年轻时的多积累来满足年老时的消费需求,强调个人一生收入的自我平衡,保证了个人储蓄资金能够真正用于个人需要,避免了通过代际转移方式解决人口老龄化时期养老费用负担问题,减轻了人口老龄化给政府带来的压力。

新加坡公积金制度的高效运行是在法律的规范下进行的。在公积金制度中,由于明确了政府在养老保险中的责任和义务,也即政府以自身实际持有的资产储备作为公积金的担保,政府财政负有担保偿还公积金的义务,这就保证了公积金制度的良好信誉。中央公积金局对公积金进行统一的企业化管理,公积金管理局只负责行政事务,公积金的具体运营是由新加坡政府投资公司投资运营,这就使得公积金能够以一个恰当的身份进入资本市场,从而确保公积金的保值增值。公积金管理局具有相对的独立性,公积金从汇集、运营、储存、结算到雇员利益的获得,都独立于政府财政,因而,政府的财力大小对公积金没有直接的影响,更为重要的是政府无权动用公积金去弥补财政可能存在的赤字。公积金管理运作制度的设计保障了基金的安全性。

同时,中央公积金制度具有强制性的自我积累特征,它为国家经济建设提供了大量资金。新加坡政府利用其高度社会控制能力,强制性地使人民必须为自己的各种保障进行预防性储蓄和投资。这种自我积累机制不仅降低了政府的社会福利开支,减轻了财政压力,而且通过积累起来的巨额公积金,为公共设施建设和资本市场发展提供了大量资金。政府利用这笔长期可靠的、源源不断的资金,基本完成了基础设施的建设,形成了高储蓄—高积累—高增长—高就业—高积累的良性循环,保证了新加坡的经济与社会保障的良性互动。

中央公积金制度在增进社会稳定和国民福利方面也发挥了重要作用。公积金在积累的过程中,会员可以使用公积金来买房,许多新加坡人利用他们的中央公积金积蓄支付他们的住房费用,政府发动的住房所有计划使得 86%的人口能够居住在公房中,并且他们中的91%拥有所住房屋的所有权。真正实现了居者有其屋。此外会员可以使用公积金来购买产业或进行投资以提高收入。人人安居乐业,再加上在养老和医疗上保障较好,这就能较好地免除个人和家庭的后顾之忧,从而增强了国家的凝聚力,促进社会的安定。[①]

六、智利私有化的社会保障制度

在 20 世纪二三十年代,智利政府在借鉴欧洲社会保障内容和经验的基础上,建立了涵盖养老金、抚恤金、疾病补助和健康津贴等内容的社会保障体系,成为拉丁美洲最早建立社会保险制度的国家之一。然而,随着时间的推移,该社会保障制度出现了很多问题和矛盾,

① 王治英,任超.对新加坡社会保障制度的评价与借鉴[J].山西高等学校社会科学学报,2007(12):30-33.

陷入危机。20 世纪 80 年代,智利对社会保障制度进行了根本性变革,随后,建立以个人账户为基础完全积累制模式,也就是创新的“智利模式”,引发了全世界范围内的社会保障制度变革。

(一) 智利的养老保险

早期智利的养老保障制度是根据职业分类而建立起来的,所以其条块分割现象比较严重。早期的社会保障体系根据职业的类型划分为三大系统:公务职员、白领工人和蓝领工人。再根据职业的具体类别划分为约 50 个更小的子系统。随着时间的推移,社会保障项目逐步得到完善,覆盖到包括农业劳动者在内的社会各个阶层。智利的养老保险筹资制度在建立初期是以现收现付为主,在此基础上,还利用养老金缴费结余建立了“集合的资本化基金”,但由于基金管理效益较差以及给付支出的迅速上升等原因,这一制度逐步陷入财政困难,从 1952 年开始不得不转变为完全的现收现付制。

养老保险缴费率逐年攀升。随着时间的推移,社保项目的缴费占工资比率整体呈上升趋势,1974 年 3 月,各项社保项目缴费占工资比率平均高达工资的 61.9%,其中养老金的缴费占工资比率平均为 22.8%,可见,当时雇主雇员缴费压力繁重。过高的缴费率导致逃费现象增加,加上失业率的上升,智利政府从 1973 年开始,逐步降低养老金计划缴费率。①

(二) 智利传统工伤保险

智利的《工伤保险法》于 1916 年首次立法,期间经过不断调整与修改于 1968 年重新颁布实施,智利传统工伤保险内容包括以下几个方面:

1. 伤残保险金

包括完全残疾和部分残疾待遇。完全残疾的伤残保险金为最近 5 年平均工资的 50%。

2. 遗属保险金

遗属保险金总限额为受保人基本工资或伤残保险金的 100%。对于按月领取工资的雇员,其配偶可以领取该雇员基本工资的 50%以上或上一年平均伤残保险金的 100%。符合条件的子女可以领取该雇员基本工资或上一年平均保险金的 20%。对于按周领取工资的劳动者,其配偶可以领取该雇员最近 5 年平均工资或上一年平均伤残保险金的 50%。符合条件的子女可以领取该雇员最近 5 年平均工资或上一年平均保险金的 15%。

3. 一次性给付的死亡赔偿金

一次性给付的死亡赔偿金为 3 个月最低工资。智利传统工伤保险金的领取有一定的限制条件,对于按月领取工资的雇员,必须至少缴费 3 年,并且在伤残发生的前 2 年内必须缴费,同时要求残疾使其永久丧失了 67%的工作能力。对于按周领取工资的雇员,发生伤残时需要领取工伤保险金的条件是,该雇员至少有 50 个星期的缴费期,并且在伤残发生前的 5 年内有 40%的时间缴费,进入工伤保险系统后至少有一半时间缴费。女性豁免进行第三次伤残申请,所有按星期领取工资的雇员缴费达到 400 周以上都可以豁免第二次和第三次申

① 李曜,史丹丹.智利社会保障制度[M].上海:上海人民出版社,2010:20－21.

请。公共部门的雇员和新闻行业从业人员，残疾使其无法承担现任工作的，必须曾经缴费满10年，而且在发生残疾时正在持续缴费的过程中。

（三）智利的医疗保险制度

1942年，智利国家卫生服务体系建立，其职能是为白领工人提供预防免疫用药服务。1968年，增加了愈后治疗即用药服务。1952年又成立了雇员国家医疗服务体系，负责解决蓝领工人的医疗保障问题。在这一阶段，白领和蓝领工人的医疗保险层次不同，白领工人可以选择直接从国家卫生服务体系中获得保障，或者投保于具有相应资质的私人保险机构。这种制度规定使得私有机构的市场份额得到一定程度的扩张。而蓝领工人直接从雇员国家医疗服务体系中获得保障。

早期的医疗保险制度规定，不仅医疗保险的有关政策由国家规定，而且具体业务也主要由政府部门经办，国家免费提供大部分医疗服务，公共部门承担医疗费用的90%，承担病人治疗费用的85%以上，这种体制一直持续了近30年。像其他医疗保险由政府包办的国家一样，在20世纪70年代末，智利医疗保险制度出现了深刻的效率危机，医疗保险支出持续增加、国家财政负担过重，制约了经济的发展，医疗保险制度改革迫在眉睫。

（四）失业保险

智利于1974年建立了统一的失业救济制度。失业保险的资金完全由国家财政解决，雇主雇员均无需缴费，凡是符合条件的失业者(失业前两年中至少就业52周，进行就业登记，能够并愿意工作，不是因个人原因失业)都可以领取失业津贴。被保险人失业期间仍有资格领取家庭津贴和疾病或妊娠津贴等。

（五）家庭津贴

申请人向当地政府提出申请，由政府根据有关规定对其资格进行认定，符合条件的发放津贴，补助额度视个人的贫困程度而定。

（六）对智利社会保障制度的评价

20世纪60年代中期，智利的社会保障体系由19个公共部门的退休金基金和16个私人部门的退休金、大约50个部门的公共福利机构和无数的私人机构、24个公共援助机构和7个工人补偿机构组成。另外，涉及国家审计局、劳工和社会保险部、公共卫生部、财政部、国家计划委员会等部门。20世纪70年代，智利的社会保障体制矛盾越来越突出，主要表现在以下几方面：

1. 制度缺乏统一性

由于缺乏一个总体的政府政策，智利实行的各种社会保险方案随着地方政府的压力和特定的政策而变动，造成管理机构林立、政策制度不一的混乱局面。不同行业和各个部门执行的是相互分离、受益结构和水平不一的保障体系。智利的社会保险管理系统条块分割严重，缺乏统一的管理标准。

2. 制度安排不公平

一是将独立工作者和农村劳动者排除在制度之外。1964 年，旧制度为 92%的非独立劳动者提供了养老金、家庭津贴、健康及生育保障，但没有为独立工作者和农村劳动者提供保障；二是分配不公平。地区和部门之间的差异造成社保基金筹集与给付方面的标准不一，职工因年龄、工作时间、性别、纳税额和奖金的不同，保障水平各有不同。在 1975 年，从事体力劳动的工人，领取养老金人数占总数的 62%，但只获得了 30%的养老金。

3. 政府和企业负担沉重

1975 年，智利部分企业的养老、医疗保险的缴费率占员工工资总额的 51%～59%，员工个人缴费率占本人工资的 15%左右，政府对医疗和养老的财政支持加上为政府雇员缴纳的保险费占据政府开支的 20.5%，而在其他国家，政府直接拨款占政府财政支出比率至多保持在 10%左右。杂乱无章的管理体系增加了社会保障管理成本。1964 年，智利的社会保障支出占 GDP 的 8.2%，社会保障制度运行成本位居世界之首。

第四节　发展时期社会保障制度的特征

第二次世界大战后，各大国家都进入了战后重建时期，为了重振经济，发展生产力，各国都致力于社会保障制度的建设。社会保障制度在这一时期内得到了快速发展，无论是保障范围、保障项目还是保障水平，都较之前有了跨越性的发展。该时期的社会保障制度的发展具有以下几大特征：

一、社会保障覆盖面扩大，保障项目增加

二战后，社会保障覆盖面扩大与社会保障项目增加同时并进。瑞典的养老保险方面，基本养老金覆盖全体居民，居住在瑞典的所有人，无论其是否拥有瑞典国籍，只要他住满三年或有三年国家补充养老金积分（ATP Points）便有权获得国家基本养老金，几乎每个瑞典人都能享受到该项养老金，而瑞典的医疗保险覆盖率高达 100%。二战后世界各国社会保障覆盖面不断扩大，很多国家的主要社会保险项目对象由产业工人扩大到所有工薪劳动者及其家属、自雇人员以及农民。非缴费性社会救助与社会福利的覆盖面也不断扩展。

在社会保障项目方面，各国的社会保障内容不断扩大，保障项目不断增多，为国民提供了更全面的保障。英国的《贝弗里奇报告》设计了一整套社会福利制度，提出从七个方面为社会成员提供社会保障，包括儿童补助、养老金、残疾补助、丧葬补贴、丧失生活来源补助、妇女福利和失业救济。这一时期世界上大多数国家尤其是西方发达国家的社会保障项目大为增加，在西方发达国家，社会保障项目涵盖了老年人保障、医疗保障、就业保障、残疾人福利、妇女儿童福利、教育福利、住房保障、军人保障及其他公共援助等，对社会生活各个领域产生了十分广泛的影响。英国、瑞典为国民建立了一套跨越整个人生周期的“从摇篮到坟墓”的

社会保障体系。

二、社会保障待遇水平提高，社会保障支出增加

二战后，社会保障待遇开始实行指数调整法，有的按工资指数调整，有的按生活费用指数或通货膨胀指数调整，有的按工资和生活费用联合指数调整，不仅确保通货膨胀背景下的社会保障金的购买力保持不变，而且还不断提高社会保障金的支付水平，使保障对象分享经济发展成果。以瑞典为例，1960—1980 年，单身基本养老金津贴标准从每年 5 458 克朗提高到 11 949 克朗，夫妇的标准从每年8 734克朗提高到20 734克朗，健康保险日现金补贴替代率从 60%提高到 90%，失业保险津贴最高标准从 34 克朗提高到 128 克朗，儿童补贴标准从每年 893 克朗提高到1 823克朗。[①]

与此同时，世界各国的社会保障费用迅猛增长，从 1950 年和 1980 年社会保障支出占国内生产总值的比重来看，英国从 10.6%提高到 20.2%，德国从 15.0%提高到 26.0%，瑞典从 9.1%提高到 29.7%。[②]

三、自愿保险向强制保险转变

第二次世界大战前，西欧许多国家的社会保险项目多为自愿保险。第二次世界大战后，为减轻雇主的负担，促使更多的低收入劳动者参加保险，各国纷纷实行强制保险，除比利时的工伤保险，瑞士的疾病保险，丹麦、荷兰、瑞典的失业保险仍实行劳动者自愿保险外，其他西欧国家均改为强制保险。新加坡的中央公积金制度更是以《中央公积金法》的颁布为后盾，强制国民建立个人公积金，在每项社会保险项目中都突出被保险人自身的责任。强制性社会保险制度有效地运用了“大数法则”，最大程度地分散了各类风险，为被保险人提供了更加全面的保障。

① 丁建定.当代西方社会保障制度改革的背景[J].南都学坛，2006(3)：27.

② 穆怀中.社会保障国际比较(第 2 版)[M].北京：中国劳动社会保障出版社，2007：116.

第五章　现代西方社会保障制度的改革与调整

20 世纪 70、80 年代前的西方国家由于深受福利思想的影响，在社会保障制度上着力加强了对养老、医疗等方面的财力、物力和人力的投入，但是随着全球化危机的爆发，西方各国财政入不敷出，无法再维持高福利的社会保障制度，新一轮的制度改革迫在眉睫。

第一节　社会保障制度的改革背景

20 世纪 80 年代以来，石油危机引起了全球经济危机，各个国家经济下滑、财政危机严重，经济走向萧条。经济一体化下的市场竞争激烈导致国家企业进出口贸易额利润降低，医疗卫生水平的提高和高福利政策的实施加重了社会老龄化的程度和社会"福利病"的依赖性，劳动力的减少和失业率的频频增加导致社会动乱和不稳定，降低了经济效率。再者，国家用以支付社会保障制度的财政拨给日复不能维持高额的社会保障福利，国家经济出现严重危机，政府财政收支不平衡的加剧，阻碍了社会保障事业的发展。

一、经济负担沉重

西方国家的社会保障项目覆盖范围之广，除养老医疗生育等基本的社会保障之外，还涉及了关于残疾人补助、儿童上学补贴、寡妇补贴等保障方面。这样的宽领域、多范围、高福利虽然解决了社会上贫困人员的基本生活问题、保障了人们的生活水平，但是过多、过宽的社会保障项目支出反而导致了国家财政赤字增加、入不敷出。另一方面，高福利下的社会保障制度也会养成国民的懒惰心理、依赖弊病，在近乎同等权益福利之下，人们会宁愿选择失业领取国家的救济补贴福利，也不愿就业工作，这易致使社会劳动率下降、生产率低下，国家经济发展状况受损，而国家为维持高福利保障的社会福利经济、维护自己的统治，会不断增加对社会保障项目的资金投入，从而导致国家严重性财政危机。

二、国家动乱频发

很多西方国家在 20 世纪 70、80 年代正经历着国家政权组织的转变，民主党、共和党等党派交替进行，党派方针政策的不一致导致了国家在管理方面的不统一，社会保障的执行力度和福利政策弊病显现，统治者为加强和巩固自己的政权，会基于上一党派在社会保障制度上进行改革，一般改革或选择开源节流或激进式变革，会对上一党派的政策制度大为批判并实行自己的政策措施，以笼络民心、加强统治。管理部门冗杂虚浮，高福利的国家涉及社会保障项目之广，需要多部门治理管辖，国家为对各个社会保障项目进行有效管理而建立了一整套臃肿的官僚机构，但是大多人浮于事。国家在管理机构和人员上的支出也加大了国家的财政负担。

三、社会危机四伏

20 世纪 80 年代以来，随着经济的持续增长和现代医疗设备和技术水平的提高，人们对国家医疗设施方面的基本生活保健质量要求愈高，因此人的预期寿命也加以延长。伴随着后期西方国家老龄化问题的出现，社会上更多的老龄人需要国家社会保障制度的依靠，政府用于养老和医疗保障方面的开支也越来越大，从而加重了政府的财政负担。在经济全球化市场竞争压力和新科技革命的到来，企业大幅度的裁员导致社会劳动力减少、失业率上升，国家为稳定社会上出现的大幅度的失业现象而增加失业救济金的比重，使得原本就财政负担重的国家更是入不敷出。此外，另一方面，国民依靠于社会救济金的补助，就会有着宁可放弃就业而坐吃山空、不劳而获的情感。

随着现代化科技水平和管理能力的加强，人们对国家社会保障事务和保障项目的要求也提出了更高的要求，但是，人们只是一味地索取，理所应当地享受，自我意识差，忽略了个人的社会保障责任，全权交由国家政府掌管，因而，国家的职能负担压力大。

伴随着新自由主义思想的盛行，国家现阶段的财政危机和社会保障制度的可持续性挑战，西方国家在经济、政治和思想文化等各方面的状况使得改革原有的社会保障制度势在必行、刻不容缓。

第二节　福利型国家社会保障模式的改革

英国和瑞典的社会保障制度在很大程度上存在着一致性，表现了福利型国家社会保障制度模式的基本特征。但是，虽然英国和瑞典都为福利型国家的典型代表，但是其在社会保障制度方面的差别使得兼具自己的特色和性质。

一、英国社会保障制度

“福利国家”来源于英国的《贝弗里奇报告》，它倡导普遍受益，强调人们都应从社会保障制度中享受福利。但是高福利、高补贴的社会保障制度使得在经历过大规模的全球化危机后，国家在财政上负担沉重。1979 年后，经过撒切尔革命和布莱尔革命后，国家在养老和国民保健方面做出了激进的改革,更加强调了个人责任、普遍受益、私营化与市场化,致力于建立一个兼顾效率与公平的、公私混合的社会保障体系。

(一) 英国社会保障制度面临的困境

英国社会保障制度经过了半个多世纪的发展与演变,到 20 世纪 70 年代中期,世界石油危机爆发,英国经济发展速度放缓,人口老龄化问题加剧,使社会问题不断加剧,要求加强和扩大社会保障制度,而社会保障制度的扩展必然带来社会保障支出不断增长,从而影响经济的发展。高福利的社会保障体系暴露出了其发展面临的困境。

1. 福利支出居高不下,政府财政不堪重负

英国实行高水平的社会保障,需要雄厚的财政为支撑,为此,英国政府对社会实行高额累进税与高额社会保障税,一方面使实力雄厚的大投资者的资本增势受到限制,导致资本大量外流,从而不利于国内企业新技术的及时采用与固定资产的及时更新,从而严重影响了生产效率的提高;另一方面,高额累进税引起了中产阶级的普遍不满,造成收入较高的专业人才纷纷外流,对英国的经济、社会的发展产生消极影响。

福利国家模式中许多重大的社会保障项目都是以庞大的财政开支为依托,随着经济发展速度放缓,政府有限的财政收入无法满足日益增长的社会保障需求,根据福利水平刚性规律社会保障财政支出加大,财政赤字问题严重,政府不得不通过发行公债进行弥补。这又使得劳动者得到的工资收入、各项津贴相应减少,于是国民对提高社会保障待遇的呼声越高。如此往复,便造成福利开支难以削减,政府财政难以为继的恶果。

此外,老龄化的压力也使社会福利支出日益庞大,1980 年后的英国,60 周岁及以上的老年人人数以每年 50 万的增长速度上升,几乎等于每年上升 1 个百分点,随着时间的推移,高龄老人的比例逐年上涨,养老、医疗费用的上升也在所难免,国家不仅要加强对养老机构、服务措施和医疗水平的建设外,还要投入更多的资金到招募更多的社会服务人员上,国家的财政支出负担严重。①

表 5-1 英国社会福利支出 (单位:百万英镑)

	1969—1970	1979—1980	1984—1985	1994—1995
支出	17 393	28 353	36 298	61 500
指数	264	431	552	935

资料来源:林闽刚,《现代社会保障》,中国商业出版社 1997 年版,第 122 页。

2. 高福利、高补贴使劳动者滋生了懒惰的思想

贝弗里奇报告时期的英国试图创造一个高福利的国家,国家实行普适性原则,人们共同

① 夏水祥.英国市场经济制度[M].兰州:兰州大学出版社,1995.

享有高水平、高质量的社会福利保障的基本生活。当国家遭受经济危机,国家财政负担压力大的情况下,政府还是不得不支付巨额的财政支出支付社会保障以稳定社会、安稳民心。但是,经济危机下出现了大面积失业的现象,政府付出的过高的失业津贴和种类繁多的社会救助,使失业者在失业期间的收入与其参加工作时所获得的收入相比,差别不大。既然不用工作就能获得同工作时差不多的收入,势必造成大多数人做出自愿失业的选择,导致失业者不劳而获的思想蔓延,挫伤了在职劳动者的工作积极性。同时,领取失业津贴还无须纳税,这相当于变相鼓励失业,使得社会上自愿失业人数大量增加,造成了"福利陷阱",一方面加大了政府财政支出,另一方面贫困问题越发严重,损害了国民经济和社会的发展。

3. 管理机构臃肿,管理不善

英国拥有庞大的社会保障管理机构。"健康与社会保障部"是英国政府中最大的部门,主要负责社会福利与保障事务。该部设有众多的中心和局,并在地方各级设置了相应的分支机构,从中央到地方形成一个庞大的管理体系。此外,教育、就业和卫生部也设有繁杂的纵横网络,履行各自的社会保障职能。受雇于社会保障部的职工有100多万人,每年机构的管理费用高达18亿～20亿英镑。同时,由于对津贴领取者的个人信息核实不够仔细、严谨,导致冒领津贴的现象及其普遍,造成了财政的大量流失。据英国政府网站公布的数据显示,2008、2009财年英国因福利欺诈行为损失的金额为31亿英镑。而英国财政大臣奥斯本在2010年10月承认,英国每年被冒领的社会福利高达51亿英镑。[①] 除冒领现象外,还存在福利项目应领取而未领取的情况。据统计,在2003、2004年度,有不少符合条件的人士没有申请就业与养老金部所管理的福利,未领取的福利金额超过70亿英镑,而在应申领福利而未领取的人群中,老年人所占比例最高。主要是因为退休、就业、住房等各项福利分别由不同部门管理,申请程序繁琐,使得老年人申请存在较大困难。再者,由于福利政策宣传不足,使得许多有资格享受福利津贴的人反而无法领津贴。

(二) 英国社会保障制度的改革

针对上述问题,在20世纪70年代以来重新出现的新保守主义经济自由化思潮影响下,英国对其社会保障制度进行了一系列的改革。1979年,撒切尔主义主张强调市场自身对经济的作用,实施私有化,降低社会福利支出和政府财政支出,减轻社会保障负担……为了更好地了解英国现行社会保障制度所存在的主要问题,保守党政府对英国社会保障制度进行了一次彻底的调查和评估。1982年9月,中央政策评论委员会提出了一项削减社会公共支出的建议,主要是减少社会保障津贴水平,用私营健康保险制度代替国民健康服务制度等。1985年6月保守党政府的健康与社会保障部大臣诺曼·福勒也提交的一份题为《社会保障改革——变革的计划》绿皮书,阐述了英国社会保障制度发展环境的变化,设想逐步取消国家承担养老金制度,建立私人企业负责制,并规定不低于国家最低标准。指出英国社会保障制度过分强调国家的责任而忽视了个人应该承担的义务,并提出新制度应该建立在公众对

---

① 郑春荣.英国社会保障制度[M].上海:上海人民出版社,2012.

社会保障的目标与功能、个人与国家责任分工的正确认识上，将社会保障制度建立在国家和个人责任的双重支柱上。①

保守党政府的社会保障制度改革的主要包括以下内容：

1. 养老保障方面的改革

英国养老保险私有化改革的实践主要集中体现在1986年社会保障法案中，该法案的目标在于力图降低公共财政养老支出，引入私人机构实行市场化管理。

英国的养老保险制度改革沿着两个方向进行：一是直接降低一些社会保障项目的津贴标准和补贴水平，减少财政支出规模；二是调整养老保险制度运行机制，增加个人的义务，鼓励私营部门提供养老保险服务，从而减少政府的责任。

1986年养老保险主要针对所有居民(周收入低于最低水平的雇工、年收入低于法定最低标准的独立劳动者，以及非受雇人员可自愿参加保险)，对于达到法定退休年龄(男年满65周岁，女年满60周岁)，且企业和个人已经缴费满156周的即可享受养老保险待遇。养老保险的资金来源主要是由受保人、雇主和政府共同承担，受保人只需缴纳收入的5%～9%，但是不同周收入人缴费的比例也不同，一般来说，低收入者缴费比例低，已婚劳动妇女和遗孀可按低标准即周收入的3.85%缴纳社会保险金。雇主缴纳工薪总额的5%～10.45%。政府大约负担社会保险部分费用的13%和收入调查津贴的所需费用。②

1986年养老保险制度的改革降低了公共养老金支付水平，修改了国家收入关联计划养老金计付公式和减少遗嘱养老金两种方式来降低政府未来的养老金支付水平；但是改革措施中增加了提供“待遇确定型”养老金，即允许雇主机构设立缴费确定型职业养老金计划，主要是保证养老基金的投资风险由雇主个人承担；在缴纳养老金方式上引入了个人养老金计划，1986年后，英国的个人养老金计划不再是国家提供，也不是由雇主提供，而是由保险公司和其他金融中介机构负责设计并提供给个人选择的养老金计划，雇员可以自由选择适合自己的养老机构。

改革后的养老保险制度把与收入相联系的养老金建立在养老金领取人整个工作时期的平均收入上，而不是20年的最好收入的平均水平上；将国民养老金的最高水平从平均收入的25%降低至20%；政府通过法律形式强制企业推行职业养老金制度，鼓励人们储蓄、参与商业人寿保险；到2000年，在英国养老金领取者的收入中大约有40%来源于私人部门，政府的目标是到2050年把这一比例提高到60%；向职工提供获取个人养老金的机会。规定职工可与银行、建筑学会、单位信托公司和保险公司等挂钩，按期缴纳一定费用。

由于养老保险制度改革后部分老年人收入快速下滑，低收入者参保负担加重，贫困现象增加，1997年，英国出台了养老保险修正和补充条例，对养老保险进行进一步的调整和改革。政府还计划提高女性退休年龄，决定从2010年开始，将女性退休年龄每2个月增加1

---

① 丁建定.英国社会保障制度的发展[M].北京：中国劳动社会保障出版社，2004.

② 张彦，吕青.社会保障概论(第二版)[M].南京：南京大学出版社，2008.

个月，到 2020 年达到 65 岁，最终实现男女同龄退休。

2. 国民保健制度的改革

由于 80 年代以来新自由主义在经济及国家福利领域的影响，英国开始对供给导向的国民卫生服务进行了反思，设法启动市场化机制，降低政府财政负担，围绕着医疗需求进行改革。为了在医疗保健公共部门内开创竞争性的内部市场，促进服务提供者之间的竞争，提高医疗保健服务效率，1988 年英国政府开始对医疗保健问题进行改革。

1983 年，保守党政府对国民保健制度的私营化与市场化已经基本认同，认为"私有因素具有重要的作用，国民保健的私营化将减轻这一制度面对的压力，并为国民保健制度提供了一个有用的选择道路，它表明，在国民保健服务方面存在不同类型的解决问题的方法"。[①]

1989 年，保守党政府颁布了有关国民保健制度改革的白皮书——《为病人而工作》，决定对国民保健制度实施实质性改革。其改革主要内容包括：在国民保健系统中建立内部的市场机制，各个公立医院通过竞争来吸引患者；允许公立医院采取较多的商业经营方式；病人可以自主选择医院和医生，医生根据对病人的治疗情况控制自己的预算；提倡公私合作，鼓励私人医生和私立医院发展，允许公立医院和私立医院买卖医疗服务……

1990 年，英国颁布了《国民卫生服务和社区照顾法》，对国民卫生服务体系做出了一些重大改革，除了鼓励公私医院进行竞争，改革内容还包括要求病人为医疗服务支付一定比例的费用。后期英国还颁布新的国民保健与社会关怀法，对国民保健制度实施私营化和市场化的改革，主张建立起自主经营的国民健康服务公司。在 1993 年 4 月，社会保障制度就不再对私人提供帮助，而当地政府则根据审核后对需要帮助的人提供有效的资助和补贴。而到了 1995 年开始，几乎所有的英国医院以及大部分的社会关怀服务已经基本实现私营化。

1998 年时候，新工党布莱尔政府推行新的国民医疗保健计划，主要是减少医疗保健服务的覆盖面，鼓励推行医疗保健服务的市场化。主要目标是实行逐步将医疗保健由普遍权利意识向个人责任意识转变，强调了将医疗保健由是否"需要"转向医疗保健中的个人"表现"，从保健教育转向保健促进，以有效地降低政府在医疗保健中的财政支出，确保为全体公众提供充分的医疗保健服务。

3. 失业保险制度的改革

现行英国《失业保险法》的基础是 1992 年的《社会保障法》，英国的失业保险的突出特点是其强制性。该法主要是针对周收入在 58 英镑及以上的雇员且必须参加，但是，独立劳动者和交纳减额保险费的已婚妇女和遗孀除外。受保人和雇主缴费比例和养老保险的缴费比例一致，政府除了负担和养老保险相同的费用外，还承担收入调查津贴的全部费用。到了 1995 年规定失业者每周可领取 46.45 英镑[②]，一年后如继续失业，则改为领取社会救济金，失业者必须在当地劳动机构登记申请领取失业保险金，领取失业保险金的人必须在人力服务

---

① Grand.Privatization and Welfare State[M]. London，1985：100 - 107.

② 谢德成.20 世纪 80 年代以来英国福利制度改革述论[J].理论导刊，2003(11)：42.

委员会登记寻找工作①。

1997年,以布莱尔为首的英国工党颁布政治纲领文件《新英国》,并提出了"第二代福利"的社会保障制度的改革主张。失业问题是影响社会是否稳定的关键性问题,是国家的主要性社会问题。新工党政府推行"从福利到工作"的"新政",主要任务是为失业者提供就业帮助,鼓励失业人群都能投入到工作上,提高自己的劳动能力和自我保障能力,最终达到社会充分就业。

布莱尔政府为了鼓励失业者积极找工作,提出了一系列救助措施。社会福利部门不仅为失业人群提供咨询和就业培训服务,而且也相应地提供些失业补助,此外,政府给予雇主资金补贴,鼓励他们雇佣失业者,同时也鼓励失业者受雇于志愿性工作。1996年,政府将失业救济和收入补贴合并成找工作补助。找工作补助的对象为法定退休年龄以下的,每周工作至少40小时以上的积极找工作的失业者。对一些特殊人群,如身体或精神有问题的人,则允许根据个人情况减少工作量。申请找工作补助的人必须与就业服务机构签订找工作合同,合同规定了找工作者的工作量和将采取的找工作步骤。②

4. 住房津贴制度的改革

英国社会保障制度改革的重点之一就是把保障的"普遍性原则"改为"有选择性原则",进一步强调个人的责任和义务,法令规定:新的收入补贴的发放仅限于有子女的家庭以及丧失工作能力的家庭;取代"附加津贴"的"额外资助"也不再对所有的低于最低生活标准者发放,其对象也由原来的面向所有低于最低生活标准者调整为18～24岁的单身者或者有特殊困难者,如单亲家庭、养老金领取者和丧失劳动能力者。

政府强调个人及家庭的责任,着重帮助低收入者和贫困者。在对家庭资助方面采取两项措施,一是设立家庭信贷项目,取代家庭收入津贴。明确限定家庭信贷对象为丧失工作能力的有子女家庭或低工资收入的有子女家庭。二是设立额外资助项目,取代附加津贴。1982年1月,英国政府取消了与收入相关联的疾病与失业短期津贴优惠政策,并于当年2月开始,将其列为应纳税津贴。此外,政府还决定缩小工伤津贴发放范围,提高寡妇抚恤金的领取年龄。从1980年开始,地方政府不再提供免费的学生餐。从1988年起,16～18岁的少年不再享受收入补贴,同时,儿童津贴也不再对全日制教育中的儿童有效。

在住房福利制度的改革方面,英国的高水平的住房福利和住房津贴给地方政府造成沉重的财政负担,为了改变这种局面,政府开始减少住房津贴并积极推行公房私有化改革,从法律保障和经济上为买房者提供优惠,鼓励私人购买住房。1996年6月,英国政府公布的住房白皮书进一步从几个方向对住房制度进行改革。白皮书主要是为了鼓励发展私人住房租赁事业,主张将地方当局的房屋私有化,以便提高对它们的管理。

(三) 英国社会保障制度的特点

根据英国的社会保障制度的改革情况,我们可以总结出英国的发展趋势有如下特点:

---

① 张彦,吕青.社会保障概论(第二版)[M].南京:南京大学出版社,2008.

② 林闽钢.社会保障国际比较[M].北京:科学出版社,2007.

1. 社会保障私营化和个人责任

保守党政府认为，国家经营的是社会保障制度是保证社会保障制度有效发挥其作用的重要途径，但是，过分的国家经营不仅带来了政府用于社会保障制度支出的巨额增长，而且也不利于公民个人责任心与义务感的增强，也不利于依靠社会发展英国的社会保障事业。因此，在社会保障制度方面，保守党也大力提倡和鼓励私营化和市场化，试图通过对养老金制度和国民保健制度上的改革，减轻国家社会保障支出上的财政负担，并发挥个人与社会在社会保障制度发展中的主观能动性与积极性。①

建立社会保障管理新体制。对于社会保障基金的管理，开始从政府管理向市场化管理方向发展。改变政府角色，政府从发放社会津贴的"救世主"转变为优质社会服务的提供者。政府需要合理调整财政社会保障支出比例，缩减支出规模，提高制度效率，为此政府要创新社会保障事业管理模式，以适应当代社会和经济结构的快速变化对社会保障事业的发展要求。

2. 强调选择性原则

自贝弗里奇报告发表以后，英国的社会保障制度一直遵循着普遍性原则，即所有的英国公民都可以享受相应的社会保障，这种原则虽然为大多数人提供了强有力的社会保障，但是它不利于个人责任的有效发挥，而且政府的财政支出日益膨胀，入不敷出现象严重。因此，保守党政府认为，应在基本社会保障制度上保留普遍性原则，但是在其他的相关社会福利方面推行选择性原则，即规定：新收入补贴的发放仅限于有子女的家庭和丧失工作能力的家庭，"额外资助"也仅仅只对 18～24 岁的单身者以及特殊的困难家庭发放。② 政府提出用社会投资取代福利国家，将注意力由公益事业转移到人力资本投资，寻求更多就业机会的观点。国家不再包揽所有个人福利，开始强调权利和义务的对等，强调福利制度是国家、企业和个人共同分担和参与的公共事业，任何一方都要履行相应的义务才能享有权利。

3. 社会保障制度改革与经济制度改革相结合

自贝弗里奇报告以来，英国的社会福利得到有效的加强，但是国家开支和社会保障津贴水平空前膨胀，使得国家财政负担严重，个人也忽视了自己的生活保障方面应尽的责任和义务，以致于社会保障的实际效果愈发不明显。1985 年保守党政府的改革，提出了在社会保障财政支出和制度上的改革，支出的增长率从 1979 年的 5.4%下降到 1991 年的 3%，同期整个社会支出的增长率从 1.8%下降到 1.1%，社会支出占国民生产总值的比例也从 43%下降到 40%③，国家财政对社会保障支出费用上的减少可为经济发展提供强大的资金支持。国家财政支出的较少，更多地突出地方政府和个人在社会保障制度上的责任和义务，减轻了国家财政上的支出费用，进一步地促进了社会的发展，从而也有力地推进了社会保障制度更为合理的发展。

---

① 丁建定.英国社会保障制度的发展[M].北京：中国劳动社会保障出版社，2004.

② 丁建定.英国社会保障制度的发展[M].北京：中国劳动社会保障出版社，2004.

③ 丁建定.英国社会保障制度的发展[M].北京：中国劳动社会保障出版社，2004.

（四）对英国社会保障改革的评价

20 世纪 80 年代后期的英国在社会保障制度改革上的转型对福利型的英国产生了重要的影响。英国政府一直奉行建立福利国家的基本国策，1985 年保守党政府实施的激进式社会保障制度改革方式以及 1997 年工党政府提倡的“第二代福利”的思想和主张，在很大程度上积极地改变了英国的社会保障制度和社会管理体制，不仅缓解了政府的财政支出压力，而且也强化了地方政府和个人在社会保障中的责任和义务，这有效地限制了政府在社会保障中发挥的作用，增强了市场化机制和民众的责任感意识，社会保障观念的转变保证了政府可以合理有效的为民众提供强有力的社会保障支持系统。

1985 年保守党政府实施的改革，方针新颖，目标明确，措施激进，行动果断，取得的效果非常明显。其改革对英国民众传统的社会保障观念产生了重要影响，不仅在英国社会保障制度发展史上具有重要的地位，对整个西方国家的社会保障改革也产生了一定的影响①。但是，由于该社会保障制度改革在广度和深度上的锐利措施，虽然维护了国家财政和国家利益，但是促使民众利益受到极大的损坏，后期的保守党政府改革经历着艰难的过程直至英国选民放弃保守党、工党上台执政。

1997 年，工党上台之后对社会保障制度改革采取了谨慎态度对待，虽然工党政府的社会保障制度改革有效地缓解了国家社会保障开支，但是国家的社会问题尤其是失业现象依然十分严重。因此，为根本彻底地解决失业问题，政府以社会救济为辅，主推促进就业、鼓励就业的措施，强调民众的社会责任感。其新的社会保障政策《我们国家的新动力：新的社会契约》不仅有效地改革了英国的社会管理体制，而且对养老金、国民保健和失业就业方面重新定下原则，旨在提高加强国民的自我救助和保障能力。

英国政府对社会保障制度进行的全面改革，旨在是通过多种渠道开源节流，提高社会福利供给效率。积极的福利是第三条道路福利思想的出发点和归宿。在改革中，政府开始提倡引入市场机制来提高社会福利提供效率，强调政府、市场和个人共同承担福利责任。这次的改革致力于打破国家对福利的垄断，通过与私人机构签订合同的方式来提供福利，增加福利供应者的竞争性和福利享受者的选择性；并主张权利与责任的平衡，鼓励公民在享受福利权利的同时应当承担相应的义务，例如领取失业救济金的人应当履行主动寻找工作的义务。公民资格实现通过以贡献为基础的工作福利取代以权利为基础的普遍福利。改革后的英国社会福利尽量减少了直接的经济资助，把福利资源主要放在人力资本投资上，鼓励人们主动就业，以工作换福利。工党所采取的一系列制度和政策创新都是围绕这一点来进行的，其中最关键的因素是积极的福利国家，它致力于建立一个兼顾效率与公平的、公私混合的社会保障体系。英国的社会保障改革思路清晰，目标明确，改革措施积极有效，但由于福利刚性的特征，这次改革涉及很多公民的既得利益，所以遭到民众的抵制，使一些具体计划难以实现。但从总体来看，这场改革对英国社会经济的健康发展具有积极意义。

---

① 丁建定.英国社会保障制度的发展[M].北京：中国劳动社会保障出版社，2004.

二、瑞典社会保障制度

20世纪80年代，瑞典在进入“福利国家危机”后，主张实施紧缩性的社会保障支出政策，在养老金和医疗保健等方面减少了对部分社会保障项目的财政支出补助，国家在社会保障方面实施地方责任，引入竞争机制，更加强调私有化，国家在实施过程中秉承公平优先、兼顾效率的原则，开源节流，力在解决“高福利，高税收”下的瑞典社会诟病。

(一) 瑞典社会保障制度面临的困境

1970年中期以来，瑞典社会保障制度开始面临严重的问题，进入所谓的“福利国家危机”时代。经济上，在石油危机的影响下国家财政危机严重，社会经济发展面临困境；社会上，老龄化问题突显，失业现象普遍；管理服务上，社会福利制度服务上的管理漏洞造成了资金流失严重。以高福利为主要特点的社会保障制度不再有利于瑞典社会经济的发展，改革呼声日趋强烈。

1. 国家财政危机

随着经济的逐渐发展和科技水平的进步，瑞典的社会保障事业也得到了不断的加强和完善，社会福利的范围和质量的拓展也得到了政府财政更为广泛的支持。但是，伴随着全球性的石油危机，各国经济受到严重挫伤，高福利下的社会保障资金支出远快于财政的增长速度，国家财政收入在支付高福利、宽领域的社会保障项目和社会福利政策后，使得国家财政赤字愈发严重、生产率低下，国家处于极度的“赤字之国”状况。其次，社会保障事务管理政策上的危机。瑞典的社会保障、社会福利项目之多，为维护其正常合理的运转，社会保障监督管理部门应运而生，并颁布出台了各个福利政策上的法律措施。但是，这样细致的管理划分不仅加重了财政压力，同时也带来了政府部门管理上的负担，法律和制度措施上的不完善和漏洞，经常使得人们可以同时拿到几个福利部门的资金补贴，每年国家补助都会因为管理机构众多不好管理而损失大量钱财。

2. 国家包揽多、负担重

20世纪80年代前期的瑞典以其完整的社会保障制度和最高的社会保障水平取得了“福利国家橱窗”的称号，其在养老保险、医疗保险、失业就业等方面形成了一套比较完备的保障系统，国家在社会保障方面的福利政策范围之广，在惠民便民保障民生的同时，也造成了国家负担过重。国家的高税收、高消费、高福利原则与后期国家的人口老龄化严重的情况不相适应，造成了国家福利支出负担压力大。瑞典65岁以上的老年人口占全国人口的比重1988年为18%，为世界首位，老人人口的增加导致的关于养老、医疗和护理费用支出的大幅度增加，基本年金占国内生产总值的比重1975年为7.7%，1983年上升为11.7%。[①] 国家为缓解社会保障福利支出压力进而增加税收，这无疑加重了本已经济负担重的生活，青年人要在支付高税率的税收之下，还要履行赡养老人或者支付养老保险和医疗保险等相关费用，这导致

① 穆怀中.社会保障国际比较[M].北京：中国劳动社会保障出版社，2007.

劳动者积极性不高。据资料显示，1981 年所得税的最高边际税率已达 81%[①]，1988 年瑞典的各种税收约占国民生产总值的 55%，据统计，一个年收入为 3 万克朗的年轻职工缴纳的各种税款总和超过 1.5 万克朗[②]。

3. 社会问题弊病

高福利逐渐成为瑞典社会发展的制约因素，瑞典模式的弊端日益突显。

20 世纪 70 年代中期以来，受经济危机和高福利政策的影响，瑞典经济发展滞缓，福利支出愈大，出现了所谓的“瑞典病”，主要表现在公共福利支出膨胀。公共支出从 70 年代到 80 年代中期，一直呈现上升趋势，如表 5－2 所示。

表 5－2　1970—1988 年瑞典公共支出的比重(%)

年份	1970	1980	1982	1988
比重	45	63	67	60

注：1970—1982 年数值为占 GNP 的比重，1986 年的是占 GDP 的比重。

资料来源：张平等，《瑞典：社会福利经济的典范》，武汉出版社 1994 年版，第 67 页。

20 世纪 80 年代后，国家的进步和科技水平的发达给人们带来了优厚的生活条件，人们开始追求生活质量上的满足，对医疗卫生事业的要求增强。医疗卫生福利的高质量使得国家人均预期寿命延长，老龄化问题加剧下养老社会保障迫切需要扩张和投资，人口老龄化带来的影响还包括劳动力成本、经济竞争力等方面。

瑞典经济增长速度的放缓，也促使了瑞典就业人数的下降，受世界金融危机的影响，企业大幅度地裁员，失业率上升，1990 年至 1993 年期间，就业人数下降了近 10%，国家为保证社会稳定，加大了对社会救济金的补助，财政压力加大。同时，高额的税收负担使得本就微薄的收入同不参与工作的人获取的各项津贴差距无几，挫伤了劳动者的工作积极性，助长了其懒惰心理。

虽然社会救济措施保障了人们的物质生活，但是却严重地消磨人们的进取精神和劳动积极性，养成懒惰不干活却又可以拿到国家补助的心理，免费医疗、病假补贴政策刺激了“泡病号”现象的产生，这无疑导致国家经济增长缓慢和通货膨胀，促使失业率不断提高、劳动力素质下降，社会公平性缺失，国家财政压力加重，不利于瑞典社会保障制度的正常运行。

（二）瑞典社会保障制度的改革

20 世纪 80 年代以来，在福利国家财政危机和世界经济自由化浪潮的压力下，瑞典为重振国家经济和福利政策，除在经济上进行开源节流外，还要进行彻底地结构性制度变革，主张从社会保障制度的保障理念、财务安排、给付方式和管理运行方式等领域都做出重大的改

① 十国社会保障改革课题组.瑞典福利制度及其改革的若干问题[J].经济学动态，1994(5)：71.

② 郭崇德.社会保障学概论[M].北京：北京大学出版社，1992.

革和调整。

1. 社会保障制度内容方面的调整

瑞典政府为减少国家社会保障福利的高额支出，在各个社会保障项目上缩减国家财政支出，降低社会补助和补贴，有效运营政府的社会保障制度。

首先，养老金方面。面对日益严重的社会老龄化和养老问题，政府一方面降低部分养老金津贴标准，另一方面实施补充养老金措施。补充养老金强调个人的责任，雇主和雇员分别按照工资总额和缴费工资的一定比例缴纳养老金，但是在 1994 年，瑞典议会提出取消补充养老金制度中有关 15 年最好工资为基础的规定，倡导用工资指数代替物价指数作为确定补充养老金标准的依据，使得养老金制度与经济发展趋势相联系[①]，到了 2003 年 1 月，新养老金制度体系开始完全取代了原来的国家基本养老金和与收入相关联补充养老金计划。同时瑞典政府设立了养老金最低保障线，每个人只要居住满三年，在年老时都有养老金，以对其实行生活保障。另一方面，瑞典政府支持职业养老金的发展，同时发展一些半国家和半私人的职业养老金以及一些自治市的职业养老金，以为国民提供多样的养老金服务体系。

其次，在医疗保健方面。1989 年，健康保险调查委员会主张健康保险津贴每月发放而不是每两周发放，让雇主承担起前 14 天的疾病津贴责任，健康保险津贴只能发放给可以康复并重新恢复工作者；1991 年，政府对健康保险津贴进行实质性削减除了降低各个时间段的健康保险津贴标准外，又增加了就诊费用和处方费[②]。瑞典公民都享受公费医疗，但实行医疗改革后，病人去医院看病个人所付费用有所增加，病假补贴相对减少。在健康保险和医疗保健方面，瑞典也开始引入公共与私人医疗机构之间的竞争机制，将国有化混入私营制，以此减轻政府的财政支出，提高医疗机构的服务效率。政府机构减少对公共服务行业的管理，实施市场化的管理模式，以便医疗机构取得自主经营权，更好地提高医疗服务质量和效果。20 世纪 80 年代初，政府为加强私人健康保险的发展，出现了为非住院病人提供服务的私人医疗中心，一些大城市还建立了一种更具商业化和私营化的医疗保健服务机构，可为老年人尤其是高收入人群提供个性化的医疗服务[③]。

再次，社会问题方面。关于社会上普存的失业问题，瑞典重新划定失业保险津贴标准，失业保险的现行立法是由国家补助的自愿保险和劳动力市场失业救济组成的双重制度，规定一般情况下参加失业保险基金会是强制性的，失业保险费用也主要由雇员、雇主和政府三方负担。瑞典政府除了给予无工作者社会失业救济金之外，还鼓励公民工作，并提供就业工作岗位和就业培训机会。住房保障方面，瑞典政府除了给予无工作者住房补贴之外，在住房补贴对象的选择上，明确规定为退休人员和低收入、多子女家庭。除了按立法规定继续给予无工作住宿的人或者低收入人群进行社会住房补贴外，同时也制定法律，废除养老金领取者

---

① 丁建定.瑞典社会保障制度的发展[M].北京：中国劳动社会保障出版社，2004.

② Arthur Gould. Capitalist Welfare Systems: A Comparison of Japan, Britain and Sweden[M].London, 1993: 190.

③ 丁建定.西方国家社会保障制度史[M].北京：高等教育出版社，2010.

住房补贴，以防公民会同时获取多方社会保障补助津贴。

瑞典政府进行地方化改革是瑞典社会保障制度改革举措中一项基本政策措施。从 1983 年开始，瑞典政府推行了一系列重新划分中央和地方政府职责权限的改革措施，主张由地方各政府承担起各个社会保障制度方面的主要责任，加强改革老年和残疾人关怀与服务制度，自觉承担起对他们的长期照料、健康关怀和养老服务的责任；1993 年，政府重改社会救济与社会服务的措施，中央政府对地方政府提供的社会救济与社会服务财政资助不再按照项目分类原则，而是实行综合性原则，中央政府根据各郡人口结构、税收情况等提供不同数量的财政资助[①]……中央政府将国家职权更多地下放到地方政府，并划清了与地方政府在社会保障措施上的不同职责。中央和地方政府的职责明晰，有效地促进了社会经济与社会福利的协调发展，激发了地方政府提高了资源的有效利用率，地方政府有责任和义务承担起社会福利的支出，提高了社会服务的效果。

2. 紧缩社会保障支出

20 世纪 70 年代后期，社会民主党失去执政地位后，非社会主义政党上台执政，面对沉重的财政负担，主张实施紧缩性的财政法案。

1980 年，瑞典政府提出第一个社会保障支出紧缩法案，建议将决定社会保障紧贴标准的基数一年变动一次，不再受价格、间接税与食品补助变化的影响。1981 年，瑞典政府加大紧缩社会保障支出的力度，将部分养老金紧贴标准从以前工资的 65%降到 50%，同时，通过改变部分养老金资格条件，将领取养老金者的比例由 27%降到 20%，在医疗保健服务方面，实行与收入相联系的常年病住院收费制度，增加个人缴费，并减少住房津贴。1982 年，瑞典政府再次提出更加严厉的社会保障支出紧缩法案。[②]

总体而言，瑞典政府在国家社会保障支出上实施的紧缩法案主要表现在以下几个方面：

(1) 修改原先的制度章程，开源节流。改革之前的社会保障政策措施表现出了浪费国家财政资源和养懒汉等弊端，为有效地确保瑞典的社会福利事业的有效运行，修改规章制度和重新划分监督管理部门，可以达到有效保障国家财政资源的有效利用。主要表现在“开源”和“节流”两个方面。开源方面，瑞典政府提高税收以增加社会保障的收入，通过扩大社会福利项目的征收范围和资金额、增加收入人群的工资税费等措施来提高社会保障费率，用以减轻国家单方面的财政支撑的社会保障福利事业的发展。节流方面，瑞典政府主要是减少社会保障支出，颁布并出台紧缩法案，降低社会保险津贴的补助，这不仅缩减了失业救济金、疾病津贴等的所占比率，养老津贴标准也有所下调，并完善法案使人们不得同时享有两种社会福利津贴的补助。

(2) 完善社会保障管理制度，提高资金使用率。现收现付模式下的瑞典因为发达的经济环境，社会保障事业得到有效的发展，但是随着老龄化问题的加重、经济危机的影响加深，

---

① 丁建定.瑞典社会保障制度的发展[M].北京：中国劳动社会保障出版社，2004.

② 粟芳，魏陆.瑞典社会保障制度[M].上海：上海人民出版社，2010.

这种将当年全部资金用以支付社会保障福利事业模式的社会保障方式不再适合国家经济社会的发展和运营，为提高国家社会保险资金的使用率，瑞典将其模式改为现收现付和个人资本积累相结合的混合制，这种混合制模式的社会保障既避免了没有积累资金带来的财政缺乏，又免于受经济和老龄化多种因素的影响，继而可以合理地规划资金，提高资金利用率，减少浪费。

（3）实行社会保障项目部分私营化。改革前期的瑞典社会保障福利事业由政府全权操办和财政供给，虽然成就了高福利品质的国家，但是过多的国家干预导致市场的不灵活性和人们的社会保障个人责任下降，因此，为加强市场机制的调节作用、弱化国家过多的职能干预，政府实施将社会保障事业逐渐从“国有化”向“私有化”转变，最终实现私营化和市场化。瑞典政府为鼓励和推行私营化事业的发展，除了给予企业政策福利外，也鼓励居民参与福利保险以增强自我的社会保障。另一方面，瑞典政府还同企业共同举办福利事业，将部分项目全权交由私营企业承包和负责，以此来弥补市场经济成分的不足，促进瑞典社会保障制度的合理化。

（4）重新调整财政收支和比例分配。瑞典社会保障调整的重要方面就是调整保障项目的收支结构，重新规划中央、地方对社会保障的管理和财政支出比例，避免资金浪费、制度管理上的不协调和政府失职现象的产生。社会保障制度改革前的瑞典政府将过多的财力物力放在社会保障福利措施上，造成了政府的财政负担过重；地方政府和个人忽视责任，造成了投入比例之间的不对等。因而中央政府和地方政府之间应当权责分明，合理分工。同时，合理划分政府和企业、个人之间缴纳的保险比例，明确各个缴费率的权重和承担的压力，在有效减轻政府的财政支付压力的情况下，又能保证个人和企业也参与到社会保障福利中。

（三）瑞典社会保障制度的特点

瑞典实行的社会福利制度，其最大特点就是社会保障水平高、覆盖面宽、内容广，在养老、医疗和福利方面支付的比重较大，范围也相对广泛很多，并强制性的社会化，人人都必须参加统一的社会保障系统，并能享受由国家统一提供的各种社会保障。

第一，瑞典的社会保障福利制度在实施中坚持公平优先、兼顾效率。20 世纪 80 年代前期的瑞典实行高福利的社会保障政策，国家的社会保障范围覆盖到所有成员，即使国民不工作或者经济不景气也能得到国家的高福利保障支撑。1980 年后的瑞典，国家实施政策缩减财政支出，实行紧缩法案，降低社会保险津贴的补助，另一方面，瑞典政府提高税收以增加社会保障的收入。在筹资方面瑞典政府改革了社会保障基金的缴费模式、改革了税收、增加了个人缴费的份额，瑞典人所享受的社会保障制度完全是由自己所交纳的各种税费支撑起来的。瑞典公民必须为未来自己的养老保险金、医疗、住房等福利制度上缴纳一定比例的资金额，保证了公民参与到社会保障制度的管理上，明确了责任和义务，也激发了工作积极性，避免了养懒汉的现象。政府实行开源节流的方法对国家的社会保障福利政策进行财政支出上的缩减，以保证国家财政和经济上的富余。在“高税收、高福利”社会保障制度模式下，瑞典的收入分配状况相对是公平的，社会收入分配差距不大。

第二，政府推行社会保障管理地方化。1992年1月瑞典通过法案，批准地方政府多承担各种有关老年医疗服务和老年社会福利的责任，并且严格各种服务项目的收费标准，这在一定程度上减少了政府财政支出费用，地方政府用于养老保险金、医疗保健等社会服务上的支出也相应地减少，因为在强化了地方责任后，接受社会福利的人数同比以往有很大程度上的降低。20世纪90年代开始，社会民主党政府加速社会保障地方化改革，加强地方职能。为了改善地方政府实施社会服务的质量，激发地方政府采取措施提高资源的利用率，政府将社会保障权利划分，在社会保障服务的不同项目上对地方政府给予财政支持，并实行综合性财政资助的原则确定各个项目的资助数额，地方政府根据各地实际情况自由裁决政府提供的资金资助应该如何使用，地方政府在社会救济和社会服务方面有着不同于政府的社会职责。瑞典政府为了减轻财政支出上的比例和职能优化，采取措施提高了地方政府的社会服务资源的利用率，并使得地方政府采取措施降低社会服务支出，以便进一步实现地方的独立、强化地方在社会保障中的责任。

第三，在社会保障中引入竞争机制。以往瑞典的社会公共服务部门一直是由政府直接管理，由于缺乏竞争机制，服务质量和效率并不是很高。1980年底，政府为缩减社会保障财政支出，提高社会保障资源使用率，主张在主要的社会保障项目方面引入私人竞争机制。养老金方面，支持职业养老金的发展，为国民提供多种养老选择；老年关怀与老年服务方面，根据法令为老年人提供更多的个人选择；医疗保健方面，引入公共与私人医疗机构之间的竞争机制……国家社会保障事业在改革中逐渐从“国有化”向“私有化”转变，这在一定程度上也弱化了政府的职能和权限，明确了中央和地方职权。

（四）对瑞典社会保障改革的评价

20世纪80年代时期后的瑞典为重振国家经济、扭转国家财政收支进行了多方面的社会保障改革，实施紧缩性的社会保障支出政策，减少对部分社会保障项目的财政支出补助，重新界定社会保障津贴的标准，在一定程度上遏制了社会保障支出的比例金额；将财政支出地方化，地方政府根据各个地方的实际情况提供社会保障方面的不同等的财政资助，履行自己的责任，分担中央的权力；将私营企业引入国家竞争机制，将国家社会保障事业朝着市场化的方向发展，在一定程度上可以推动社会保障制度竞争机制和私营化的发展，但是瑞典社会保障制度中竞争机制的引入和私营化的发展十分有限，社会保障私营化没有成为瑞典社会保障改革的主要政策加以推行，私营化的发展范围和程度也十分有限，但是已经产生了一定效果，尤其是老年关怀与老年服务方面效果较为明显。

瑞典政府的社会保障制度改革在很多方面都取得了显著成效，国家经济得到复苏，政府将权力分散到地方和社会乃至企业、个人，使得人人明确各自对社会的责任和义务；政府引入竞争机制和私营化企业，进行市场化的经营和管理，可以提高市场的经济水平和人们对工作的积极性和热情度；同时，在社会保障项目上精简部门、缩减财政支出，重新修订制度以保障补助之间的不重叠。

瑞典社会保障制度的发展和改革，其高税收、高福利的社会保障制度曾经受到过高度肯定，也受到质疑，如今进入平稳发展时期，仍然具有鲜明的特色，其对于促进收入分配公平、缓和社会矛盾、保障人民生活的作用是无以替代的，特别是在经济危机下其社会安全网作用的发挥。①

瑞典政府在社会保障制度上进行的改革基本是成功的，并取得了显著的效果。国家的财政状况有所好转，财政支出赤字现象明显降低，但是财政危机并没有彻底解决，财政赤字依然严重，高福利的社会保障政策虽然有效地促进了社会公平，但是如何平衡高税收下人们的工作积极性和企业投资积极性、提高生产效率，妥善处理社会保障制度的公平与效率问题，是瑞典政府部门应当解决的“高福利，高税收”下的瑞典社会诟病。

第三节　社会保险型国家社会保障模式的改革

美国、德国的社会保障模式旨在通过救济和补贴建立一个社会安全和公平性的保险型国家，但是因为国情和国家发展史的不同，他们在养老、医疗等方面有些许的不同，也形成了各自的特色。

一、德国社会保障制度

德国在社会保障制度的建立以 19 世纪后期俾斯麦政府颁布的《疾病保险法》《工伤事故保险法》《老年和残障社会保险法》为标志，经过 100 多年的发展，逐步建立起涵盖社会所有公民生老病死全过程以及失业、养老、教育和住房等在内的健全的社会保障体系。德国社会保障制度是伴随着其工业化进程而发展和完善起来的，其核心是“社会公平”和“社会安全”。德国社会市场经济体制要求对那些由于种种客观原因不能参与市场竞争的人提供一定的保护，这就要求国家通过社会保障体制进行收入再分配，同时对因竞争而出现的社会不公和偏差予以合理校正。从构成内容看，德国社会保障制度由社会保险、社会补贴和社会救济三大部分构成。

（一）德国社会保障改革的背景

在德国社会保障体系中，最重要的是社会保险体系，其次是社会补贴和救助体系。德国各项社会保障支出占国内生产总值的比重较高，由于采取了公助与自助相结合的原则，政府的财政负担并不像西欧福利国家那么大。但是随着德国经济发展速度放缓，经济不景气，人口老龄化问题日益突出，政府的财政负担日益增大。

经济危机爆发，社会矛盾加剧。经济危机使得刚从一战中逐渐恢复的德国再次掉入了“深渊”。法国经济学家夏尔·贝特兰曾指出：“1929 年那场来势凶猛的经济危机中，德国是

① 粟芳，魏陆.瑞典社会保障制度[M].上海：上海人民出版社，2010.

承受痛苦最大的国家。"[①]"在 1928 年到 1932 年期间，德国出口从 123 亿帝国马克下降到 57 亿帝国马克。后果是大量关闭工厂和解雇。1932 年德国失业率达到 30.8%"。[②] 经济衰退还表现在农业方面，"在这个时期，土地和农业设备价值猛跌。在许多情况下，耕作者变卖财物所得收入尚不足偿还其抵押债务的一半"。[③] 德国的工人阶级、农民阶级等广大公众情绪惶惶不安，很多人在饥饱线上挣扎，在激烈的动荡和冲突中中下层民众对现状不满，强烈地要求变革现实社会。而德国法西斯政党推出的社会笼络手段也体现在社会保障方面。在《德国社会市场经济》一书中，作者对于联邦德国社会保障制度发展找到了两类经济动力，"一类提供可能性，一类提出需求"。[④] 在当时的社会条件下，纳粹时期德国政府在社会保障方面的举措也是来自人民大众需求。2008 年始自美国的金融危机，严重冲击了欧洲经济，在酿成欧洲主权债务危机的同时，令大多数欧洲国家经济低迷、失业高涨、债务累累。德国在这场危机中也受到了波及。

人口老龄化加重社会保障负担。妇女的生育率从 1970 年的 2.1%下降到 1995 年的 1.34%，出生率逐渐减低。而人口的预期寿命却从 1970 年男 77.06 岁、女 80.18 岁分别上升到 1999 年的 80.49 岁和 84.2 岁，这使德国成为欧洲老龄化程度最高的国家之一，65 岁以上的老年人口占总人口的比例在 2000 年和 2010 年分别达到了 16.4% 和 19.8% 的高位，使以现收现付制为主要筹资模式的德国社会保障体系进一步雪上加霜。按照德国统计局的数据，2008 年的赡养比，即缴费人数与领取养老金人数的比例大致为 3∶1，2060 年这一比例将变为约 3∶2。除此以外，老龄化加剧还使医疗保险和护理保险支出相应大幅攀升。这些都给财政造成了巨大的负担。

优厚的社会福利造成了"养懒汉"现象。由于德国的社会保障水平较高，涉及范围广，一名失业者拿到原工资的 54%～67%不等的失业救济，加上一些其他的补助，其最后的收入甚至超过低收入者的收入，使一些人宁可失业在家，也不愿意从事低收入工作，造成了劳动资源浪费。

（二）德国社会保障的改革

进入 21 世纪以来，德国经济形势依然没有好转。随着人口老龄化的不断加快和提前退休人口的持续增加，德国法定养老保障缴纳总额不断下降且趋于萎缩，这使越来越多的人认识到法定养老保险已经不堪重负，接近极限。德国社会保障体制进行了一系列变革。

1. 养老保障制度的改革

1997 年 10 月，德国政府签署了《觉醒与革新——德国迈向 21 世纪的道路》中，对养老保障目标的定位是：建立一个有能力继续支付的、能够保证公民老年享有适度生活水准的养老保障体制，并突出了构筑未来养老体制的四大支柱：法定养老保险、企业补充保障、私人商业

---

① 【法】夏尔·贝特兰.纳粹德国经济史[M].刘法智，杨燕怡，译.北京：商务印书馆，1990：12.

② 【联邦德国】卡尔·哈达赫.二十世纪德国经济史[M].扬绪，译.北京：商务印书馆，1984：42－43.

③ 【法】夏尔·贝特兰.纳粹德国经济史[M].刘法智，杨燕怡，译.北京：商务印书馆，1990，8－9.

④ 董峰，叶森.德国社会市场经济[M].北京：改革出版社，1992：68.

保险和新增的第四支柱——企业通过更深地参与生产性资本和企业盈利获得的保障。政府明确将在养老体制的八大领域实施结构改革:第一,通过联邦直接缴付子女抚育期折算缴费减轻养老机构负担;第二,将改革推向各种类型的养老体制;第三,扩展缴费者范围;第四,改革无职业、无从业能力养老金;第五,调整终生从业年限和老年部分从业年限;第六,保障间断的从业生涯;第七,建立妇女独立的养老保障体系,改革遗产保险;第八,引进补充基金积累制等措施,应对人口老年化趋势。新政府还制订了养老保险改革两阶段时间表。

到了20世纪90年代,德国养老保险制度的矛盾已经比较突出,德国政府采取了一系列措施进行改革。例如降低德国的工资附加成本,同时进行"退休储蓄";提高退休年龄,以应对人均寿命延长的趋势。

2. 医疗保障制度的改革

1990年两德统一后,按照最终解决德国问题条约的规定,在德国东部实行德国西部的医疗保险法律,这给德国医保制度的改革和法定医保基金的运用都带来了巨大的挑战。随着赤字的不断增长,政府意识到如此大包揽的医疗保险制度无法持续运转,必须采取必要的改革手段开源节流、优化结构,提高医疗体系的运行效率。于是从20上世纪90年代开始,德国政府开始了一系列改革措施。

为了抑制医疗费开支过快增长,德国在1993年颁布了《医疗护理结构法》,该法案旨在通过明确可行的成本控制措施,在医疗保险机构之间以及医院之间引入竞争机制,以达到提高整个医疗保险体系效率的目的。取消全额补偿方式,并逐步实行医疗费用部分自付的措施,改革药品供应结构,设立专门机构对药品质量实行独立的监控。根据药物价格和包装容量的不同,为参保者提供价格参考。通过一系列措施,弥补医疗保险机构的亏损。进入21世纪后,德国政府先后颁布了《指导价格法案》《药品支出预算恢复法案》《法定医疗机构风险补偿结构改革法》《医疗费稳定法案》等数十部法律法规,进一步调整和完善制度体系。

虽然20世纪以来政府通过一系列改革在一定程度上减轻了医疗保险机构的负担,但并没有完全弥补医疗保险发生的赤字。因此,从2003年开始,德国推出了新的医疗保险改革方案《法定医疗保险现代化法》,并于2004年1月1日起实行。为达到控制医保支出的目的,德国联邦政府和各州政府与保险机构及医保定点医院等医保服务提供机构达成"自我约束医保开支的目标责任协议",改变了过去仅靠政府财政支出补贴的方式弥补医保费用缺口的状况,有效地发挥医保服务机构自身管理的作用,与政府共同应对医保费用的赤字问题。同时,医保机构提供收费服务的限制逐渐放开,并允许具有医保从业经历的保险机构和医保医院,根据自身经营和发展状况自由缔结不具有排他性的合作关系。刚获得医保资质的保险机构和医保医院仍须由政府指定合作伙伴。取消了1998年《医保费率减免条例》关于国家财政对部分药品实行货币补贴的规定,改变了医生在给病人开具处方时对补贴类药品选择性使用的倾向。此外,扩大并提高了被保险人需要自费承担的医疗费用的范围和比例。

在改革体制的同时,也进一步加强融资的能力。在2007年的医疗卫生改革中,建立了"医疗卫生基金"。该基金统一收纳、管理和调配雇员与雇主缴纳的医疗保险费以及国家用于医疗卫生保障的补贴资金。建立“财政风险平衡机制” 通过平衡资金的补贴，个别医疗保险机构因特定疾病(主要针对那些疑难重病，如心血管病、糖尿病、艾滋病等)而增加的资金支出将得到补助。逐步取消给医保机构的补贴，筹备成立国家性质的法定医疗保险机构联合会。医保合同多形式，便于参保人选择。①

纵观德国医疗保险体制的改革历程我们不难发现，从 1977 年《医疗保险成本控制法》开始至今，德国医疗保险制度的大部分改革措施都是围绕法定医疗保险体系展开的，而且都针对同一个主题，那就是如何采取有效措施控制成本、优化结构。事实上，德国医疗保险改革背后蕴藏的是德国政府及民众对传统医疗保险原则的坚持和改进。二战之后，德国医疗保险基本确立了社会医疗保险为主的保障模式，并且将“收入水平决定保费缴纳”作为整个医疗保险体系运作的重要原则，提出雇主与雇员共担保费的参保方式。

3. 失业保险制度改革

20 世纪 90 年代的德国经济陷入了较低的增长率，较高的失业率的困境。为了减低失业率，以及控制急速膨胀的福利消费，德国政府提出了一系列的施政方案，其重点就是开源节流，减少国家财政赤字，量力而行地实施社会福利，创造就业机会。特别是重点解决失业问题，鼓励企业采取更加灵活的工资制度，着手税制改革，减低个人和企业的直接税税率，增加就业岗位，减少就业的竞争压力，同时调整劳工和社会政策，将失业扶助政策的重心转移到增加就业者的就业机会和帮助失业者重新回到工作岗位。除此之外，政府还通过增加就业培训，促进社会投资以及鼓励重新就业，特别是在默克尔执政时期，对失业制度的改革。

2005 年默克尔作为基民盟的主席，上台后即明确表态，新政府不仅注重公平，更讲求分配的效率，将进一步减少企业税赋，放宽就业和解雇的劳动力市场，减少福利待遇等，主张采取更为激进的福利改革措施。②

(1) 促进老年人就业的“50＋”计划和组合工资计划。2006 年 9 月 13 日，德国内阁通过“50＋”计划，目的是到 2010 年将 50 岁以上人员的就业率提高到 55%，主要措施是通过政府的各种资助来提高老年人的就业率。如新政府实行了联合工资项目，通过组合工资和新的平等资助方式提高老年人的再就业率。此外，政府还为长期雇用 52 岁及以上岁数人员的企业放松限制，以使雇用老年人对公司更有吸引力。

(2) 降低附加工资成本。默克尔政府大力削减失业保险费比率，以减轻企业的劳动成本。从 2008 年 1 月 1 日起，失业保险费从 6.5%降为 4.2%，并将计划继续降低到 3.5%。同时默克尔政府反对制定最低工资标准，认为最低工资标准事实上促进了各行各业雇员工资普涨，增加企业成本；若企业不愿意为此而加重负担，必走裁员之路，从而导致失业率上升，累及经济。所以迄今为止，德国只在建筑和邮政领域实行最低工资制度。

(3) 修改劳工法，放松解雇限制。德国原有的《解雇保护法》规定，对雇员数超过 5 人的

① 郭小莎.德国医疗卫生体制改革及欧美医疗保险体制比较[J].德国研究，2003(3)：32－33.

② 邓红英.浅析默克尔政府的就业改革[J].长江论坛，2008(5).

企业裁员活动要严格规范和约束。这一法令客观上增加了企业裁员的成本，也阻碍了外资企业进入德国的意愿。所以默克尔政府主张放松解雇保护，为企业创造更多的活动空间，劳资谈判在企业一级进行，使企业可以根据市场的信号及时调整人力资源结构，大幅度提高企业的竞争力。

（4）改革就业办公室，进行成本和效率的业绩考核。默克尔政府认为降低失业率的关键，是要让失业者再就业，那么就业办公室的主要职责就是就业再安置。为了提高就业办公室的工作效率，就业办公室的工作业绩要进行常态的考核评价，敦促就业办公室出台更多积极而有效的就业安置计划和措施。

（三）德国社会保障制度的改革特点

德国社会保障制度的主要特点是国家干预强，以综合性社会保障为核心，并逐步走向福利国家。具体地，除社会保障制度的一般特征外，德国社会保障制度还具有如下特点：

1. 公平与效率两大目标兼顾，同时以促进经济效率为优先原则

社会保障在促进经济效率和维护社会公平两方面发挥重要作用。社会保障措施应有利于市场机制发挥作用，通过实施社会保障的措施，使市场更具活力。为此，德国政府在制定社会保障的政策措施时，特别注意对经济效率的影响。社会保障在收入再分配领域着力于促进社会公平。但收入再分配不能使人们的进取精神减弱，也不能对效率和市场机制的功能产生消极影响。

2. 以高额税收收入为前提，贯彻“资金自助”原则

德国社会保障资金主要来源于个人和雇主缴费、财政拨款、投资收益与捐赠。个人和雇主缴费、捐赠是社会力量的贡献；财政拨款是国家功能的体现；而投资收益既包括基金市场所得，也包括按市场价格取得的那部分服务收益，这是市场机制发挥作用的结果。

在保障资金的筹措方面，德国政府重视社会职能的发挥，首先让社会保障的受益者及企业来承担大部分的重任，政府则承担第二位的责任。

3. 以完善的法规为保障

德国十分注重社会保障的法规建设，先后颁布了一系列社会保障法规，形成了一个完整的社会保障法规体系，使德国社会保障的发展有章可循、有法可依。同时，德国也十分注重社会保障法规的执行，违背法律、法规者都要负法律责任，受到经济处罚、行政处罚和刑事处罚。

4. 政府发挥主导作用，社会力量共同参与，社会保障管理高度自治

德国社会保障制度的完善与政府的社会经济政策紧密联系，德国政府组织、规划、推动社会保障事业的发展，为社会保障的发展提供强有力的支持，根据社会经济的变化制定和调整社会保障政策，统一规划社会保障发展。德国的社会保险机构基本上实行自我管理，有很强的自治性，政府主要进行监督和调解。各社会保险机构由管理委员会进行管理，管理委员会由被保险人、雇主共同参加。

(四) 德国社会保障制度改革的评价

同其他西方国家相比,德国的社会保障发展是很稳定的。社会保障的发展同经济增长的关系比较协调,出现的问题也比其他国家少,其改革的措施也与当时社会经济出现的问题相对应,不断地调节经济主体各方面的关系,促进经济的发展。

(1) 为经济发展提供了有利的社会条件。德国是西方国家中经济增长最快的国家之一,经济高速增长得益于稳定的社会环境,不断完善的社会保障制度使劳动人民有了基本的生活保障,没有出现大的社会动荡,使之能够集中精力致力于经济的发展。

(2) 促进了劳动力素质的提高。德国通过社会保险,社会救济,社会福利等一系列措施,使劳动者素质的提高具有坚实的物质基础,同时实施特别优惠的教育福利措施,使得每个人都能接受良好的教育,使劳动力的素质也非常高,这为经济的增长提供了最重要的保证。

(3) 调节国民经济。社会保障支出具有同经济增长逆向变化的特点。当经济繁荣,失业减少,被迫进入各类教育和培训机构的人会减少等一系列因素会使得社会保障支出减少,从而减少社会消费的需求,起到了抑制过热的作用。反之,当经济处于不景气的时候,社会保障的费用增加,从而使消费增加,从这个角度看,社会保障制度的不断改革,可以推动德国经济的稳定增长。

(4) 促进企业经济效率的提高。德国实现企业补充养老金制度,且养老金收入等社会保险收入同企业效益劳动者个人收入挂钩,这对企业和劳动者都有刺激作用,德国没有出现如北欧等国企业效率下降的问题,同它的社会保障制度的这种特性是密切相关的。

但是德国的社会保障制度也还存在一些漏洞。目前主要是社会保障支出增长过快,政府财政支出总社会保障支出增长过快的问题。虽然政府已经采取各种措施减少支出,可是削减社会保障支出并非易事,由于老龄人口的成倍增长,削减社会保障支出将是十分困难的。因此,德国社会保障制度的改革仍将面临严峻的挑战。

二、美国社会保障制度

美国社会保障制度的建立与解决大萧条中大量的失业人口密切相关,并随之成为美国资本主义混合经济的一项长期制度。美国于 1935 年颁布了《社会保障法》。由于美国社会保障制度的覆盖范围非常有限,在 1939 年,美国国会对 1935 年《社会保障法》进行了修正。同时也对一些相关规定进行了不断修订,这样,美国社会保障体制不断完善。[①]

(一) 美国社会保障改革的背景

尽管社会保障制度的实施在一定程度上推动了美国经济的发展,保证了社会的安定,但是,美国社会保障制度还存在着许多问题,主要表现在以下几个方面。

(1) 养老基金面临危机。公平与效率之间的矛盾成为美国社会保障制度中存在的最严

① 李超民.美国社会保障制度[M].上海:上海人民出版社,2009:3.

重的问题。美国《商业周刊》发表的《社会保障何去何从》的分析文章指出:现行美国的社会保障机制是以现收现付制为基础的。2003 年,由员工和雇主平均分摊的 12.4%的工资税给社会保障基金带来了 6 320 亿美元的收入;当年,社会保障基金向退休人员支付了总额为 4 710亿美元的养老金。据预计,2018 年前后,美国养老基金年支出将会超过年收入,而到 2042 年前后,美国养老基金将无力支付养老金。①

(2) 人口日益老化,社会养老金负担沉重。由于美国养老保险长期采取现收现支方式,只是从 1983 年开始才采取部分积累制,退休人员的养老金一直由在职职工负担,也就是美国人所说的"每一代人都为前一代人支付退休金,而从下一代人那里领取退休金",养老基金严重不足。

(3) 医疗补助费用增长较快。社会人口老龄化趋势、药品价格的垄断、医生收入上升过快以及医疗保险范围的扩大等原因导致医疗保险支出增长了 60%。医疗费用的暴涨导致了医疗保险费的急剧上涨,医疗费用高速膨胀,财政不堪重负,已成为阻碍经济增长的重要因素。

(4) 社会问题、家庭问题增多。例如,社会福利的增多使人们的"家庭价值观"发生变化,使一些人忽视或完全放弃照顾家庭的责任。单亲家庭不断增多,虽然其子女可以领取补贴维持基本生活,但他们往往缺少爱护和教育,容易走向堕落和犯罪。

(5) 管理机构效率低。美国从联邦政府到各州、地方政府成立了一个庞大的、专门的组织机构体系,负责管理社会保障基金和发放各种福利、津贴、保险金和救助金。② 因此,美国社会保障方面的管理非常烦琐,开支庞大,官僚主义严重,效率低下,漏洞百出。对此,许多美国人对社会保障制度的国家性、强制性和集中管理的优越性表示怀疑。

(二) 美国社会保障制度改革的措施

20 世纪 80 年代初,由于美国社会保障计划面临着长期的财政危机,里根总统指定成立了"蓝带工作组",也称"格林斯潘委员会",专门研究美国的财政问题并提出法律修改议案。1983 年颁布的《社会保障法》修正案,以《全国社会保障改革委员会报告》为基调,提出暂停采用按生活成本调整养老金核算执行 6 个月,并修订 1984—1990 年"社会保障工薪税"税率表。③ 修正案还提出,对于高收入者社会保障收益的所得税方案,收益超过 25 000 美元的个人和32 000美元的夫妇,将缴纳所得税,这些改革对于在短期内筹集老年社会保障基金,显然是有所帮助的。④《全国社会保障改革委员会报告》还从人口增长的角度,考虑了老年社会保障制度的长期发展,尤其是关注了二战后人口激增时期出生的人口在进入退休阶段后老

---

① 胡晓明.美国社会保障制度非改革不可[N].国际经贸消息,2001-9-12:2.

② 吕学静.现代各国社会保障制度[M].北京:中国劳动社会保障出版社,2006:10,65.

③ W. Andrew Achenbaum. Social Security: Visions and Revisions: A Twentieth Century Fund Study [M]. Cambridge University Press, 1986.

④ Chapter2 of the 1983 Greenspan Commission on Society Securtiy Reform, Appendis C[DB/OL].http://www.ssa.gov/history/reports/gspan5. html,2008-10-28.

年社会保障制度将面临的问题，并提出解决方案。根据 1983 年《社会保障法》修正案，加速提高了工薪税率，覆盖了更多的就业者，并提高了全面享受养老金的退休年龄，从此，美国社会保障基金总额的一半都有可能成为纳税人，需缴纳税收。

1983 年《社会保障法》修正案中有一项条款，把社会保障信托基金从美国统一预算中删除；该修正案还规定，从 1993 年开始，美国社会保障基金以及“老年人和残障健康保险”[①]信托基金部分，将不再受一般预算削减的影响，以保证未来社会保障基金的总额不受影响。美国老年社会保障体制经过这次改革以后，特别是通过增税措施，在社会保障系统产生了巨额的短期资金盈余，同时美国国会决定，把这笔钱投资于美国社会保障信托基金会持有的非流通性的美国国库券。[②]

1996 年 8 月 22 日，克林顿总统签署了“福利改革”[③]法案，从而终止了以前凡符合有关规定的外国人可以享有美国社会保障待遇的资格，现已享受美国社会保障待遇的外国人，也将被取消享受资格，但符合法案规定的外国人可以不在其内。同时，新法案还删除了原法案中关于认定儿童享有“附加保障”中所规定的工伤保险资格的“相对严重标准”条款，而以“不适应行为”条款来认定儿童享有“附加保障”中所规定的工伤保险的资格。同样，对根据原法案已享有“附加保障”中所规定的工伤保险金的儿童要重新进行资格认定，不符合新法案规定资格者，将取消其所享有“附加保障”规定的工伤保险金的资格。

推行“管理式医疗”改革方案。为遏止医疗费用膨胀，并使所有劳动者有资格享受必要的医疗保险待遇，1992 年，美国推出了医疗保险管理化，即“管理式医疗”的改革方案。[④] 建立个人投资基金账户。这是美国改革社会保障制度的一项重要内容，即把雇员缴纳的 2%的社会保障税转移到个人账户，由此构成一个由个人控制的“个人投资基金账户”。[⑤] 美国目前实行的社会保障制度属于“现收现付”制。但随着人口老龄化和退休人员越来越多，预计到 2018 年，这部分税收将不足以支付社会保障金。为了解决这个问题，美国政府已经多次调整职工退休年龄。美国政府鼓励人们尽可能地延长工作年限，如果职工到了退休年龄还想继续工作，可以一边领取退休金一边工作，也可以不领取退休金而继续工作到 70 岁，在这种情况下，每多工作一年，正式退休时将领取比正常退休高出约 7%的退休金。然而，尽管美国采取了很多措施鼓励人们多工作，但这套在美国经济大萧条时期制定的社会保障体系随着 20 世纪 60 年代“婴儿潮”时期出生的人即将退休而面临破产的危险。

（三）美国社会保障制度的特点

美国社会保障制度建设虽起步较晚，但发展较快。今天，美国已形成一个门类较为齐

---

① DeWitt, Larry, The Social Security Trust Funds and the Federal Budget, United States Social Security Administration. Updated June 19, 2007[DB/OL].http://www.ssa.gov/history/BudgetTreatment. html, 2008-10-28.

② 李超民.美国社会保障制度[M].上海：上海人民出版社，2009：1-12.

③ 张学杰.美国社会保障体系最新变革及对我国的借鉴意义[N].文汇报，2001-04-19.

④ 彭晓娟，王健.管理式医疗保险——多重信息不对称下的医疗行为[J].兰州商学院学报，2008(3)：67.

⑤ 盛立中.热议中的美国社会保障制度改革[J].中国经济周刊，2005(2)：41.

全、运作比较灵活的社会保障体系。从总体上看，美国社会保障制度有如下一些特点：

1. 社会保障内容广泛，但保障程度不高

美国社会保障涉及生老病残、衣食住行、工作学习、职业工种等各个方面，集保险、福利、安居、救济于一体，项目达数百种，但在覆盖面与保障水平上都明显不如瑞典。在美国，尚有小部分因各种原因未享有任何保险项目的人，在一些地方，一些重要的保险项目（如失业险、工伤险等）将农工、小企业职工排除在外；除对现役军人及退休军人提供较高的补贴外，由政府资助的保障项目特别是各类补贴总的说来水平较低，如退休保险、失业保险等只相当于工资的50%，略高于国家制定的贫困线标准，住房补贴、医疗补贴（主要是对穷人的部分）水平也不高；联邦的住房补贴金额有限，不能满足多数低收入居民的需要；有5%的就业者未能享受老年、残疾、健康保障等。

2. 多种渠道筹集社会保障资金

美国社会保障资金主要以税收形式向企业和个人征收，具有强制性。政府将征收到的社会保障税作为一个独立的基金与财政分开，支出如有不足，则由联邦、州和地方政府从财政拨款补贴。其中，联邦政府主要的出资项目有老年、遗属和残疾、健康保险等，州和地方政府主要的出资项目有公共援助、医疗补助、公立大专院校补助等。企业在社会保障方面支付的项目，主要是失业保险、私营企业养老、残疾保险和各类职工培训。

3. 实行强制与自愿相结合的原则，但对受惠者的条件有严格的规定

美国对那些开支大、影响面广的社会保障项目，如养老保险、失业保险等采取强制执行的办法，而对那些开支少、影响面窄的项目，如医疗保险等则采取自愿的原则。美国社会保障的各个项目对受惠者都规定有严格的条件，比如社会保险类就规定投保者必须投保并具有一定的投保年限。除此之外，还对年老退休者规定年龄，对伤残者规定观察期审查等。

4. 适度体现效率原则，但着眼于公平

在美国，社会保障资金的来源体现了多方共同负担的原则，雇主与雇员都有缴纳保险税（费）的责任。但从支配层次上看，国家财政直接支出和属国家管理的社会保障费比重较大。国家有意扩大其中公共补贴、福利支出的比重并保障填补差别而不造成差别的低水平支付。因此，尽管有一些直接与个人、企业缴费水平相关的保障项目体现了多缴多得的原则，但保障的着眼点还在于公平。除特殊人群（如军人）外，保障的重点在于解决“困难”，这是美国补贴很多的一个重要原因。

5. 多层次的管理体系

美国社会保障项目的管理体系是多层次的，不同项目由联邦、州、地方政府各有关部门分别管理，并与民间机构形成了遍布全国的组织机构体系。为了节约行政开支，加强管理，提高效率，美国政府近年来逐步将一些社会保障项目交给私营企业或民间群众团体管理。[①]同时，社会保障基金的管理与运营严格分开，政府部门只负责监管，包含保险基金保值增值

---

① 吕学静.现代各国社会保障制度[M].北京：中国劳动社会保障出版社，2006：63.

在内的运营活动是由专门的经营机构进行的。

(四) 对美国社会保障制度的评价

社会保障制度的实施在美国经济的运行和发展中起到了一定的积极作用。

第一,社会保障通过国民收入再分配,对失业者给予一定补偿,使那些生活在最低贫困线以下的劳动者得到基本生活保障,在一定程度上缓解了阶级矛盾,为经济发展创造了一个较为安全的环境。

第二,社会保障制度的实施在一定程度上可以调节美国经济的运行,当经济危机爆发、资本家的投资减少、工人被大量解雇、职工消费水平降低时,通过采取社会保障措施,可以部分地抵消因工人大量失业、工资来源断绝而造成的支付能力减退,保证一定的社会需求,缓解经济危机对资本主义生产造成的破坏。在经济发展势头过猛时采取社会保障措施,因就业增加,企业主必须缴纳更多的失业保险费,使社会上的一部分资金流入政府手中,从而抑制经济的过速增长,延缓危机的到来。

第三,社会保障制度的实施可以使绝大多数劳动者的基本生活得到保障,使他们的体力和精力得到适当的恢复,他们的家属及子女也有了一定的保障,从而保证了劳动力再生产的正常进行;社会保障中的教育和培训项目作为人力资源开发的一部分,提高了劳动力和劳动力后备军的素质,对美国生产力的发展起到了一定的推动作用。美国政府在医疗卫生保健以及住房方面的福利开支也起到了类似的作用。

第四节　强制储蓄型国家社会保障模式的改革

智利、新加坡两国在经历着巨大的财政危机后,改革国家的社会保障模式,引入私人竞争机制,建立起强制性的个人储蓄制、养老储蓄基金、多项医疗保健制度形式的强制储蓄型的社会保障模式。

一、智利社会保障制度

智利被称为是从“摇篮”走向“坟墓”的福利国家,高额的福利支出使得本就财政岌岌可危的国家更加雪上加霜,面对困境,智利着重引入私人竞争机制,提高管理水平和社会保障服务,以改变以往的不公平和低效率作业的情况。智利社会保障制度的改革是成功的,也取得了初步成效,它克服了旧制度中的种种弊端,增强了国家在社会保障制度方面的自我保障能力。

(一) 智利社会保障制度面临的困境

20 世纪 80 年代初的智利开始进行社会保障制度改革,其核心和实质就是把社会保障事业转归私营,国家部分放权,实行市场化管理,以此改变经济危机、政府财政负担带来的社会保障支出不足引起的社会动乱。

1. 社会危机四伏

智利社会保障制度的随收即付制度和持续的高通货膨胀率，退休金的不足，社会保障制度表现为高成本、低效率和不公平，一直是国家社会保障制度的最大问题。20 世纪 70 年代，智利管理混乱的社会保障制度饱受着赤字、分配不公、退休金支付不足等问题的困扰。[①]

在旧的现收现付制度下，国家为满足不断提高的社会保障机构的资金要求而提高税费，为维护高福利下的社会保障服务，不断增加和维持对社会保障项目上的投入，使得国家财政负担愈加严重，在经济危机和市场不景气的环境下，国家的财政水平受到严重威胁。

20 世纪 80 年代的智利人口增长趋势加快，领取国家养老保险金的人数增加，社会养老保险金数额达不到高福利的社会保障水平；政府为增加财政收入，提高税收，据资料显示，职工的交费比率不断上升，有些部门已达到了职工月收入的 50%[②]，为满足日益也不断增长的高消费生活，税收的增加导致职工要求增加工资额，国家为维持货币的正常运行，增发货币，从而市场上出现通货膨胀；但是，另一方面，企业为减少自身在职工工资上的支出，必然也会削减企业职工人数，以此减轻企业的负担，增强企业的竞争力，因此，社会上出现了大面积的劳动者失业，极大地影响了社会的稳定。

2. 管理体系混乱

国家设立了多种多样的社会养老金保障部门和人员，但是机构在设置人员的养老金缴费率、享受待遇、享受条件等方面多样化，缺乏统一的管理政策，导致了不同的社会保障机构支付的待遇不一样。这种待遇上的不平等，表现在相同缴费和相同需求下的待遇水平不同，这就使得国家管理体系难以达到社会公平。

养老保险体制方面，表现在私营企业雇员、国家公务员，甚至包括农民各有各的一套保险方法，并且互补衔接，以致于层次复杂。社会保障机构会根据当年的总体经营状况向投保人发放养老金，而投保人也会根据自己收入的多少选择不同的社会保险机构，缴纳不同数额的保险金，因而，在通货膨胀压力下，就会导致对养老金有不同的调整机制，而且保险机构在面对繁多的社会保障工作时，未能形成有效的管理方法和制度，国家社会保障管理部门管理效率及服务功能低下。在智利国家的旧制度下，虽然国家社会养老保险组织机构繁多，部门数量和管理人员多样，但是保障部门之间往往职责不清、管理混乱，工作效率低、服务观念差，也往往会造成部门机构资金的双重被领用，资金使用率和成效低下。

（二）智利社会保障制度的改革

智利社会保障制度改革的标志是 1980 年颁布的《养老保险法》，该法律规定 1981 年开始实施新型养老保险制度。这是一项从改变整个体制的运作机制入手，对社会保障制度进行彻底改革的社会保障制度措施。

---

① 吕学静.各国社会保障制度[M].北京：经济管理出版社，2001.

② 吕学静.各国社会保障制度[M].北京：经济管理出版社，2001.

社会保障方面的改革主要是对养老金制度和医疗保健进行的改革,这是一种建立在“个人基金资本化”的基础上的由私人经营、政府监管的社会保障制度改革。

1. 养老保险制度

智利现行的养老保险体制实行的是“老、遗、残”年金体制,即养老保险包括养老、遗属抚恤和非因工伤残三项内容,在组织实施办法、费率水平和管理办法等方面都有较大的变革。

筹资模式为强制性的个人储蓄制。智利政府采取了新的强制退休储蓄制度代替了原先的现收现付的养老保险模式。强制性的个人储蓄制具体包括个人账户的建立、保险费的缴纳、所提供的养老金待遇等几方面的内容。首先,建立个人账户,公民根据新的养老保障制度参加社会养老保险,实行个人养老资金积累。智利在 1980 年颁布了《养老保险法》,在养老保险领域,建立起全新的以个人账户积累为基础,以私营化管理为基本特征,强调自我积累、自我保障、经营性原则的养老保险运行机制。智利养老保险制度的基本内容可概括为:政府实施立法和监控,民营机构具体操作,个人账户强制储蓄,雇主不交费,政府承担最终风险。[①] 其次,保险费完全由雇员个人按照国家规定的费率缴纳,雇主不再缴纳任何费用,这是一种纯粹的个人积累资金。实行强制储蓄的缴费制度可以确保人们在退休之年时拥有足够的养老金养老。最后,根据个人账户上的积累额确定养老金待遇水平。这样就可以看出,老年退休时所领取的国家养老金额的多少是与现在个人努力缴纳的费额是直接相关的,所以这样可以激励人们的上进心和积极性。新制度中的个人账户体系除了向退休职工提供养老金外,还向社会支付残疾补助金和遗嘱补助金。这种账户积累的投资方式,在一定程度上减轻了国家的财政负担和责任,同时也提高了公民对社会保障运营中的权利和义务,保证了养老保险金的稳定发展。

私营公司管理运行养老保险基金。智利的养老保险模式的特征之一就是政府规划,政府是社会保障的管理者和执行人,经过改革后,政府将权利授予私营企业管理运营养老保险金,进行市场化管理。其一,成立非官方、非国有的养老金管理公司。国家引入私营化企业,比如商业银行和保险公司,进行竞争机制下的管理和后期的市场化运作、管理,以此适当的分担政府的社会保障福利支出压力。其二,养老基金公司每月向参加养老保险体系的职工收取保险费,并记录其名下的个人账户中;养老金投保人也可以自由选取养老金管理公司。在职工年老退休时可以领取到相应的退休养老金,但是如果是失业或者伤残是不能提取养老金的。最后,对管理公司的自有资金与吸收的养老保险基金实行分账经营。将参加养老保险的个人缴纳费用和管理公司的投资收益分开管理,养老金不能和公司的自有基金混同,管理公司的破产也不会影响到个人养老基金的存灭。

切实有效的法律保证。职工缴纳一定比例的工资额给养老金管理公司作为将来的个人退休金,管理公司将资金额用于社会投资,因此,政府为保证职工养老金的可靠安全,出台政策法规进行法律保障。自国家政府引入竞争机制,将社会保障交由管理公司治理,智利政府

① 杨卫平,杨胜刚.英、美、日、智利社会保障制度改革比较研究[J].财经理论与实践(双月刊),2005,26(135):34.

一改以往直接参与养老基金的征收、管理和发放的过程，而将责任更多地放在了对管理公司的监督和调控上。政府在管理过程中实行监督和担保职能。对于管理公司，政府会对该公司的可投资证券先进行核准并分析其风险性，将投资活动限定在法律规定的范围上。此外，为确保养老保险基金的收益额，政府会为养老保险基金作最终担保，补贴在投资基金上的最低收益，以保证养老金的按时、足额发放，维护了参保人的利益。

2. 医疗保健制度

20 世纪 80 年代智利在医疗保险制度方面的改革包括两个内容：

一是改革医疗管理制度。政府合并了全国卫生服务机构和全国职员医疗服务机构，将之为所有阶级的人提供医疗卫生服务；政府将权利更多地下放给地方政府负责管理，各级政府分管当地的医疗机构；国家的医疗机构应当为残疾人、失业者和低收入人群提供医疗保障服务。

二是实行医疗保险机构的部分私有化。起初智利政府的医疗卫生保健事业主要由政府全权管理和财政支出，在进行社会保障改革后，政府引入私营企业，把社会保障事业转归私营，由私营金融机构全面接管社会保险体系并实行营利性和非营利性医疗机构分摊医疗服务的医疗保健制度，对国家医疗卫生保健事业进行了私有化的改革。

国家医疗保险的部分私有化，这项改革起到了决定性的作用。其目标是在智利的医疗保险机构内部以及智利医疗保险机构和智利国家医疗保险基金之间建立竞争的机制。将原来注重效率的私有化改革的中心逐渐转向了注重公正的新改革。

1981 年智利确定了全国公共医疗体制(SNS)和私人管理的医疗保障机构相结合的医疗保健制度，营利性和非营利性的医疗机构相结合。这是一种混合型的医疗体制，在这种混合体制中，公共医疗制度是人们根据自己的工资收入情况缴纳一定的费用，同时得到平均水平的回报；而私人医疗体制则相反，私人医疗体制按照风险原则的逻辑提供健康保险，也就是说，所冒风险越大，得到的医疗条件越好。

3. 社会保障的其他方面

扩大社会就业。社会保障改革后，为一改往常沉重的失业救济金带来的经济压力，政府将失业救济转变为失业保险制度，不再单单给予符合条件的失业者救济津贴，而是侧重于在一开始阶段由职工、企业和政府共同出资建立失业保险基金以为后期失业者提供失业保险金救助。同时，智利政府采取政策措施增加社会就业，扩大社会上的就职人员数量；政府对没有工作、处于贫困线上的居民提供必要的失业保险金，从而保障失业人员的生存问题。

实行社会救济。1980 年政府建立了全国福利标准委员会，统一管理社会贫困家庭及社会特殊群体。国家的社会救济制度除了向社会提供必要的社会救济金以外，更倾向于为人们提供就业岗位和就业培训机会。

加大国民教育投资。智利国家原先的教育体系主要是为了培养国家精英，大多数人得不到教育权利，因此国家的国民素质相对落后。改革后的国家推行市场教育，全国人民有权利和义务接受基础教育，以此提高国家的国民素质和职工的劳动力科技水平。

改革住房政策。政府为改善国民的居住环境和条件，进行了房地产改革，引入市场化体制，实行了私有化改革；银行业的住房金融体系的改革也带动了国家住房补助体系的建立和不断完善。此外政府出台各项政策鼓励建设经济适用房和廉租房。

（三）智利社会保障制度的特点

智利是世界上最早建立社会保险制度的国家之一。自 1980 年起实施的新养老保险和医疗保险制度，建立了独具特色的“智利模式”，其新型社会保障制度为世界各国所借鉴。智利社会保障制度最主要的特点在于，除了社会救济之外，其他的社会保险和社会福利都引入了私人部门的参与。

“智利模式”的社会保障制度改革不是渐进式的改革模式，而是彻底性结构式改革，将养老保险由现收现付制改为完全积累制，并主要交由民营机构经营运作，实行市场化的管理方式。

智利的社会保障制度改革有以下几个特征：

第一，保费资本化，建立个人账户。即每个参加养老保险的人都自愿在一个养老金管理公司开立个人账户，雇主不承担任何费用，全部由雇员自己负担。1980 年的改革使得新的退休金制度通过立法取消了雇主供款，改变了原来的资金来源结构，同时将原来的普通基金转换为个人基金。资金来源的单一化和个人基金账户的建立，使得智利新的退休金制度成为强制性个人保险制度。缴费者退休时根据个人账户积累额决定养老金领取额，个人账户中积累资金的提取必须是保证账户余额不低于本人退休前 10 年平均工资的 70%[①]。在社会保障措施上，医疗保险方面，全部由雇员缴费筹资，雇主不缴费，并实行所有人的强制性医疗参保，政策范围内的所有人必须参加健康保险；失业保险方面，主要由个人缴费、雇主缴费和国家缴费三个部分组成，国家除了失业保险金，更强调提供就业岗位和培训机会；实行扶贫计划，加大扶贫力度；改善贫困阶层的住房条件；改善公共医疗卫生的条件等等。

第二，引入私人竞争机制。智利的养老保险模式的特征之一是政府规划，由政府授权养老金管理公司进行私人管理经营[②]，改革前的智利，高福利社会保险下政府难以支付高额的社会保障资金，财政匮乏之下的政府实施彻底性的社会改革措施，引入私人竞争机制，分摊政府的公共部门的财政支出，减轻政府的财政支出压力。另一方面，引入私人竞争机制，可以有效地运用资源，促进金融投资业的发展，使得各养老金管理公司在竞争中发展自己，有力地发展了国家整个养老金体系和社会保障体系的发展。据统计，目前各养老金管理公司在各个领域进行的投资活动，绝大多数获得成功，一般投资年平均效益达 14%[③]。

第三，严格的政府监管体制。政府在社会保障制度运行过程中发挥着重要的作用，是私营养老金体制的监管者和担保者。智利社会保障制度实行各险种相对分散管理、单项目集

---

① 谢圣远.社会保障发展史[M].北京：经济管理出版社，2007.

② 吕学静.各国社会保障制度[M].北京：经济管理出版社，2001.

③ 吕学静.各国社会保障制度[M].北京：经济管理出版社，2001.

中监管的办法，社会保障监督机构保持相对独立性，发挥有效的监督制约作用①。虽然国家实行了市场化的管理方式，引入了私营企业，但是政府为了维护市场的稳定发展，出台了相应的保障政策措施，严格管理私营化企业，保证社会保障基金的安全运营。

（四）对智利社会保障改革的评价

智利国家创立了基金制的社会保障制度模式改变了以往国家的社会矛盾，其改革准确地分析了旧制度问题的实质，改变原有现收现付制带来的财政负担和社会不公平现象。

智利政府推行新制度的根本目的是将市场机制、私营企业引入社会保障领域，以减轻政府的经济负担，统筹规划保障部门，提高劳动者工作的积极性和权利义务。在新制度下，政府在弥补旧制度下的赤字后，仅对新制度下最低退休金保障线以下部分负补贴责任，而不像是在旧体制下那样对社会退休金制度的赤字负无限责任②。

在养老保险方面，智利实行强制性储蓄、建立个人账户，一方面降低了养老金管理成本，另一方面也促进了资本市场的发展、减轻了国家的财政负担，其在退休金制度上的改革是卓有成效的。具体表现在：私人竞争机制的加入促使了基金的有效增长，新的退休金制度也创造了一个良好的地方资本市场，刺激了经济的增长，形成了高储蓄和稳定的金融市场。在医疗卫生事业方面，实行部分项目的私营化可以推动市场化经营管理，分担政府的社会保障财政支出。在其他社会问题方面，政府的政策措施开始以提供就业和培训为主，而不是简单地发放救济金补助，强调社会成员工作的积极性和责任义务；并明确各个部门的职、责、权，制定政策统一管理社会保障部门和人员，同时兼顾公平和效率。

但是，对于智利新制度改革举措和改革的效果有不同的看法，一方面认为智利新制度改革促进了社会经济的发展，私人竞争机制的引入大大提高了社会保障的服务和管理水平，也有效地利用了资源，强化了金融市场的投资和储蓄机构制度运行，从管理方式和资金筹措方式两个方面改革了传统的社会保险制度；另一方面认为新制度只着重强调了养老金的储蓄功能，虽然个人账户的建立可以强化社会保险功能，但是弱化了再分配功能，这就偏离了社会保障的社会共济的方向，同时政府为保障私人竞争机制的有效运营和投保人资金的安全，承担着巨大的风险和责任。

总体而言，智利社会保障制度的改革是成功的，也已取得了初步成效，克服了旧制度中的种种弊端，解决了国家财政危机和经济落后问题，增强了社会保险制度的自我存活能力和自我保障能力③，养老金的存储额和投资效率显著增加，摆脱了随着老龄化现象加深而必然出现的潜在危机，也促进了金融事业、社会经济的发展。

二、新加坡社会保障制度

新加坡是一个政治集权的城市型市场经济国家。作为在20世纪七八十年代崛起的“亚

① 李曜，史丹丹.智利社会保障制度[M].上海：上海人民出版社，2011.

② 吕学静.各国社会保障制度[M].北京：经济管理出版社，2001.

③ 刘沅.智利社会保障制度改革的条件与影响[J].拉丁美洲研究，1995(4)：13.

洲四小龙”之一，经济得以高速发展，人民生活水平迅速提高，建立了颇具本国特色的完善的现代社会保障制度。新加坡在20世纪50年代之前的社会保障体系基本上是一片空白。此后，随着经济社会的发展，新加坡政府提倡效率优先，“鼓励勤劳，遏制懒汉”的社会保障体系逐步形成。

（一）新加坡社会保障制度建立和改革的背景

新加坡过去是一个长期处于英国统治之下的殖民地国家，由于受到宗主国的掠夺式的剥削和压迫，因而其居民的生活条件是极其恶劣的，失去工作能力的人缺乏必要的社会保障，社会存在着严重的危机。为了解决这一问题，1951年5月，两名立法议员倡议的公积金法案正式提交议会讨论。英国的殖民政府为了稳固其在新加坡的统治，稳定社会秩序，于1955年7月颁布了《中央公积金法》，成立了中央公积金局，并且指出“中央公积金制度规定由雇主和雇员共同按照工资的一定比例缴纳相应的保险金，建成一个中央保险基金。中央公积金局负责该基金的保值和增值，等到工人退休或因为各种原因而失去劳动能力的时候一次性支付给本人或其家庭，以保障其基本的生活。”[①]从1957年开始，新加坡政府正式实行了中央公积金制度。1965年新加坡独立后，面对当时新加坡发展的落后现状，新加坡政府把健全和完善中央公积金制度作为本国经济社会发展的战略重点。

1959年6月，新加坡摆脱了140余年的殖民统治，正式成立自治邦。1965年新加坡宣布独立，正式成立新加坡共和国。独立之后的新加坡国内面临着各种严重的社会问题：大批工人失业、住房紧缺、绝大部分国民没有养老保障。当时新加坡正处于经济发展初期阶段，经济发展规模还不足以支撑建立高水平的社会保障制度。同时政府认为，过高的社会福利给付标准不利于市场竞争，会使人民产生对政府的依赖，应当积极倡导“自强自立、自力更生、立足于依靠自己和自己的家庭来解决自己保障问题”。基于这一理念，新加坡政府在大量考察欧美以及香港地区社会保障制度的基础上，结合自身国情，本着务实精神立法，建立了独具特色的社会保障体系。此后，随着社会经济的不断发展，新加坡政府吸收国外先进经验，不断对本国社会保障系统进行完善，迄今为止已经建成了基本上覆盖全体国民的高水平、多层次的现代社会保障体系。

还应该注意的是，新加坡是一个实行高度政治控制的国家，新加坡人民行动党长期垄断执政权，人民行动党和政府高度严密的控制政治活动。新加坡的高度政府控制和国家的经济目标，社会目标紧密联系，实现了“政治高度控制，社会和谐发展，经济发展优先”。作为新加坡社会保障制度核心的中央公积金制度既是政府高度控制的产物，也是社会在议会、法律手段之外实施高度政治控制的重要手段。

与此同时，新加坡实行高度的政府控制有其深刻的文化和社会背景，也有历史发展的偶然性。新加坡居民以移民为主，种族较多，宗教信仰也不同，在此背景下，高度的政治控制不失为一种有效的制度安排，也与儒家的政治文化观念有直接的关系。新加坡社会以华人为

---

① 童星.社会保障与管理[M].南京：南京大学出版社，2002：123－124.

主，以华语为教育用语，向学生灌输民族精神与国家意识。新加坡领导人也认为儒家思想是新加坡不可或缺的指导思想，并认为他可以与民主思想互补不足："只有儒家思想，没有民主制度的保障，儒家的以民为本，以民为贵的思想不能落实；若只有民主观念，不辅以儒家伦理补之不足，民主制度也会产生不少流弊，无法更理想地实现。"①

（二）新加坡社会保障制度（中央公积金制度）的改革

中央公积金制度的建立，开始只是一个简单的养老储蓄制度。几十年来，随着社会经济的发展和人民生活水平的提高，逐步发展演变成为一个综合性的，包括养老、住房、医疗的制度；同时，新加坡政府还根据各个时期的具体情况，制定了一些规定或补充办法逐步完善扩大的公积金的使用范围，以适应当时社会和个人的需要。

1. 养老保障制度

老有所养——独具特色的养老保障制度。退休养老是中央公积金制度设立的最先动因，也是这一制度最基本的功能。早在1955年7月，中央公积金局便推出了养老储蓄计划。新加坡的养老保险采取全部缴纳的制度，即雇主和雇员分别按一定比例为雇员存储退休金。当公积金会员年龄达到55岁并且退休账户达到最低存款额这两个要求后，可一次性提取公积金。2007年，新加坡对中央公积金制度进行改革，将提取公积金的年龄由1955年设立中央公积金制度时规定的55岁延长到2012年的62岁，并将延长到2018年的65岁。若最低存款未达到规定数额，可选择推迟退休以继续增加公积金账户积累，或用现金填补差额，或由其配偶、子女从各自的公积金账户中转拨填补。政府鼓励已达退休年龄但身体健康的会员继续工作，以使他们积蓄更多的公积金存款。随着中央公积金使用范围的逐步放宽。1987年中央公积金局推出"最低存款计划"。规定公积金会员在年满55岁提取公积金存款时，必须在其退休账户中保留一笔存款作为最低存款。此外，新加坡政府还利用东方人孝文化的传统道德，在养老保险上注重家庭养老保险。1987年，中央公积金局同时推出了"最低存款填补计划"，规定公积金会员可在父母年龄超过55岁而公积金存款少于最低存款额的情况下，自愿填补父母的退休户头，填补金额是最低存款额和他的父母年龄达55岁时退休账户结存额之差。从1995年7月起，会员也可以为配偶填补，以保障其晚年生活。

2. 医疗保障制度

病有所医——独具特色的医疗保障制度。新加坡的医疗保障制度是世界上最为完善的医疗保障制度之一。20世纪80年代以来，中央公积金局制定了多项医疗保健计划，主要包括"保健储蓄计划"（Medisave）"健保双全计划"（Medishield）和"保健基金计划"（Medisfund），简称为"3M"计划。

1984年4月，公积金局推出"保健储蓄计划"。在该计划下，公积金会员每月须把部分公积金存进保健储蓄账户。缴费比例因投保年龄不同而不同，年龄越大，相应缴费比例越高。公积金会员可以动用保健储蓄账户的存款，为本人或是任何一个直系亲属如配偶、子女、父

① 刘金东.论国外政党执政的主要经验教训[J].南昌大学学报(人文社会科学版)，2005，36(5)：88－89.

母和祖父母支付在当地的医疗费用，主要支付公立医院和获准私人医院的住院费和某些门诊费。1992 年 7 月，公积金局还推出自雇人士保健储蓄计划，以保障自雇人士在急需时有能力支付其医疗费用。

“保健储蓄计划”对发生一般医疗费用的居民来说已经能保障，但对因患重病和慢性病等花费多的国民来说，账户资金可能不够。为此，从 1990 年 7 月开始，公积金局又实施了“健保双全计划”。这是一项大病医疗保险计划，它允许会员以公积金保健储蓄账户的存款投保，确保会员有能力支付重病治疗和长期住院而保健储蓄不足的费用。自 1990 年开始，所有 75 岁以下的保健储蓄储户除非选择不参加这项医疗保险，否则都被自动纳入该保险计划内。1994 年 7 月，公积金局又推出了“增值健保双全”计划。与“健保双全计划”相比，“增值健保双全计划”须缴付的保费稍高，相应的支付待遇也较高。

尽管“保健储蓄计划”和“健保双全计划”覆盖了绝大多数新加坡人口，但仍有少部分贫困国民无力支付医疗费。为此，1991 年新加坡提出了由政府拨款建立专项基金的设想。1992 年 1 月，《医疗基金法案》获议会批准。1993 年 4 月，医疗保健基金正式设立，以援助在“保健储蓄计划”和“健保双全计划”外仍无法支付医药费用的贫病者，实际上是对他们实施医疗救济。上述三重医疗保障安全网，确保了新加坡国民获得基本的医疗保障。

3. 住房保障制度

居者有其屋——富有成效的低收入者住房保障制度。新加坡是一个城市国家，国土面积狭小而人口密度很大。1959 年自治时面临着严重的“屋荒”，当时 200 万人口中有 40%的人居住在贫民窟和窝棚内，恶劣的住房条件导致公共卫生状况恶化和一系列社会问题，成为社会不稳定的重要因素。为解决居住及其引发的社会问题，1960 年新加坡政府宣布成立建屋发展局。1964 年又推出“居者有其屋”的政府组屋计划。

为解决低收入者无力购房的难题，1968 年 9 月，中央公积金局推出了“公共住屋计划”。在这一计划下，低收入会员可以动用其公积金普通账户的存款作为首期付款之用，不足之数由每月交纳的公积金分期支付。如果普通账户的存款不足支付，可向建屋发展局贷款，用将来的公积金来偿还。以家庭收入水平为依据，实行公有住宅的合理配售政策。自 1968 年新加坡大力推行政府组屋出售政策以来，购房者日益增多，为了搞好公房合理配售，保障低收入家庭的合法权益，确保住房分配的公平、有序，新加坡政府制定了缜密而严格的法律法规，对购房人条件、购买程序、住宅补贴等均做出严格规定，按照公平原则进行合理分配。

改革中央公积金制度是一项非常困难的决定，这是一贴相当苦的“良药”，可是如果不大刀阔斧地解决问题，将会有更多的人失业，政策、制度同样需要与时俱进。

（三）新加坡社会保障制度改革的特点

新加坡实行的中央公积金制度，可以称之为完全积累的纯个人账户制，有以下特点[①]：

责任公担的原则。保险基金由受保人、雇主和政府财政三方，或由受保人、雇主双方集

① 李建，兰莹.新加坡社会保障制度[M].上海：上海人民出版社，2011：86－87.

资而成。其中雇主分摊的金额不过是劳动者自己创造的价值的一部分，是劳动者通过政府强制从雇主那里得到的“间接工资”。同时这种制度也要求劳动者自己供养自己。年轻的时候具有劳动能力，就业时劳动者进行投保，老年退休后，用这笔投保费加上用人单位提供的保费，再加上利息，来保障自己在退出劳动岗位后的老年生活。

与收入相关联的原则。新加坡老年社会保障缴费实行统一标准或缴费率。在统一费率下，高收入者和低收入者的负担水平是相等的，但实际缴费的绝对值依收入水平的高低而不同。因而这一制度具有较强的收入关联性质。当保险金给付水平取决于全部工作期间的收入状况，可以激励雇员努力工作，以谋求老年时获得较高的生活保障。

自我保障。以收定支，以投保费缴纳情况测度退休金给付。雇员的存款采用个人账户集中管理，透明度很高，个人账户没有人与人、代与代之间的转移关系，只依据雇员个人账户的金额进行支付。

中央公积金的运营。要求善于运用养老保险基金。由于中央公积金个人账户的自我积累的一个长期的过程，在这个过程中，公积金的保值、增值便不可避免地成为一个重要的问题。如何切实实现自我保障，妥善运营筹集起来的资金，尽可能地实现自我保障，在这个问题上，新加坡政府出面为公积金支付作担保，增强了雇员对制度的信心。

儒家文化的影响。新加坡深受中国传统的儒家文化思想的影响，强调家庭在社会中的作用，以家庭为中心维持社会稳定和经济发展，并以家庭为中心处理社会问题，以期达到建立一个有凝聚力、有爱心、有人情味的温暖社会的目标。在中央公积金制度方面，政府通过建立子女对父母公积金的填补制度，使子女提高家庭意识，增强子女对父母的责任感，从而密切了家庭成员之间的关系。

制度化的法制化。新加坡中央公积金制度的成功运行的一个重要原因就是制度运行法制化，整个中央公积金制度在“中央公积金法令”的规范下有条不紊地进行。

集中管理。新加坡的中央公积金制度在体制上尽量避免过快的分散化，采取嫌贵集中的管理体制，使公积金的管理成本比欧美等国家采取的分散化管理的管理成本更低。

（四）新加坡社会保障制度改革的评价

达到了鼓励节俭和勤奋工作的目的。新加坡社会保障制度的指导思想和具体措施是以鼓励自食其力为中心的，其目的在于调动社会成员自我保障的积极性。政府所实行的社会福利制度不以救济为主要目的，而是鼓励个人工作，避免了西方福利制度造成的消极影响。而中央公积金制度与个人收入密切相关，收入越高，雇主为雇员存入的资金越多，雇员可动用的资金也越多。这种机制一方面提高了个人工作的积极性，以取得较高的收入；另一方面也达到了合理使用公积金的目的，尽可能为个人退休或购房等留有更多的资金。

减轻了人口老龄化带来的财政压力。完全积累的个人储蓄避免了代际转移负担，减轻了国家的压力。新加坡在建立社会保障制度的过程中，充分发挥家庭在社会保障方面的作用，以立法形式规定中央公积金制度建立以前的老人必须由各自家庭抚养，确保公积金会员实现完全积累的个人储蓄。这种办法保证了个人储蓄资金能够真正用于个人需要，避免了通过代际转移方式解决人口老龄化时期养老费用负担问题，减轻了人口老龄化给政府带来的压力。

实现了居者有其屋。中央公积金制度的成功之处还在于这种制度不仅解决了人们的养老、医疗等问题，还利用中央公积金支付期较长的特点，分期偿还购房或租房费用，从而解决了人们的住房问题，使中央公积金得到了充分合理的使用，使新加坡公民从加入中央公积金计划之初，就感受到了中央公积金带来的利益。住房上的自由政策帮助许多新加坡人利用他们的中央公积金积蓄支付他们的住房费用，政府发动的住房所有计划使得 86%的人口能够居住在公房中，并且他们中的 91%拥有所住房屋的所有权。

新加坡的中央公积金制度最初建立的是一项为新加坡的劳动者而设立的养老储蓄基金，在今天看来，它仍是一种独特的、有效的社会保障制度，并得到了社会和国民的认可，其主要目的是为职员提供足够的储蓄，以便在退休后或者丧失工作能力时有所依靠。新加坡政府从本国国情出发，采取积极措施，先后设立了各项改革方针，不仅避免了社会保障资金对国家财政的过分依赖，节省了大量的财政开支用于经济建设，而且为新加坡紧急增长做出了巨大的贡献，在新加坡居民人身福利方面取得了巨大的成就。

第六章　社会保障制度在中国的发展

严格意义上来说，中国社会保障制度是在新中国成立后逐步建立起来的。经过不断发展与改革，目前，形成了以社会保险、社会救助、社会福利等为主要内容的社会保障制度。本章以中国社会保障制度的历史沿革为主线，介绍了中国社会保障制度的内容体系。

第一节　中国社会保障制度的初创（1949 年—1956 年）

中华人民共和国的成立，揭开了中国历史的新篇章，也跨进了中国社会保障制度发展的历史阶段。新中国成立之初，国家对为新政权服务的革命工作人员继续采取供给制办法，对国民党政权遗留下来的 600 余万公职人员和企业职工实行“包下来”政策的同时，提倡“三个人的饭五个人吃”，即对某些行业在旧中国建立的社会保险制度采取延续下来的办法。在以人民政府为主导的新的社会保障制度框架中，最主要的部分乃是为适应工业化战略需要，而建立起来的城镇职工劳动保险制度和国家机关工作人员社会保险制度。

新中国成立之初，中国共产党和中央人民政府面临的是一个经济崩溃、民不聊生、千疮百孔的烂摊子，人民群众刚从战乱中走出来，绝大多数城乡社会成员的基本生活没有保障，而国家财政又异常短缺。能否解决好广大人民群众的生活安全问题，既关系到解放战争的彻底胜利和新生的人民民主政权在全国范围的建立及巩固，也是对中国共产党执政能力的考验。因此，面对如此严峻的形势，党和政府在采取多种措施重点抓国民经济恢复和发展工作的同时，特别重视人民群众生活安全保障能力的提升，通过内务部、劳动部等职能部门以强势的姿态承担起救济灾民与救济失业工人的责任。

随着国民经济的恢复和发展，人民政府在进行社会救助、建立社会保险制度的同时，亦开始着手社会福利制度的创建。新中国成立初期，社会福利制度主要包括政府包办的民政福利与单位包办的职工福利两大部分。

一、企业职工劳动保险制度的建立

新中国成立前夕，中国人民政治协商会议第一届全体会议通过《中国人民政治协商会议共同纲领》明确规定要在企业中“逐步实行劳动保险制度”，并责成劳动部会同中华全国总工会草拟《劳动保险条例》。劳动部和中华全国总工会在总结革命根据地和解放区以及铁路、邮电等产业部门实行社会保险的经验的基础上，参考国外的做法，于 1950 年拟定了《中华人民共和国劳动保险条例（草案）》（简称《劳动保险条例（草案）》）。《劳动保险条例（草案）》对医疗、生育、年老、疾病、伤残、死亡等待遇都有规定，对职工供养的直系亲属的待遇也做了某些规定。《劳动保险条例（草案）》，经中国人民政治协商会议审查同意后，政务院于 1950 年 10 月 27 日予以公布，组织全国职工进行讨论。在广大职工充分讨论的基础上，劳动部会同中华全国总工会对《劳动保险条例（草案）》做了修改，经政务院第 73 次会议批准，于 1951 年 2 月 26 日颁布实施。该条例是公认的新中国成立后的第一个内容完整的社会保险法规，也是新中国社会保险制度建立的标志。

随着国民经济恢复的顺利完成，我国财政经济状况有了很大好转，1953 年起，我国开始实施第一个五年计划。为了适应大规模经济建设要求，对《劳动保险条例》作了一些修改。修订后的《劳动保险条例》于 1953 年 1 月 2 日正式公布实施。同年 1 月 26 日，劳动部公布了《保险条例实施细则修正草案》。这次修订，一是适当扩大了实施范围。在实施范围中增加了工厂、交通事业单位的基本建设单位和国营建筑公司。二是放宽了退休条件。将原规定的本企业工龄由 10 年降低为 5 年，使工龄和一般工龄都符合条件，而本企业工龄在 5～10 年的职工也可以享受养老待遇。三是酌情提高了待遇标准，养老金为职工本人工资的 50%～70%。[①]

二、国家机关工作人员社会保险制度的建立

全民所有制企业和大部分集体所有制企业的职工，实行《中华人民共和国劳动保险条例》。而国家机关、民主党派、人民团体进而事业单位工作人员（以下简称国家机关工作人员）的社会保险，则是以颁布单向法规的形式，逐步建立起来的。按照分工，新中国成立初期的国家机关工作人员的社会保险工作由内务部统一管理。

（一）国家机关工作人员伤亡褒恤制度的建立

1950 年 12 月 11 日，经政务院批准，内务部公布实施了《革命工作人员伤亡褒恤暂行条例》。该条例对国家工作人员的伤残和死亡待遇作了具体规定。按照规定，革命工作人员对敌斗争或因公负伤后，医疗期间，生活费照发。负伤后成为残废的，根据致残原因，按照残废等级，并区别致残后是继续工作还是复员回家等不同情况，给予不同的待遇。1955 年 3 月 28 日，内务部公布的标准规定，因公残废后在职工作的，每年发给残废优待金 20～62 元（因战残废的为 24～72 元）；复员回家的，如属于二等以上残废，每年发给残废抚恤金 126～380 元（因战残废的为 136～420 元），属于三等残废的，一次发给 140～176 元（因战残废的为 165～220 元）。按照《伤亡褒恤暂行条例》规定，国家机关工作人员死亡，除发给丧葬费外，又根

① 胡晓义.走向和谐：中国社会保障发展 60 年[M].北京：中国劳动社会保障出版社，2009：78－79.

据牺牲、病故两种不同情况和生前职务的高低,分别发给一次性抚恤费。1955年抚恤费标准规定:牺牲的为180～650元,病故的为150～520元。死者遗属生活如有困难,由原工作机关根据从严掌握的精神,酌情给予临时或长期的补助。此项费用在机关福利费内列支;如果开支有困难,也可以在行政费内报销①。

(二)国家机关工作人员医疗制度的建立

1952年,国民经济恢复已经取得重大成就,具备了普遍实行公费医疗所必需的医疗条件和经济条件。6月27日,政务院颁发《关于全国人民政府、党派、团体及所属事业单位的国家机关的工作人员实行公费医疗预防措施的指示》规定,自1952年7月起,分期推广公费医疗制度,全国各级人民政府、党派、工、青、妇等团体,以及文化、教育、卫生等事业单位的工作人员和残废军人,都享受公费医疗待遇。1953年1月,卫生部在《关于公费医疗的几项规定》中,又将公费医疗预防制度实施范围扩大到高等学校的在校学生及乡干部。公费医疗制度是中国对享受对象实行的一种免费医疗保障制度,由于其经费主要来源于各级财政,因此,这项制度又可以说是一种国家或政府保险型的医疗保险制度。

(三)国家机关工作人员生育保护制度的建立

国家机关工作人员的生育待遇是以政务院1955年4月26日颁发的《关于女工作人员生育假期的通知》建立起来的。这一通知规定的生育假期、生育假期工资及怀孕、分娩时的检查费、接生费等的待遇,都与《劳动保险条例》的规定相同,只是没有规定生育补助费。

总之,到1956年年底,城市社会保险制度的基本框架已经建成。这一社会保险体系以养老、医疗为主要支柱,同时涵盖了工伤、生育、死亡抚恤等保险项目,初步实现了中国产业工人长期为之抗争的权利和理想,在一定程度上有效地防范了各类风险、满足了职工的基本生活需求。

(四)国家机关工作人员退休退职制度的建立

国家机关工作人员的退休退职制度是以1955年12月29日国务院发布《国家机关工作人员退休处理暂行办法》《国家机关工作人员退职处理暂行办法》《关于处理国家机关工作人员退职、退休时计算工作年限的暂行规定》等法规为建立标志的。《退休处理暂行办法》规定了退休待遇标准:属于因工残废退休的待遇为本人工资的70%～80%,符合其他条件退休的为50%～70%;对有重大功绩或贡献的退休人员,只规定“可以酌量提高”,没有规定具体数额。《退职处理暂行办法》规定退职金一次发给,但领取退职金多少,根据工作年限长短确定,退职金标准也没有最高限额。自此以后,国家机关、事业单位工作人员的退休制度与企业职工的退休制度一直处于并行格局。这种长期并行的格局,迄今仍在影响着当前中国社会养老保险制度的改革与发展。

---

① 宋士云.新中国社会保障制度结构与变迁[M].北京:中国社会科学出版社,2011.

三、社会救济制度的建立

(一) 农村社会救济的建立

新中国成立初期的农村社会救济的建立。中国成立前夕,全国约有10%的城乡人口流离失所,靠流浪乞讨度日,得不到应有的救济。新中国成立以后,党和人民政府即把社会救济作为一项社会制度和公民的基本权利,作为帮助城乡贫困人口解决生活困难问题、逐步摆脱贫困、走向共同富裕道路的一项重要措施和政策。1950年4月,中央人民政府在北京召开了中国人民救济代表会议,讨论建立社会救济制度,确立救济工作方针和救济措施等问题。会议提出的救济工作方针是:在人民政府领导下,以人民自救自助为基础进行的人民群众的救济福利事业。会后,成立了中国人民救济总会,推选了宋庆龄、董必武、谢觉哉等为副主席。从此,揭开了新中国社会救济工作的新一页。

通过新中国成立前后的土地改革,广大农民分到了土地进而农畜、耕具等生产资料,农民成为土地的真正主人。广大农民通过自己的劳动获得所需的基本生活资料,逐步解决了温饱问题。但是,仍有部分农民由于家底薄,生产资料不足,或是缺乏劳动力,或是不善经营,或是家中有人重病,或是遭受自然灾害,等等,而处于贫困状态,这部分农户大约占农村总户数的10%。对此,各级政府高度重视,制定可行的政策,采取多种有效的措施,积极开展农村社会救济工作,主要表现在:

1. 确定救济对象、时间和标准

新中国成立初期,对农村贫困户的救济采取的是临时救济的方式,主要是在春耕、夏锄和冬季结合生产给予口粮、衣被等救济。救济时间最长不超过4个半月,每人每月救济的口粮不超过17.5公斤原粮[①]。救济对象主要是贫苦残老孤幼,家庭人口多、劳动力少或弱、又无固定职业,收入不足维持一家最低生活者以及贫苦的烈军属。

2. 发放救济粮款,救济贫苦农民

从1950—1954年的五年间,国家共发放农村救济款近10亿元,使农村贫困人口的基本生活得到了保障[②]。

3. 扶持贫困户搞好生产

1952年12月,吉林省人民政府发出《对扶助农村贫困户的意见》,规定:银行、信用社的贷款应着重扶助贫困户;认真贯彻灾害及社会减免政策,减轻贫困户负担;农村社会救济费除用于救济贫困户生活外,还用于扶持贫困户发展生产或作为加入农业生产合作社的股金。

4. 减免农业税

对农村的贫困对象和灾民减免公粮。据四川省统计,1952年全省共减免公粮124 092 989大米市斤,其中灾歉为99 213 061大米市斤,社会救济为2 487 992大米市斤,减

---

① 吉林省地方志编纂委员会.吉林省志·卷十一[M].长春:吉林人民出版社,1991:207.

② 李本公,姜力.救灾救济[M].北京:中国社会科学出版社,1996:159.

免户31 017户[①]。

另外，新建立的以国家银行为领导、信用合作社为基础的农村新型信贷体系调剂农村资金，限制农村高利贷剥削，也在一定程度上起到了保障农村贫困人口的作用。

总之，通过开展上述几个方面的工作，加上土地改革后农村经济的迅速发展，国家在短期内就比较有效地解决了新中国成立初期农村所遭遇的严重饥荒与贫困问题，对巩固新民主主义革命的胜利成果，扩大党和政府的影响，安定人民生活和社会秩序起到了积极的作用。但是，由于上述措施大都是临时性，而且如果按人均来分摊这些数量的救济款、物和粮食的话，其数额实际上并不算大，即水平不高，因此，对它们所起的作用也不能盲目夸大。同时，考虑到当时国家生产力的发展状况和国家的主要任务是恢复发展国民经济，应该说这一水平也是中国经济水平与人民政府为民的真实反映，对此不能过于苛求，国力就是如此。

（二）城市社会救济的建立

1. 国民经济恢复时期的紧急救济

新中国成立初期，中国有数以千百万计的城市贫困人口。在各大中城市的公共场所和街巷充塞着大量的难民、灾民和散兵游勇，无业人员和依无靠的孤老残幼也比比皆是。针对这种情况，尽管当时国家财政还非常困难，但仍拨出大量粮食和经费，开展了大规模的城市社会救济工作。各地从实际情况出发，本着保障救济对象基本生活的原则，采取区别对待的办法，对不同类型的人给予不同的救济。对无依无靠的孤老残幼，给予经常性的救济；对缺少棉衣棉被的，发给御寒衣被；对患病无力就医的，给予医药费救济；对死亡料理丧事，经济有困难的，给予丧葬费补助；对自谋生活出路，从事生产经营有困难的，给予生产资金补助，对生活困难的失业工人或知识分子，在就业前给予临时救济。

此外，对其他生活困难而无法自行克服的人，也都给予适当的社会救济，帮助他们克服困难。据不完全统计，仅武汉、广州、长沙、西安、天津等14个城市在新中国成立后一年多的时间里，就紧急救济了100多万人。1952年，全国152个城市平时长期得到救济的有120多万人；冬令期间得到救济的约150余万人。有的城市享受社会救济的人口占城市总人口的20%，有的城市甚至高达40%。这样大规模的社会救济，在中国历史上是从来没有过的，也是不可能做到的。

2. “一五”计划时期的社会救济制度

随着“一五”计划建设的开展，经济形势日益好转，大部分失业者得到了就业，工资水平提高，城镇居民的物质文化生活逐步改善，旧中国遗留下来的救济问题绝大部分得到妥善解决。但是，城市社会救济工作又出现了新情况、新问题。城市中的社会救济对象除了无依无靠的孤老残幼外，增添了一部分家庭人口多劳动力少的困难户、年老体弱的小摊贩，人力三轮车工人、被取缔的封建迷信职业的从业者、无经济来源生活困难的刑事犯罪的家属等。为了解决这部分人的生活困难问题，创造一个良好的社会环境，以顺利完成第一个五年计划，

① 四川省1952年度农业税减免情况统计[M].成都：四川省档案馆，44－81.

城市社会救济重点抓了以下几个方面的工作：

第一，认真做好救济粮款的发放工作。首先积极地宣传社会救济政策，使广大人民群众明确了对无依无靠、无生活来源的孤老残幼和长期无法解决生活困难的户给予定期定量救济；对因天灾、人祸、疾病等原因，发生暂时性困难的户给予临时性救济。为了保证救济对象的生活，防止救济对象有了生活收入仍享受社会救济的现象，各地民政部门还认真做好复查工作。

第二，适时调整社会救济标准。新中国成立之初，由于开展社会救济工作的时间不长，经验不多，规章不健全，没有统一的救济标准。针对这一情况，内务部在大量调查的基础上，制定了全国城市救济的标准：以户为单位，按人口递增，大城市每户每月一般不超过 5～12 元，中小城市每户每月一般不超过 3～9 元。

第三，积极开展生产自救工作。1953 年召开的第三次全国城市社会救济工作会议确定了“生产自救、群众互助、并辅之以政府的必要救济”的方针后，大部分城市根据当地资源等实际情况，因地制宜，组织贫民参加各种形式的生产自救。

四、社会福利制度的初建

（一）民政福利的初步形成

政府包办的民政福利是社会福利制度的基本组成部分，主要面向无依无靠的城镇孤寡老人与孤儿或弃婴，还包括残疾人等。它分为社会福利事业与社会福利企业两大类，前者主要包括各种福利院、精神病院等收养性机构，后者则是通过建立福利企业吸收残疾人就业的方式来解决他们的生活保障问题。由于内务部(民政部前身)以及各级民政部门一直是这项工作的主要指导和管理部门，这项事业后来便被称为“民政福利”。

新中国成立初期，民政福利主要是通过两个途径建立起来的：一是民政部门在全国各大中城市创办了一大批救济福利事业单位；二是接收、调整、改造国民政府官办的救济院、劳动习艺所以及地方民办的慈善堂、外国教会举办的慈善机构等，使之成为新中国官办的福利机构。

此外，在人民政府的倡导下，一些全国性民间社会福利团体组织也建立起来。1950 年 4 月，中国人民救济总会成立；1950 年 8 月，中国红十字会改组，成为中央人民政府领导下的人民卫生救护团体，中国福利基金会改名为中国福利会；1953 年 3 月，中国第一个残疾人福利组织——中国盲人福利利会成立等等。

（二）职工福利的基本确立

在民政福利只覆盖了城镇极少数特殊人群的情况下，城镇绝大多数居民的福利保障则主要是通过各个机关、企事业单位提供职工福利的方式来获得。职工福利由职工所在单位举办，它以职业为依托、以城镇职工为主体，只要凭本单位的正式职工的身份即可享受，是消费基金分配的一种形式。职工福利作为新中国社会福利制度最重要的组成部分，其内容大体可分为三类：

1. 举办集体福利设施，为职工生活提供方便、减轻家务劳动

1953 年 1 月，劳动部公布的《劳动保险条例实施细则修正草案》规定：实行劳动保险的企业应根据工人职员的需要及企业经济情况，单独或联合其他企业设立疗养所、营养食堂、托儿所等，其房屋设备、工作人员的工资及一切经常费用，完全由企业行政方面或资方负担。1956 年教育部、卫生部、内务部联合发出通知，指出："为了帮助母亲们解决照顾和教育自己的孩子的问题，托儿所和幼儿园必须有相应地增加。"

2. 建立福利补贴，为减轻职工生活费用开支

1953 年 5 月，财政部、人事部发布《关于统一掌管多子女补助与家属福利等问题的联合通知》，初步确立了面向城镇居民家庭的津贴政策；1956 年 12 月，国务院发布《关于国家机关和事业、企业单位 1956 年职工冬季宿舍取暖补贴的通知》，确立了城镇职工家庭的冬季取暖福利政策；1956 年，全国总工会向各级工会发出了《职工生活困难补助办法》，对有关职工困难补助的原则、补助对象、经费来源、补助办法等都有明确的规定等等。

3. 建立文化福利设施和组织活动，为丰富职工生活

1950 年 6 月颁布的《中华人民共和国工会法》规定：工会有改善工人、职员、群众的物质生活与文化生活的各种设施之责任，各级政府应拨给工会以必要的房屋与设备，作为工会办公、会议、教育、娱乐及举办集体事业等之用。同年，还召开了全国第一次工会俱乐部工作会议，制定了工人文化宫、俱乐部组织条例、工作条例。这些文化福利事业的发展，既丰富了广大职工的文化生活，又为职工学政治、学科学技术，参加各种业余文艺活动创造了良好条件。

1956 年前后，中国初步建成了以国家为责任主体，覆盖国家机关、企事业单位职工生活方方面面的福利制度。职工从集体福利事业中，得到了生活上的方便，享受了经济上的实惠。职工在食堂就餐，基本上只收取食品的原料费；子女入托儿所，只交伙食费和少量杂费，管理费一般是免缴的；职工在本单位浴室洗澡，大多数是免费的；基层俱乐部组织群众性文体活动职工免费享受，电影票约只相当社会上电影票价的 1/3。当时职工宿舍也是一种福利，有些企业职工住单位宿舍，每间房仅收房租 0.30 元；有的单位的单身职工住集体宿舍不仅不交费，还可享受一份房贴①。

第二节　中国社会保障制度的曲折发展（1957 年—1985 年）

1956 年，三大改造完成以后，随着社会主义制度的确立，我国转入了有计划地开展社会主义经济建设时期，为了适应新形势的变化与发展，国家开始对社会保障制度进行调整与完善。但是，由于对中国尚处于社会主义初级阶段的基本国情缺乏科学认识，1966 年 5 月，"文

① 宋士云.新中国社会福利制度发展的历史考察[J].中国经济史研究，2009(3)：56－65.

化大革命”全面发动,自此国家进入了十年动乱时期。十年“文化大革命”,中国在政治、经济、文化等方面都受到重创,平稳运行了 15 年的社会保障制度同样也因为政治冲击而遭受挫折,一度处于瘫痪状态。1976 年 10 月,“文化大革命”结束后,党和国家的工作重心逐渐由阶级斗争转变到经济建设上来,在此背景下,社会保障领域也发生了诸多变化,颁布了一系列法规政策,恢复和修补在文革期间遭受重大破坏的社会保障制度。社会保障制度的建设在遭受巨大挫折的同时也积累了丰富的正反两个方面的经验教训,这也为今天的社会保障制度的改革提供了沉重的警示。

一、养老保险制度的曲折发展

(一) 养老保险制度的调整

由于《劳动保险条例》和《国家机关工作人员退休处理暂行办法》对企业和机关的退休待遇规定不统一,互相影响,加之某些条件的限制,待遇标准也不够适当,因而有一部分年老体衰的人员不能够或者不愿意退休。根据当时的实际情况,有必要把企业和国家机关的退休制度统一起来,并适当放宽退休条件,调整退休待遇。于是,劳动部草拟了《国务院关于工职员退休处理的暂行规定(草案)》,并在全国近 1.2 万个重点企业 310.3 万名职工中征求意见后,1957 年 11 月 16 日经全国人大常委会原则批准,国务院于 1958 年 2 月 6 日全体会议修改通过,于 9 日公布施行。为了贯彻实施这个暂行规定,劳动部于 1958 年 4 月 23 日发布试行了《国务院关于工人、职员退休处理的暂行规定实施细则(草案)》①。新的暂行规定与原办法相比,其显著的变化是将企业职工养老保险和机关干部养老保险纳入到一个共同的公共养老保险计划之中,即两套社会体系中的最重要养老保险制度开始出现制度上的趋同倾向。

关于退职制度,国家机关工作人员原来实行的是国务院 1955 年 12 月颁发的《国家机关工作人员退职处理的暂行办法》,企业职工原来实行的是政务院财政经济委员会 1952 年 1 月 2 日发布试行的《国营企业工人、职员退职处理暂行办法(草案)》。企业和机关试行实行不同的办法,加之某些规定不尽恰当,职工颇有意见。因此,劳动部在起草企业和国家机关同意的退休办法的同时,还草拟了《国务院关于工人、职员退职处理的暂行规定(草案)》,经全国人大常委会 1958 年 3 月 7 日会议原则批准。新规定统一了企业和国家机关的退职办法,适当放宽了退职条件,提高了待遇标准企业和国家机关退职办法中的矛盾(最高为本人 30 个月工资),推动了退职工作的开展。

为了解决退休人员的生活困难问题,当时的内务部与财政部还于 1964 年 3 月 6 日联合发出了《关于解决企业职工退休后生活困难救济经费问题的通知》,对退休人员的困难补助也是退休养老保障的一项内容。

此外,1958 年 7 月 5 日,国务院还公布了《关于现役军官退休处理暂行规定》;1959 年 11 月 6 日,内务部、中国人民解放军总政治部联合发出《关于执行〈国务院关于现役军官退休

① 严忠勤.当代中国职工福利和社会保险[M].北京:中国社会科学出版社,1987:315.

处理的暂行规定〉的通知》再次确认军官退休制度，并由民政部门与军队政治机关共同负责。

总之，1958—1966年间，通过统一工人、职员的退休退职规定，建立集体所有制单位职工的退休统筹制度，扩充退休人员困难救济内容，确立军官退休制度，中国退休养老保险制度得到了发展与完善，并形成了按照所有制区分退休制度的格局。

（二）退休、退职和养老保险制度的恢复

1966年5月至1976年10月的“文化大革命”，使得我国政治、经济、文化等各方面遭受到严重挫折，养老保险工作同样也不例外。一是养老保险管理机构被撤销，相当一部分符合条件的职工不能及时办理退休；二是退休费用社会统筹被取消，变成了“企业保险”。

1978年6月2日，经五届人大常务委员会会议批准，国务院颁布了《关于安置老弱病残干部的暂行办法》和《关于工人退休、退职的暂行办法》，经过试点，于1979年内全面实施。这两个暂行办法，是对1958年颁布的退休、退职规定的修订，是“文化大革命”结束后国家恢复重建退休养老制度的重要标志。这两个暂行办法，同1958年的规定相比较，变化主要表现在：对干部和工人分别制定了办法，将原来企业和机关、事业单位实行的统一退休、退职制度再分别由两个法规来规范。这主要是考虑到原来的规定没有充分反映出干部的特点，尤其是有一部分参加革命工作时间较长的老同志，对革命和建设事业作出过宝贵的贡献，具有丰富的工作经验。工人和干部分别规定办法，便于处理干部中的一些特殊问题。

放宽了养老金的享受条件，提高了待遇标准。这两个暂行办法把原来完全按工龄规定退休待遇标准的办法，改为1949年10月前参加革命工作的，按革命时期来规定退休待遇标准；这以后参加工作的，干部按工作年限、工人按连续工龄来规定退休待遇标准。干部退休条件是男年满60岁、女年满55岁，参加工作年限满10年；工人的条件是男年满60岁、女年满50岁，连续工龄满10年。提高了退职生活费标准。还对退职人员由原来发给一次性退职补助费改为按月发给相当于本人标准工资40%的退职生活费，并继续享受医疗待遇。

实施了最低养老金保证线制度。具体标准是：退休为25元，退职为20元，因公致残退休的35元。此后，由于生活费用的上涨，1983年6月根据劳动人事部和财政部的通知，把最低保证数在原有标准的基础上又提高了5元，以更好地保证原来工资低的退休、退职人员的基本生活。此外，还规定了退休、退职后的异地安家补助费，这也是1985年规定中没有的。

二、医疗保险制度的曲折发展

（一）改进医疗制度——公费医疗与劳保医疗

企业职工的劳动保险医疗制度和国家机关工作人员的公费医疗制度，自公布实行以后，对保护职工和国家机关工作人员的身体健康，起到了一定的作用。但是，由于享受医疗保险待遇的对象范围不断扩大，医疗费用的支出也不断上升，政府开始感到压力。1957年9月，周恩来总理在中共八届三中全会的报告中即提出，“劳保医疗和公费医疗实行少量收费，取消一切陋规节约经费开支”。这是在新的历史条件下首次指出公费医疗存在弊端，需要加以

改革。从 1960 年开始,国家颁布了一系列法规、规定,对医疗费用报销范围作了具体规定,明确了自费与公费的界限,并对药品的作用作了限制。1965 年 9 月 21 日,中共中央在批转卫生部党委《关于把卫生工作的重点放到农村的报告》的批示中指出:"公费医疗制度应做适当的改革,劳保医疗制度的执行也应当适当整顿。"根据中央的批示,当时中南地区组织了试点。随后,卫生部、财政部根据国务院的指示,对职工医疗制度的改革,进行了调查研究。同年 12 月,卫生部和财政部发出了《关于改进公费医疗管理问题的通知》,对国家机关工作人员的医疗制度作了适当改进。改进的主要内容:一是看病要收挂号费;二是营养滋补药品除医院领导批准使用的以外,一律实行自理。

针对劳保医院国家和企业包得过多、药品浪费等情况,劳动部和全国总工会本着逐步进行整顿的精神,于 1966 年 4 月 15 日联合发出《关于改进企业职工劳保医疗制度几个问题的通知》,对企业职工的医疗保险进行了整顿,规定企业职工患病和非因工负伤,在指定医院或企业附设医院医疗时,其所需的挂号费、出诊费,均由职工本人负担;职工所需贵重药费改由行政方面负担;职工服用营养滋补药品的费用改由本人自理;职工因工负伤或患职业病住院期间的膳费,改由本人负担 1/3,企业行政方面负担 2/3。企业职工供养直系亲属患病医疗时,除了药费和手术费仍然实行半费外,挂号费、检查费、化验费等均由个人负担[①]。

应该说,对国家机关和企业的医疗制度做上述改进,是符合当时实际情况的,也是必要的。但是,医疗待遇规定总体变化不大,只是将一般情况下的门诊挂号费、出诊费等以及职工亲属半费医疗的一些项目改为由个人承担,这种象征性的引入个人负担机制,难以有效阻止受保对象对稀缺的医疗资源的过度消费以及由此造成的社会性浪费,而且在随后的工作中也证明了这一点。

总之,从 1957—1966 年,中国社会保险制度在调整中不断得到发展和完善,得到了广大职工的拥护,为加速社会主义现代化建设、发展经济和稳定社会作出了巨大历史贡献。但是,由于受"左"的影响,有些待遇规定改进不大,待遇水平依然偏高,甚至表现出高福利化的特点,如医疗待遇;有些待遇规定未能修改,如病假待遇,特别是没有完成周恩来总理提出的修改《劳动保险条例》的任务。尽管有关部门也为此进行了大量调查研究,草拟过多次改革方案,然而由于情况复杂,长期定不下来。

(二)整治公费医疗和劳保医疗制度

由于"文化大革命"时期的混乱以及劳保医疗变为企业自保,公费医疗和劳保医疗制度本身的弊病及管理不善,加之一切医药费都由国家与单位包下来,不与个人挂钩,刺激了消费者不合理医疗需求的增加,带来了极大的不良后果。为了改变这种局面,有关部门和一些地区开始对公费医疗和劳保医疗制度进行了一些改革尝试。如,1980 年 12 月 2 日,财政部、卫生部颁布《关于用陶瓷、玻璃旅行杯等作包装的药品不得从公费医疗中报销的通知》;1982 年 2 月 3 日,财政部、卫生部再颁布《关于重申中央级行政事业单位工作人员疗养费用开支

---

① 严忠勤.当代中国职工福利和社会保险[M].北京:中国社会科学出版社,1987:317.

规定的通知》等，以期通过这些政策的实施来改变医疗费用连年超支的状况。但是，由于这些措施在本质上只是对原公费医疗与劳保医疗制度的小修小补，既未改变制度的结构，也未能抑制医疗费用增长的势头，这说明原有城镇医疗保障制度具有不可持续。

三、社会救济制度的曲折发展

（一）社会救济制度的调整

1. 城市贫困户救济

1958年“大跃进”开始，全国掀起了全民办工业的热潮，但是，由于经济建设指导思想的失误，加上又遭受了严重的连续三年的自然灾害，造成国民经济很大困难，人民生活水平急剧下降。如此社会经济背景和经济形势的变化给城市社会救济工作带来了新情况、新问题，城市中因生活困难需要救济的人口也随之逐年增加。为了做好城市救济工作，国务院颁布了《关于精简退职老职工生活困难救济问题的通知》，还批转了内务部《关于当前城市社会救济工作的报告》。在城市社会救济方面，内务部和地方各级民政部门主要采取了进一步开展生产自救、精简退职职工、做好救济费管理等救济工作。

2. 农村贫困户救济

“大跃进”时期，由于受极“左”思潮的影响，农村刮起了“共产风”，错误地认为农村人民公社化以后已经消灭了贫困，不再需要进行社会救济了，救济工作已完成了历史使命，于是，曾一度停发社会救济款，取消农村社会救济。当时在一些农村大办集体食堂，吃饭不要钱、不记账，实行所谓的“按需分配”，这种做法虽然没有持续多长时间，但是却极大地损害了广大农民群众的利益。加之，随后发生了连续三年的严重自然灾祸，造成农业大幅度减产，农村贫困人口大量增加，一些地方出现了农民逃荒要饭的现象，社会救济的形势极为严峻。对此，国家在财政极端困难的情况下，拨出大量的救济款物用于农村救济，以帮助农民群众渡过难关。据统计，1960—1963年的四年间，国家共发放农村救济款达4.8亿元，超过1950—1959年十年救济款的总和。

为了总结从“大跃进”到三年困难时期社会救济工作的深刻教训，切实做好农村社会救济工作，1962年9月，中共八届十中全会通过了《农村人民公社工作条例（修正草案）》（简称《农业六十条》），把对贫弱社员的救济作为人民公社的一项制度给固定下来。1963年3月，内务部召开了全国民政和人事厅局长会议，研究农村社会救济工作，会议讨论并通过了《认真贯彻农村人民公社工作条例，进一步做好农村社会救济工作》的文件。这个文件对各级民政部门和各社队所要做的工作和社会救济款的使用原则都作了说明，要求社队从总收入中提取一定数量的公益金，保证贫困户补助的需要，强调在分配口粮上，对贫困户给予照顾，保证他们的基本生活；重申社会救济款专款专用和重点使用原则，主要用于救济收入很少的穷社穷队的贫困户。会议之后，各地认真贯彻会议精神，采取有效措施，积极落实集体对贫困对象的补助，加强社会救济款的管理，使农村社会救济工作又走上了健康发展的道路。

（二）社会救济制度的受挫

“文化大革命”期间，社会救济被当做修正主义进行批判，工作无法正常开展，除了按原有的名册进行发放救济金以外，其他救济工作基本上处于停滞状态，致使一大批符合救济条件的困难户得不到及时救济，损害了党和政府的威信，造成了极坏的影响。

（三）社会救济制度的恢复

改革开放以后，城市社会救济工作得到了恢复和发展。1979 年年底，民政部召开全国城市社会救济福利工作会议，对城镇救济对象进行了界定，主要是“无依无靠、无生活来源的孤老残幼和无固定职业、无固定收入、生活有困难的居民。对中央明文规定给予救济的人员，按规定办理”。此后，人们习惯地将他们称之为“三无对象”，随着时间的推移，“三无对象”的概念在人们的理解中也逐步发生了变化，演变为“无劳动能力、无依无靠、无固定生活来源”或“无依无靠、无固定职业、无固定收入”的人员。改革开放初期主要做了以下三项工作：适时调整城市社会救济标准；继续做好精简退职职工生活困难的救济工作；积极开展群众互助工作。

四、社会福利制度的曲折发展

在计划经济体制下，中国传统的社会福利制度框架主要包括三大部分：一是以单位内部职工为对象的城镇职工福利，包括生活服务、文化娱乐和福利补贴，其提供者是机关和企事业单位。二是以城镇无经济收入和无生活照料的老少、孤儿、残疾人等特殊群体为对象的民政福利，包括生活供养、疾病康复和文化教育等，由各级民政部门提供和管理。三是农村的社会福利，它主要以面向孤寡老人、孤儿等特殊人群的五保制度形式存在，由农村集体组织筹资、管理、政府给予少量补贴。

（一）社会福利制度的调整

1. 职工福利整顿与发展

新中国成立初期，由于对人口多、底子薄的情况了解不够，对统筹兼顾、在发展生产的基础上逐步改善职工生活的方针领会不深，致使职工福利事业的发展与当时的政治、经济情况不相适应，某些待遇规定偏高，同时掌握又偏松，不少单位福利项目繁多。针对上述情况，1957 年 1 月和 5 月，国务院先后发出了《关于职工生活方面若干问题的指示》《关于国家机关工作人员福利费掌管使用的暂行规定的通知》，对职工的住宅、上下班交通、职工的疾病医疗、职工生活必需品供应和困难补助等问题以及职工福利费用的来源和掌管使用都作了明确规定，要求各级领导机关一定要经常注意职工生活问题，要根据需要和可能作适当的解决，并提醒各级领导注意国家在经济上还很落后，人民生活的改善不可能太快。

根据中共中央、国务院的指示，各地区、各有关部门做了许多工作：一是缓建或取消部分福利补贴项目；二是降低福利费标准；三是部分产业部门取消了不合理的房贴制度。

2. 城市民政福利事业的发展

民政部门主管的社会福利事业主要包括两个方面：一是举办各类福利事业机构，收养无依无靠、无劳动能力、无正常生活来源的孤寡老人、孤残儿童、精神病人、残疾人等；二是建立社会福利企业，组织安排具有一定劳动能力的残疾人劳动就业，自食其力。民政社会福利事业和福利企业，主要是靠国家投资建立，享受国家的各项优惠政策。在国家主渠道以外，也有社区、集体兴办的，但不论是国家办的还是集体办的，其运营都归各级民政部门主管。

1957—1965 年，城市的社会福利事业有较大的发展。这个时期各地民政部门新建和扩建了许多养老院、精神病人疗养院、儿童福利院和残疾儿童福利院，城市社会救济福利事业有了较大的发展。其中，增加较多的有两类：一是精神病疗养院，原来民政部门办得不多，后来适应社会需要而有所发展；二是建立了大批儿童福利院，收养因灾荒而进入城市的流浪儿童，不少是县镇建立的。

1959 年在“全民办工业”的影响下，各类福利生产组织发展迅猛，当年全国福利生产组织曾发展到 28 万个，参加生产的军烈属、贫困户、残疾人达数百万。经过 20 世纪 60 年代初的调整之后，全国城市民政部门直属的社会福利企业基本稳定在1 000多家，另外建起了近 30 家的生产假肢等助残器材的福利工厂，并办了一批盲人按摩诊所等。

（二）社会福利制度的受挫

“文化大革命”十年是社会大倒退时期，社会福利制度和福利事业的发展同样也受到了严重的干扰和破坏。受“左”的思想影响，当时把方便职工生活、有利于生产的职工福利事业误认为“福利主义”“修正主义”。1968 年年底内务部被撤销。之后，许多基层单位的福利机构被解散，工人文化宫、俱乐部被砸、被毁、被抢占。许多集体福利事业的设备、图书、资料、玩具、教具、戏装、乐器也被抢占。群众所喜闻乐见的丰富多彩的音乐、舞蹈、戏剧、电影、文艺、美术等被打入了禁区。许多从事职工福利事业的干部、积极分子、优秀保育人员受到迫害，行之有效的规章制度被废弃，福利事业的服务质量普遍下降。

（三）社会福利制度的恢复

改革开放初期，随着经济体制改革与国民经济的发展，职工福利和民政福利工作也进行了一些改革探索。

1. 职工福利制度的初步改革

完善了福利基金的提取与使用办法，建立起一些福利补贴制度。1980 年 2 月，财政部、国家劳动总局下达了《关于城镇集体所有制企业的工资福利标准和列支问题的通知》，规定：从 1980 年 1 月 1 日起，城镇集体所有制企业，今后凡是经济条件允许，其职工福利基金都可改按工资总额的 11%提取；经济条件不允许的，也可以低于这个标准。提取的福利基金今后都可改按在营业外或其他费用项目列支。1981 年 3 月，国务院重新修改颁布了职工探亲待遇的规定，延长了探亲假期提高了探亲待遇，增加了已婚职工探望父母的规定。

国家、集体、个人一起办福利事业，单位的集体福利设施逐渐对外开放。为适应搞活经济的需要，集体福利设施由过去主要依靠国家兴办改为国家、集体、个人一起兴办。国家对集体和个人兴办福利事业与设施给以扶持和支持。这方面变化较突出的是职工住宅及托儿所、幼儿园。

2. 城市民政福利的恢复和初步改革

1978 年 2 月,民政部成立,内设城市社会福利局,负责政府直接承担的城市社会福利事务,包括社会福利设施、社会福利工厂、社区福利服务,等等。1979 年 11 月,全国城市社会救济福利工作会议召开,这次会议进一步明确了城市社会福利事业单位的福利性质,制定了恢复和发展社会福利事业的方针和政策,启动了全国社会福利事业单位的全面整顿和初步改革。全国城市在社会救济福利工作会议后的两三年里,福利事业发展很快。

同时,社会福利院开始突破“三无对象”为收养范围的规定,开始有计划地开展自费收养双职工家庭中的残疾人和退休孤老的业务,不仅解除了双职工的后顾之忧,而且在一定程度上缓解了事业费不充裕的状况,取得了社会效益和经济效益双丰收。

第三节　中国社会保障制度的改革(1986 年—2006 年)

20 世纪 80 年代中期,中国经济体制改革的重心从农村转到了城市。之后,随着时间的推移和市场化改革的深入,计划经济体制逐步向市场经济体制转轨,整个社会经济结构与运行机制都发生了天翻地覆的变化。1993 年 11 月 14 日,中共十四届三中全会通过的《中共中央关于建立社会主义市场经济体制若干问题的决定》,确定了社会保障制度是社会主义市场经济体制框架的五大支柱之一。之后,随着社会主义市场经济体制的建立与完善,在中央政府的主导下,社会保险制度改革取得突破性进展。

在这个伟大的变革之中,中国社会保障制度历经了 1984—1992 年的改革探索和 1993—2006 年改革取得突破性进展两个小阶段,传统的国家—单位保障制度模式逐渐转向国家—社会保障制度模式,这是在特定的时代背景下多种因素综合影响的结果。一方面,经济体制改革所带来的变化动摇了传统的国家—单位保障制度的经济基础与社会基础;另一方面,传统的国家—单位保障制度模式自身亦存在着缺陷,并在实践中造成日益严重的负面影响。在这样的时代背景下,要继续维持传统的国家—单位保障制度模式已经不现实,因此,探索和建立适应社会主义市场经济的现代社会保障制度,就成了这个时期一项十分重要和紧迫的任务。

一、养老保险制度的改革

1984 年 10 月,中共十二届三中全会通过了《中共中央关于经济体制改革的决定》,中国社会提出加快经济体制改革的步伐,之后,随着经济体制和劳动制度改革的全面展开,中国社会保险制度的改革也相应地进入了探索阶段,社会保障社会化开始替代社会保障单位化,个人亦开始承担有象征意义的缴费责任。

1991 年 6 月 26 日,国务院发布《关于企业职工养老保险制度改革的决定》(国发〔1991〕

33号文件)，首次提出中国养老保险制度由基本养老保险、企业补充养老保险、个人储蓄性养老保险三个层次组成；并正式规定基本养老保险费用由国家、企业、职工个人共同负担，职工也要缴纳一定的费用；加快养老保险社会统筹的步伐，将市县级统筹逐步过渡到省级统筹；基本养老保险基金按照以支定收、略有结余、留有部分积累的原则统一筹集。这是改革开放以来国家就养老保险问题第一次作出的重大决策，该文件成为中国养老保险制度改革的重要指导性文件，也被称为中国养老保险制度改革的第一个里程碑。

33号文件颁布后，我国的养老保险事业取得了巨大的进展：一是退休费用社会统筹得到了迅速发展，极大发挥了养老保险的互济功能和保障作用，均衡了企业的费用负担；二是选择了部分积累的养老保险基金筹集模式，避免了现收现付模式难以应付人口老龄化高峰带来的沉重负担以及完全积累模式难以抵制通货膨胀造成的基金半贬值的风险；三是普遍实行了城镇职工个人缴费制度，提高了职工个人保障意识；四是多层次养老保险体系的发展。

1993年11月，中共十四届三中全会通过的《关于建立社会主义市场经济体制改革若干问题的决议》进一步确定了“城镇职工养老和医疗保险金由单位和个人共同负担，实行社会统筹和个人账户相结合”的改革方向。1995年3月1日，国务院颁布《关于深化企业职工养老保险制度改革的通知》，明确提出了城镇企业职工养老保险制度改革的目标和原则，要求“到本世纪末，基本建立起适应社会主义市场经济体制要求，适用城镇各类企业职工和个体劳动者，资金来源多渠道、保障方式多层次、社会统筹与个人账户相结合、权利与义务相对应、管理服务社会化的养老保险体系”。同时，作为《通知》附件发布的还有两个“统账结合”的实施办法，并允许各地结合本地实际在两个实施方案中选择和加以改造。该通知及两个实施办法的颁布，标志着中国养老保险从“单位保险”经社会统筹发展到了“统账结合”的模式。

1999年1月22日，国务院颁布《社会保险费征缴暂条例》，强化了养老社会保险费的征缴工作。但是，由于过去没有基金积累，历史欠账较多，在养老保险基金平衡上不得不采取统筹基金与个人账户基金混账管理，合并使用。因此，个人账户基金大量被用于支付当期退休人员的养老金，导致个人账户出现“空账”。

2006年1月5日，劳动和社会保障部发布了《关于印发贯彻落实国务院完善企业职工基本养老保险制度决定工作安排意见的通知》，要求进一步巩固和发展确保基本养老金发放工作成果。10月11日，中共十六届六中全会通过的《关于构建社会主义和谐社会若干重大问题的决定》指出：要“完善企业职工基本养老保险制度，强化保险基金统筹部分征缴，逐步做实个人账户，积极推进省级统筹，条件具备时实行基本养老金基础部分全国统筹”。

二、医疗保险制度的改革

改革开放以后，传统的公费、劳保医疗体制存在的问题凸显出来：一是医疗费用持续攀升；二是医疗经费日趋捉襟见肘。为了解决医疗保障领域日趋严重的问题，1989年8月，卫生部、财政部发布了《关于公费医疗管理办法的通知》。在公费医疗改革方面,各地结合实际情况,在维持医疗经费筹集渠道不变的情况下,主要对公费医疗经费进行了管理上的改进:一是普遍实行了公费医疗费用与个人适当挂钩;二是采用多种方式加强公费医疗管理。与此同时,劳保医疗制度改革也主要在两个方面展开:一是部分省市开展了离退休人员医疗费用社会统筹;二是试行职工大病医疗费用社会统筹。

1992 年 3 月 19 日,劳动部拟定了《关于企业职工医疗保险制度改革的设想》和《关于试行大病医疗费用社会统筹的意见》两个征求意见稿,交各地修改。主要包括:逐步扩大企业职工医疗保险的覆盖面,使城镇各类企业的职工都能逐步享受医疗保险待遇;逐步建立医疗保险基金,实行国家、企业、职工个人三方合理负担,职工个人少量缴费;建立控制医疗费用不合理增长的机制等。同年 5 月,国务院成立医疗制度改革领导小组,国家体改委、卫生部、财政部、劳动部、人事部、国家医药局、国家物价局、中华全国总工会等部门的负责同志参加,它标志着中国医疗保险制度的总体改革已进入了预备阶段。其后,卫生部、劳动部分别提出了公费医疗和劳保医疗的改革方案。国家体改委在卫生部、劳动部方案的基础上,起草了《国务院关于职工医疗制度改革的决定》(讨论稿),改革公费医疗制度的目标将是建立医疗保险基金,实行医疗社会保险制度。至此,医疗保险制度改革打开了新局面①。

1993 年 11 月,中共十四届三中全会提出了医疗保险制度改革的思路,即:城镇医疗保险金由单位和个人共同负担,实行社会统筹和个人账户相结合。这标志着医疗保险制度的改革进入了建立统账结合的新阶段。为加强对医疗保险制度改革工作的领导,国务院成立职工医疗保障制度改革工作小组。1994 年 4 月 14 日,国家体改委、财政部、劳动部、卫生部联合制定了《关于职工医疗制度改革的试点意见》,经国务院批准,在江苏省镇江市、江西省九江市进行试点②。

镇江、九江试点结合本地实际,大胆探索,初步建立了职工医疗社会保险"统账结合"的模式和稳定有效的医疗保险基金筹措机制以及医患双方的制约机制。其主要内容是:用人单位和个人共同缴纳保险费,按规定比例分别建立社会统筹医疗基金和个人医疗账户。在"两江"试点的基础上,1996 年 4 月,国务院又将医疗保险制度改革试点扩大到全国各地的 57 个城市。

总之,这一时期医疗保险制度改革总的特点是通过试点推广和政府主导完善形成互动,最后形成统一的管理体制。应该说,将传统的公费医疗与劳保医疗制度变革为医疗社会保险制度,尽管收缩了覆盖对象范围,加强了个人责任的承担,但它符合市场经济体制与社会发展要求,并且是具有可持续性的制度安排,从而是一种巨大的成就。

---

① 郑功成.中国社会保障制度变迁与评估[M].北京:中国人民大学出版社,2002:136－137.

② 郑功成.中国社会保障制度变迁与评估[M].北京:中国人民大学出版社,2002:139.

三、城乡社会救济制度改革

（一）社会救济开支的增加

经济体制改革的重心从农村转到城市以后，随着国家经济社会的发展和价格体系的改革以及微观经济主体利益的多元化，传统的社会救济制度已经与新的形势不相适应，特别是原有较低的救济水平难以切实保障贫困对象的基本生活，为此，国家也增加了城市社会救济费支出。从全国来看，1979 年支出城市社会定期救济费1 785万元，享受救济的有 24 万人，平均每人每年 75 元；1992 年支出城镇社会定期救济费8 740万元，享受定期救济的有 37.6 万人，平均每人每年 232 元。随着经济发展和物价上涨，民政部门多次调整定期救济标准，基本保障了城镇贫困对象的日常生活需要。

农村实行家庭联产承包责任制和人民公社体制解体以后，农村社会救济面临着许多新的矛盾和问题。一方面实行了家庭联产承包责任制，放宽了各项经济政策，允许农民从事农工商业多种经营，调动了农民的积极性，促使许多农民群众逐步摆脱了贫困，减少了救济费用的开支。另一方面，集体经济实力相对减弱，有的集体已无力再对贫困户进行补助。为适应新形势，各地对农村社会救济制度进行了多项改革探索，这主要表现在以下三个方面：一是改革救济款使用管理办法，把救济与扶贫结合起来；二是对老弱病残和不具备扶持条件的贫困户，由民政部门继续给以救济，特别在农村推广了定期定量救济的办法；三是探索实行乡镇统筹集体困难补助费。

到 1992 年年底，全国城乡有 86 万贫困户和孤老残幼享受定期定量救济，有 54 万多精简退职职工享受原工资 40%的救济和定期定量救济，有 220 万“五保”老人得到集体供养；国家财政支出救济费 5.5 亿元，集体补助支出 10.3 亿元①。

（二）城乡居民生活最低生活保障制度的探索与建立

最低生活保障制度（简称低保），是对家庭人均收入低于当地最低生活保障标准的贫困人口，实行差额补助的一种新型社会救助制度。由于中国社会经济结构是二元的，所以，从 20 世纪 90 年代开始建立最低生活保障制度的探索，就是按城市和农村两个板块分别进行的。

1. 城市居民最低生活保障制度

20 世纪 90 年代以来，在经济转轨、社会转型“两个转变”的影响下，城市中下岗、失业愈演愈烈，贫富差距越拉越大。1993 年 6 月 1 日，上海市政府宣布建立“城市居民最低生活保障制度”，由此拉开了中国社会救济制度改革的序幕。1995 年 5 月，民政部在厦门、青岛分别召开全国城市最低生活保障线工作座谈会，号召将低保制度推向全国。

1999 年 9 月 28 日，国务院颁布了《城市居民最低生活保障条例》（1999 年 10 月 1 日开始施行）。《条例》规定：“持有非农业户口的城市居民，凡共同生活的家庭成员人均收入低于

---

① 时政新.中国社会救济体系研究[M].北京：中国社会科学出版社，2002：46－47.

当地城市居民最低生活保障标准的,均有从当地人民政府获得基本生活物质帮助的权利”,“对无生活来源、无劳动能力又无法定赡养人、扶养人或抚养人的城市居民,批准其按照当地城市居民最低生活保障标准全额享受”,“对尚有一定收入的城市居民,批准其按照家庭人均收入低于当地城市居民最低生活保障标准的差额享受”。该《条例》是关于城市居民最低生活保障制度的第一项正式的法律制度,它的颁布实施标志着中国城市居民最低生活保障工作开始走上抓范化、法制化管理的轨道。

2. 农村居民最低生活保障制度

对建立农村最低生活保障制度的探索,始于 1994 年 6 月山西省民政厅在阳泉市开展建立农村社会保障制度的试点,在该市下发的《阳泉市农村社会保障试行办法》中就包含了建立农村最低生活保障制度的初步设想。1995 年 12 月,广西壮族自治区武鸣县颁布了《武鸣县农村最低生活保障线救济暂行办法》,规定从 1996 年 1 月 1 日起正式实施,这是中国出台的第一个县级农村最低生活保障制度的文件。1996 年 1 月,全国民政厅局长会议召开,会议首次明确提出改革农村社会社会救济制度,积极探索农村居民最低生活保障制度的任务。

2002 年,中共十六大提出“有条件的地方,探索建立农村最低生活保障制度”。2006 年,中共十六届六中全会提出要“逐步建立农村最低生活保障制度”。随着农村低保制度试点地区的增加、保障人数的增多以及保障水平的提高,各级地方财政投入的农村低保资金也有较大幅度的增长。

四、社会福利制度的改革

随着全面的经济体制改革的开展,传统计划经济体制遭到批判,市场经济运行机制逐渐得以确立,中国也开始从传统社会迈向现代化、法制化、文明化的社会。传统福利制度的内在缺陷,尤其是它的非社会性、非平等性和不可持续性,决定了若不对其从根本上加以改造,必然会阻碍着中国的企业走向市场化、现代化和整个社会的健康、有序发展。因此,在推进社会保险制度建设、完善社会救助系统的同时,对传统福利制度进行改革并促使其向社会化福利转型,促进城乡社会福利事业健康发展,也是向市场经济转轨的迫切需要和重要任务之一。

(一) 改革职工福利,促使其向原本的性质和功能回归

在传统的计划经济体制下,长期实行“高就业、低工资和高福利”的政策,工资正常增长机制未能形成,职工收入分配采取的是一种低工资收入与高福利待遇并存的形式。职工福利与企业的发展并无直接关系,成为政府和社会责任的一种转嫁。它不是对工资的补充,而是具有与职工工资分配同等重要的地位,甚至在一些单位职工的福利收入超过了其工资收入,这说明职工福利的性质和地位已被异化。这种做法虽曾发挥过积极作用,但随着改革的推进,直接影响了企业经营机制的转换,暴露出大量弊病特别是与市场化改革的目的相矛盾。表现在:一是职工福利基金增长的软约束,导致职工福利超经济增长;二是企业职工福利基金普遍严重超支,影响企业生产发展;三是职工福利基金管理混乱。

为了缓解企业职工福利基金入不敷出、普遍严重超支的问题，1992 年 4 月 20 日，财政部发布了《关于提高国营企业职工福利基金提取比例，调整职工福利基金和职工教育经费计划基数的通知》，规定：从 1992 年 5 月 1 日起，将职工福利费由原来的按企业职工工资总额扣除副食品价格补贴和各种奖金后的 11%提取，改按职工工资总额扣除各种奖金后的 14%从成本中提取，计提福利基金的工资总额不再扣除副食品价格补贴；职工教育经费按同一口径的 1.5%提取；将 1985 年以来国务院统一规定发给国营企业职工的各种副食品价格补贴，其中由企业福利基金负担的部分全部改为从企业成本中列支。

为了解决职工福利基金管理混乱的问题，通过改革，进一步理清福利、工资和保险以及困难补助之间的关系。各种带工资性的福利补贴，包括物价补贴、上下班交通补贴、洗理卫生费、书报费、燃料补贴、冬季取暖补贴等，按照一般市场经济的工资构成惯例，纳入职工工资，直接进入成本，不再从企业职工福利基金中列支。

（二）改革民政福利，促使其由补缺型向适度普惠型转变

经济体制改革及其所带来的经济结构多元化，也促使社会结构发生大变化，传统民政福利所面临的整体社会环境日益更新。平均主义分配式被打破，居民收入分配差距逐渐拉大；人口老龄化的加快，家庭人口规模的小型化；现代工作节奏的紧张与竞争的加剧，都促使了残疾人、儿童、老人等弱势群体对社会福利的需求更加强烈。同时，随着国民经济、持续、快速、稳定增长，绝大多数城乡居民的收入水平与生活水平也持续提高，其对社会福利的需求尤其是对社会服务的需求也日益增长。这一切都要求社会福利事业真正走向社会化、普遍化，实现由补缺型向适度普惠型的转变。

1. 社会福利机构的改革与发展

社会福利机构由于国家财力有限，存在的主要问题是覆盖面窄、保障范围小。面对城市综合体制改革不断深入、社会福利需求日益增长和广大群众举办福利的积极性不断高涨的趋势，1984 年 11 月，民政部在漳州召开了全国城市社会福利事业单位改革整顿经验交流会，制定了社会福利事业要进一步向国家、集体、个人一起办的体制转变，进一步由救济型向福利型转变，由供养型向供养健康复型转变，由封闭型向开放型转变（简称“三个转变”）的发展战略和改革方向。会后，全国城市社会福利事业沿着“三个转变”的方向迅速发展。

1999 年 12 月，民政部先后颁布《社会福利机构管理暂行办法》《关于开展民办非企业单位复查登记工作意见》，开始将各种福利机构与公益机构纳入统一、规范的轨道。根据国家技术监督局《行业标准管理办法》的规定，2001 年 3 月，民政部颁布实施了《老年人社会福利机构基本规范》《残疾人社会福利机构基本规范》和《儿童社会福利机构基本规范》三个强制性行业标准，以加强对老年人、残疾人、儿童社会福利机构的规范化管理，依法维护老年人、残疾人、儿童的合法权益，促进老年人、残疾人、儿童社合福利事业健康发展。同时，各地民政部门积极争取各级财政资金的投入，并辅以社会捐助和彩票公益金，不断改善社会福利、优抚机构条件，促进了敬老院、福利院、光荣院、优抚医院、救助管理站、精神病人福利院等福利优抚事业单位的建设和发展。

2. 社会福利企业改革

社会福利生产是指国家、集体和社会各界为帮助残疾人劳动就业而组织的各项生产经营活动的统称。从事社会福利生产的单位被称之为社会福利企业，它是一种以安置残疾人就业为主要目的的特殊企业。改革开放以来，民政部门坚持贯彻分散安置与集中安置相结合的方针，以多层次、多渠道、多种形式为原则，坚持走小型、分散、多样的道路，采取民政部门办、城镇街道办、厂矿企业办、乡镇办、村办等各种形式，促进作为集中安置残疾人主渠道的社会福利生产得到快速发展。

由于自身障碍和社会经济环境的影响，加之 1994 年以后减免税政策很不稳定，社会福利企业的发展陷入困境。为进一步做好残疾人劳动就业工作，确保按期完成《中国残疾人事业"九五"计划纲要》规定的残疾人就业任务，推动残疾人就业持续、稳定发展，1999 年 9 月，国务院办公厅转发了劳动和社会保障部等部门《关于进一步做好残疾人劳动就业工作若干意见》的通知。之后，各地民政部门及福利生产管理部门不断加大改革创新力度，以使福利企业适应市场经济的客观要求：福利企业的改革、改制、改组的步伐明显加快，优惠政策和扶持保护措施相对稳定、福利企业管理得到加强，两个效益明显提高[①]。

（三）社区服务成为重要的具有社会福利性的服务行业

社区服务业是在改革开放中发展起来的新兴社会服务业，是在政府倡导下，为满足社会成员多种需求，以街道、镇和居委会的社区组织为依托，具有社会福利性的居民服务业，是社会保障体系和社会化服务体系中的一个重要行业。

1984 年 11 月，民政部在漳州经验交流会上提出，要坚持社会福利社会办的方向，面向社会，多渠道、多层次、多种形式地举办各种社会福利事业，强调国家办的社会福利事业单位主要起示范作用，而安置孤老残幼主要靠社会、靠基层来解决[②]。之后，社区服务在全国大中城市普遍开展。

近几年，社区服务志愿者组织不断增加，综合性的社区服务中心和社区服务正在部分地替代着传统的单位职工福利的许多功能，计划经济时代的"单位人"正在向市场经济条件下的"社区人"转变。

第四节　中国社会保障制度的完善（2007 年至今）

2007 年是中共十六届六中全会把到 2020 年基本建立覆盖城乡居民的社会保障体系作为构建社会主义和谐社会的重要目标以来的第一年，中国社会保障制度建设被摆到了经济社会发展更加重要的位置，进入统筹城乡、全面发展的新时期。几年来，在城镇，做实基本养

---

① 李学举.跨世纪的中国民政事业总卷（1994—2002）[M].北京：中国社会科学出版社，2002：11.

② 崔乃夫.当代中国民政（下）[M].北京：当代中国出版社，1994：220.

老账户试点范围不断扩大，省级统筹加快推进，社会保险关系转续办法出台；针对城镇非从业居民开始建立以大病统筹为主的基本医疗保险制度；大力推进农民工参加已有的城镇职工基本医疗保险、工伤保险和失业保险。在农村，新型农村养老保险试点范围逐步扩大；被征地农民的社会保障制度在23个省（自治区、直辖市）相继建立。

按照国家推进社会保障体系建设的思路和工作计划，今后一个时期，国家将把弥补社会保障制度缺失作为优先目标，先解决“从无到有”的问题，再循序解决“由低到高”的问题，即在不断完善基本养老保险，城镇职工基本医疗保险等已有制度的基础上，加快解决城镇未参保养老保障和医疗保障问题，重点加强农村社会保障制度建设，抓紧制定农民工养老保险办法，加快农村居民养老保险制度建设，积极推进被征地农民社会保障工作，等等，从而在2020年之前基本建立覆盖城乡的社会保障体系。可以预见，如果政治、经济社会发展形势不发生重大变化，中国社会保障制度将继续沿着既定的模式和路径向前发展，即社会保障制度建设将向没有社会保障的群体逐步推进，全体人民努力使全体人民学有所致、劳有所得、病有所医、老有所养、住有所居，实现现代社会保障制度对城乡居民的全覆盖。

改革开放三十多年来，适应计划经济体制向市场经济体制转轨的要求，坚持从基本国情出发，坚持政府的主导作用，坚持把解决历史遗留问题与建立长效机制结合起来，坚持试点先行逐步完善制度和政策，对社会保险制度采取了一系列改革措施，推动社会保障事业取得了长足发展。主要表现在：一是现代社会保险制度体系基本形成；二是社会保险的覆盖范围不断扩大；三是社会保险经办管理服务体系基本建立；四是颁布了《中华人民共和国社会保险法》。

一、养老保险制度的完善

（一）城镇职工基本养老保险制度的完善

城镇职工基本养老保险制度覆盖面的扩大。2010年10月，中共十七届五中全会召开，按照全会要求，“十二五”时期扩大社会保障覆盖范围的重点：一是对城镇就业群体，重点做好农民工、非公有制经济组织从业人员、灵活就业人员的参保工作。二是解决体制转轨的历史遗留问题，全面落实关闭破产企业退休人员纳入城镇职工基本医疗保险政策，将未参保集体企业职工和原“家属工”“五七工”等纳入基本养老保险制度，将企业“老工伤人员”全部纳入工伤保险统筹管理。三是完善被征地农民的社会保障政策，实行先保后征，切实保障他们的合法权益。同年，12月22日，国务院总理温家宝主持召开国务院常务会议时指出，将为参保集体企业退休人员纳入基本养老保险。

推进企业职工基本养老保险省级统筹。2007年1月18日，劳动和社会保障部、财政部联合下发了《关于推进企业职工基本养老保险省级统筹有关问题等通知》，以确定企业离退休人员基本养老金按时足额发放为中心，在不断规范和完善省级调剂金制度的基础上，积极推进企业职工基本养老保险省级统筹工作的开展。

开展“做实”基本养老保险个人账户试点。“统账结合”的养老保险制度确立以后，由于现实中的退休费发放困难，加之统筹账户和个人账户都是由劳动保障部门的经办机构负责管理，一些地方的社会保障部门便将个人账户中的积累用于弥补统筹账户中的不足，致使个人账户个名义上的记账单位空账运行，并随着时间推移个人账户空账规模呈迅速增大之势。因此，2000 年 12 月国务院印发了《关于完善城镇社会保障体系试点的方案》，规定“社会统筹基金与个人账户基金实行分别管理。社会统筹基金不能占用个人账户基金”，并决定辽宁省于 2001 年 7 月率先在全国进行“做实”个人账户的试点工作。

（二）企业年金制度的完善

为进一步规范企业年金管理制度，2007 年 4 月 24 日，劳动和社会保障部下发了《关于做好原有企业年金移交工作的意见》，明确要求由社会保险经办机构、原行业管理的以及企业自行管理的原有企业年金均应移交给具备资格的机构管理运营，要确保 2007 年年底之前完成原有企业年金管理主体的变更和各项业务移交到位，实现规范的市场化管理运营，这标志着中国企业年金制度开始进入规范化运作阶段。

（三）机关事业单位养老保险制度改革的探索

2007 年，中共十七大报告中进一步提出要加快建立覆盖城乡居民社会保障体系，促进企业、机关、事业单位基本养老保险制度改革。2008 年 2 月，国务院常务会议讨论通过了劳动和社会保障部、财政部、人事部制定的《事业单位工作人员养老保险制度改革试点方案》，并于 3 月正式印发。

改革的主要内容有：一是实行社会统筹与个人账户相结合的基本养老保险制度，基本养老保险费由单位和个人共同承担，单位缴费比例一般不超过单位工资总额的 20%，个人缴费比例为本人缴费工资的 8%；二是改革养老金的计发办法，基本养老金由基础养老金和个人账户养老金待遇水平和退休年龄紧密挂钩；三是建立基本养老金正常调整机制，根据职工工资增长和物价变动等情况，国务院统筹考虑事业单位退休人员的基本养老金调整；四是建立职业年金制度，构建多层次的养老保险体系，提高事业单位工作人员退休后的生活水平，增强事业单位的人才竞争；五是逐步实行省级统筹。

（四）新型农村社会养老养老保险制度的建立

中共中央、国务院高度重视并深切关怀农村居民的养老保障问题，在一系列文件中对建立新农保制度提出明确要求。2007 年 10 月，中共十七大报告提出“加快建立覆盖城乡居民的社会保障体系，保障人民基本生活”，要求“探索建立农村养老保险制度，鼓励各地开展农村养老保险试点”。2008 年 10 月 12 日，中共十七届三中全会通过的《中共中央关于推进农村改革发展若干重大问题的决定》第一次提出了“新型农村社会养老保险”的概念，要求“贯彻广覆盖、保基本、多层次、可持续原则，加快健全农村社会保障体系[①]。按照个人缴费、集体补助、政府补贴相结合的要求，建立新型农村社会养老保险制度。创造条件探索城乡养老保

① 郑功成.中国社会保障制度变迁与评估[M].北京：中国人民大学出版社，2002.

险有效衔接办法”。2009年3月，温家宝总理在《政府工作报告》中提出2009年在全国开展新农保试点。在总结各地探索经验的基础上，2009年9月1日，国务院印发了《关于开展新型农村社会养老保险试点的指导意见》，标志着全国新农保试点工作正式启动。

新农保制度建立的基本原则是“广覆盖、保基本、多层次、可持续”。其主要内容有：一是参保范围：年满16周岁(不含在校学生)、未参加城镇职工基本养老保险的农村居民，可以在户籍地自愿参加新农保。二是基金筹集：新农保基金由个人缴费、集体补助、政府补贴构成，在个人缴费方面，缴费标准目前设为每年100元、200元、300元、400元、500元5个档次，地方可以根据实际情况增设缴费档次，参保人自主选择档次缴费，多缴多得；在集体补助方面，有条件的村集体应当对参保人缴费给予补助，补助标准由村民委员会召开村民会议民主确定；在政府补贴方面，政府对符合领取条件的参保人全额支付新农保基础养老金，其中中央财政对中西部地区按中央确定的基础养老金标准(目前为每人每月55元)给予全额补助，对东部地区给予50%的补助，地方政府应当对参保人缴费给予补贴，补贴标准不低于每人每年30元，对农村重度残疾人等缴费困难群体，地方政府为其代缴部分或全部最低标准的养老保险费。三是养老金待遇：养老金待遇由基础养老金和个人账户养老金组成，支付终身，中央确定的基础养老金标准为每人每月55元，地方政府可以根据实际情况提高基础养老金标准，对于长期缴费的农村居民，可适当加发基础养老金，提高和加发部分的资金由地方政府支出，个人账户养老金的月计发标准为个人账户全部储存额除以139(与现行城镇职工基本养老保险个人账户养老金计发系数相同)，参保人死亡，个人账户中的资金余额，除政府补贴外，可以依法继承；政府补贴余额用于继续支付其他参保人的养老金。四是养老金待遇领取条件：年满60周岁、未享受城镇职工基本养老保险待遇的农村有户籍的老年人，可以按月领取养老金，新农保制度实施时，已年满60周岁、未享受城镇职工基本养老保险待遇的，不用缴费，可以按月领取基础养老金，但其符合参保条件的子女应当参保缴费，距领取年龄不足15年的，应按年缴费，也允许补缴，累计缴费不超过15年，距领取年龄超过15年的，应按年缴费，累计缴费不少于15年。

二、医疗保险制度的完善

近年来，各级党委、政府都把医疗卫生工作作为关心群众、促进社会和谐的大事，逐步加大投入、扩大基本医疗保障制度覆盖范围，提高医疗保障水平。2009年3月17日，中共中央、国务院印发《关于深化医药卫生体制改革的意见》，提出“基本医疗保障制度全面覆盖城乡居民3年内城镇职工基本医疗保险、城镇居民基本医疗保险和新型农村合作医疗参保(合)率均达到90%以上”，充分体现了中共中央、国务院对医疗保障事业的高度重视。

(一)城镇职工基本医疗保险制度不断完善

为了适应经济发展和就业结构的变化，城镇职工基本医疗保险制度覆盖范围不断扩展，由单位就业人员扩大到全从业人员。一是政府把灵活就业人员(2003年)、农民工(2006年)纳入城镇职工基本医疗保险范畴；二是为解决历史遗留问题，将关闭破产国有企业退休人员等纳入医疗保险;三是流动人口的医疗保险权益得以保障。

(二) 新型农村合作医疗制度全面发展

2003 年以来,新型农村合作医疗制度建设从试点起步,积极探索,稳步推进。2007 年 1 月,国务院召开了全国新型农村合作医疗工作会议,在回顾总结了新型农村合作医疗试点四年来所取得的成绩、经验明确要求新农合在全国范围内全面推进。为此,2008 年 1 月 22 日,财政部、卫生部印发了《新型农村合作医疗基金财务制度》。新型农村合作医疗采取个人缴费、集体扶持和政府资助的方式筹集资金。

(三) 城镇居民基本医疗保险制度建立

随着城镇职工基本医疗保险制度的全面实施和新型农村合作医疗试点工作的顺利推进,城镇非从业居民的医疗问题日益突出。为了实现基本建立覆盖城乡全体居民的医疗保障体系的目标,2007 年 7 月 10 日,国务院发布《关于开展城镇居民基本医疗保镇居民基本医疗保险试点的指导意见》,标志着城镇居民医疗保险制度的试点工作正式启动。

城镇居民基本医疗保险制度包括:一是参保范围,不属于城镇职工基本医疗保险制度覆盖范围的中小学阶段的学生(包括职业高中、中专、技校学生)、少年儿童和其他非从业城镇居民都可自愿参加城镇居民基本医疗保险。二是筹资水平,试点城市应根据当地的经济发展水平以及成年人和未成年人等不同人群的基本医疗消费需求,并考虑当地居民家庭和财政的负担能力,恰当确定筹资水平;探索建立筹资水平、缴费年限和待遇水平相挂钩的机制。三是缴费和补助,城镇居民基本医疗保险以家庭缴费为主,政府每年按不低于人均 40 元给予补助,其中,中央财政从 2007 年起每年通过专项转移支付,对中西部地区按人均 20 元给予补助。在此基础上,对属于低保对象的或重度残疾的学生和儿童参保所需的家庭缴费部分,政府原则上每年再按不低于人均 10 元给予补助,其中,中央财政对中西部地区按人均 5 元给予补助;对其他低保对象、丧失劳动能力的重度残疾人、低收入家庭 60 周岁以上的老年人等困难居民参保所需家庭缴费部分,政府每年再按不低于人均 60 元给予补助,其中,中央财政对中西部地区按人均 30 元给予补助,中央财政对东部地区参照新型农村合作医疗的补助办法给予适当补助,参保居民按规定缴纳基本医疗保险费,享受相应的医疗保险待遇,有条件的用人单位可以对职工家属参保缴费给予补助,国家对个人缴费和单位补助资金制定税收鼓励政策。四是费用支付,城镇居民基本医疗保险基金的使用要坚持以收定支、收支平衡、略有结余的原则,合理制定城镇居民基本医疗保险基金起付标准、支付比例和最高支付限额,以重点确保参保居民的住院和门诊大病医疗支出,有条件的地区可以逐步试行门诊医疗费用统筹。

(四)《社会保险法》颁布

2010 年 10 月 28 日,十一届全国人大常委会第十七次会议审议通过了《中华人民共和国社会保险法》(以下简称《社会保险法》)。《社会保险法》是中国第一部社会保险制度的综合性法律,共 12 章 98 条,对社会保险制度建设的总体框架、基本方针、基本原则和基本制度等有关方面作出了全面规定。归纳起来，主要有以下几个方面：

首先，确立了社会保险体系的完整框架，具体包括基本养老保险、基本医疗保险、工伤保险、失业保险、生育保险五项，其中，基本养老保险和基本医疗保险按照统筹层次的不同，又分为职工基本养老保险和基本医疗保险、新型农村社会养老保险和医疗保险以及城镇居民社会养老保险和医疗保险；其次，将中国境内所有用人单位和个人都纳入了社会保险制度的覆盖范围；再次，规定了社会保险制度的主要筹资渠道、待遇项目和享受条件；最后，强化了社会保险基金管理和监督等。

三、社会救助制度的完善

作为中国社会保障制度的重要组成部分，社会救助不仅是整个社会保障体系中的支柱性制度安排，而且承担者解除国民生存危机、维护底线公平的基础性制度安排。经过三十多年的改革与发展，我国已经基本形成了以城乡居民最低生活保障制度为主体、以农村五保供养制度、医疗救助制度、教育救助制度、住房救助制度等为补充的社会救助体系框架。

（一）城镇居民最低生活保障制度完善

城镇居民最低生活保障制度的完善主要表现在适时提高低保补助水平方面。2007 年 9 月 24 日，国家发展与改革委员会、教育部、民政部、财政部、铁道部、农业部联合下发《关于加强价格调控保障市场供应的通知》，规定：从 2007 年 8 月起城市低保对象的实际补助每人每月增加不低于 15 元的基础上，从 10 月份起再增加发放 3 个月每人每月 10 元的临时补贴。

（二）农村最低生活保障制度在全国建立

为贯彻落实十六届六中全会精神、切实解决农村贫困人口的生活困难，2007 年 7 月 1 日，国务院下发《关于在全国建立农村最低生活保障制度的通知》，提出了建立农村最低生活保障制度的目标和总体要求，明确了农村最低生活保障标准和对象范围、规范了农村最低生活保障管理，以确保农村最低生活保障制度的顺利实施在全国建立农村最低生活保障制度，不仅是解决农村贫困人口温饱问题的重要举措，而且也是建立覆盖城乡的社会保障体系的重要内容，标志着中国开始实现了居民最低生活保障制度的均等化。

2008 年 2 月 3 日，民政部、财政部下发了《关于进一步提高城乡低保补助水平妥善安排当前困难群众基本生活的通知》，指出：各地民政部门要高度重视基本生活消费品价格上涨对低保家庭的影响，在执行原有政策基础上，从 2008 年 1 月 1 日起，按每人每月 10 元的标准提高农村低保对象补助水平。2008 年，中央财政支持全面建立和完善农村最低生活保障制度，月人均财政补助标准由 30 元提高到 50 元，中央财政对中西部地以及东部的一部分地区补助比例的 1/3 提高到 2008 年的 70%。

（三）农村五保供养制度稳步发展

在“十一五”期间，民政部决定利用发行福利彩票筹集的彩票公益金，开展“农村五保供养服务设施建设霞光计划”。主要内容是：2006—2010 年，从中央到地方，各级民政部门要从本级留用的彩票公益金中，划拨一部分资金资助农村五保供养服务设施建设，同时积极争取地方政府加大投入，总投入力争达到亿元左右。

（四）进一步建立健全临时救助制度

为了妥善解决城乡贫困居民的突发性、临时性生活困难，推进社会救助体系建设，2007年6月27日，民政部颁发了《关于进一步建立健全临时救助制度的通知》（以下简称《通知》），该《通知》的主要内容包括一是合理确定临时救助的范围和数额；二是临时救助的受理与发放程序；三是不断加大临时救助资金的投入与管理力度。

四、社会福利制度的完善

（一）民政福利事业进一步完善

老年人福利。为努力实现“老有所养、老有所医、老有所为、老有所乐”的社会目标，2007年，全国各地启动了“农村五保供养服务设施建设霞光计划”。截至2009年年底，全国大部分县（市）建立了高龄老人生活补贴制度。

儿童福利。儿童是社会保障体系首先需要关注的对象之一，儿童福利是社会福利体系中最基本的部分。随着社会的发展和进步，中国儿童社会福利事业已经取得了显著成就，儿童福利服务水平也得到不断提高。

残疾人福利。为实现构建和谐社会的宏伟目标，近几年来，党和政府始终把残疾人的工作放在重要地位，制定了一系列扶持和帮助残疾人就业和生活的重要政策，促进了残疾人事业的发展，提高了残疾人的生活水平和地位。

（二）教育福利改革与发展

教育是国民立足社会的基础，也是国家发展的根本所系，教育机会公平是社会公平的基础。无论从提高国民自身素质的角度出发，还是从国家长期发展的角度出发，都应该重视满足国民的教育需求。教育又具有明显的公益性和福利性，是国民福利权的重要组成部分①。

义务教育。2008年8月12日，国务院发出《关于做好免除城市义务教育阶段学杂费工作的通知》，决定从2008年秋季学期开始，在全国范围内全部免除城市义务教育阶段学生学杂费。

高等教育。中国的高等教育不是义务教育，但依然包含福利因素。中国高等教育中的福利政策包括国家奖学金和励志奖学金制度、国家助学金制度、国家助学贷款、师范生免费教育制度以及其他福利性政策。

---

① 郑功成.中国社会保障30年[M].北京：中国人民大学出版社，2008：284.

第五节 中国社会保障制度的未来展望

在全面建设小康社会的历史性变革中，社会保障肩负着重要的使命。未来十几年我国社会保障体系建设，既有难得的机遇，又面临巨大的挑战。工业化加速发展，城乡结构急剧变化，人口老龄化来势迅猛，构成了未来社会保障发展的客观背景；地域广阔、人口众多、体制转轨遗留的诸多问题，巨大的地区差别、城乡差别和不同群体之间的利益差别，是以追求公平为要旨的社会保障体系无法回避的巨大挑战；同时，市场化和就业方式多样化、经济全球化的影响，增加了我国社会保障事业发展的变动因素①。从现在起到 2020 年，建立和完善覆盖城乡居民的社会保障体系，是一个伟大的目标，也是一项艰巨的使命。

一、中国社会保障制度未来的机遇与挑战

中国社会保障制度的未来，既面临着难得的机遇，又有严峻挑战。改革力度的加大、经济持续稳定的发展、市场体制的逐步完善和国际社会保障制度建设的经验，构成了中国未来社会保障制度发展的契机。工业化进程的加快、城市化提速、人口老龄化和全球化不稳定因素是中国未来社会保障制度发展无法回避的挑战。

（一）中国社会社会保障制度未来面临的机遇

1. 中共中央关于全面深化改革的重大举措为社会保障制度的发展提供了强大政治保障

2013 年 11 月 12 日，中国共产党第十八届中央委员会第三次全体会议通过《中共中央关于全面深化改革若干重大问题的决定》，指出建立更加公平可持续的社会保障制度。坚持社会统筹和个人账户相结合的基本养老保险制度，完善个人账户制度，健全多缴多得激励机制，确保参保人权益，实现基础养老金全国统筹，坚持精算平衡原则。深化医药卫生体制改革。统筹推进医疗保障、医疗服务、公共卫生、药品供应、监管体制综合改革。深化基层医疗卫生机构综合改革，健全网络化城乡基层医疗卫生服务运行机制。加快公立医院改革，落实政府责任，建立科学的医疗绩效评价机制和适应行业特点的人才培养、人事薪酬制度。可以预见，在新一届中央领导集体的带领下，全党、全社会和全国各族人民对完善社会保障制度的重要性会有更深刻的认识，社会保障事业的发展将获得更加强大的政治保障。

2. 未来中国经济的持续增长为社会保障制度的发展奠定了雄厚的经济基础和财力保障

改革开放以来，中国经济持续高速增长，创造了“中国奇迹”。中国 GDP 从 1978 年的 3 600多亿元增长到 2013 年的 56.8 万亿元，人均 GDP 为42 557元。国家财政实力持续大幅度增加，从 1978 年的1 100多亿元增加到 2016 年的 15.9 万亿元②。经济总量和财政收入的

---

① 胡晓义.走向和谐：中国社会保障发展 60 年[M].北京：中国劳动社会保障出版社，2009：529.

② 中华人民共和国国家统计局[DB/OL].http://www.stats.gov.cn/.

快速增长及所具有的规模，使国家具备了构建一个健全的社会保障体系的经济实力。当前中国经济正处于新的变革时期，要继续保持国民经济的持续发展，选择内需驱动型经济增长模式是必由之路。而内需驱动型经济的发展就必须建立在能够给国民以稳定的安全预期基础之上，只有健全的社会保障体系才能真正给全体国民带来普遍的生活安全感和稳定的安全预期。因此，社会保障对中国的经济发展而言，不仅不是一种负担，而且是一种非常必要的、有益的长效投资。可见，日益雄厚的经济基础及对内需驱动型经济发展模式的追求，为社会保障制度的完善及其经济投资功能的有限发挥，创造了极为良好的条件。

3. 市场体制的逐渐完善为中国社会保障制度的发展提供了强大动力

在高度集中的计划经济体制下，中国政府力图成为“权力无穷大、责任无穷小”的大政府，在此过程中挤压了市场机制和社会力量发挥作用的空间。对此，《中共中央关于全面深化改革若干重大问题的决定》明确指出：建设统一开放、竞争有序的市场体系，是使市场在资源配置中起决定性作用的基础，建立公平开放透明的市场规则，完善主要由市场决定价格的机制，完善金融市场体系。随着市场经济体制的进一步完善，公平的竞争环境和完善的法制调控不仅会激发企业和劳动者的活力，带来市场经济的高效率，而且也为社会保障事业的发展和多层次社会保障体系建设提供更大的动力。此外，随着金融市场的进一步发展、投资管理水平的不断提高和金融监管能力的逐步增强，社会保障基金的投资范围将得以适度放宽，并获得高水平的投资回报，同时，有利于减少企业年金和私营养老金基金的投资风险，增强这些保障计划对社会成员的吸引力。

4. 国外社会保障制度建设的经验教训为中国制定更加科学社会保障制度发展战略奠定了基础

发达国家现代社会保障制度建设已有一百多年的历史，无论是在健全保障项目、扩大覆盖范围，还是在提高保障水平方面均走在我们前面。发达国家在推动社会保障管理体制统一化和社会保障经办服务的社会化方面也有很多好的做法与经验。此外，发达国家在社会保障发展过程中产生的“福利病”“养懒汉”等问题，影响了劳动者的积极性和企业的竞争力，汲取这方面的教训可以使中国社会保障制度的发展少走弯路。经济全球化为各国社会保障改革与制度建设提供了新的视野与重整机会。尽管各国国情、历史、文化不同，国外做法不能完全搬抄，但是通过总结发达国家社会保障制度建设的经验，反思发展中出现的问题，有利于我们制定更加科学合理的社会保障发展战略。

（二）中国社会保障制度未来面临的挑战

基于现实我国经济社会发展状况，中国社会保障制度未来发展所面临的困难和挑战，主要表现在以下几个方面：

1. 工业化进程的加快扩大了职业风险范围，扩大了社会风险程度

随着工业化的加快，进入工业社会的人群规模迅速扩大，加之多种经济成分和多种所有制格局形成，职业风险的范围较之单纯国有经济时期要大大扩展。工业化的负面效应向城市边缘甚至向农村蔓延。工业化中期阶段后，产业结构深度调整，社会结构和利益格局发生变化，社会风险也在加大。公众的利益诉求趋于多样化，并对社会保障水平和公平性提出了更高的要求。一是各类无保障群体诉求增加，新老问题交错，解决体制转轨遗留问题的任务更加急迫。二是已有基本保障的群体，由于待遇差别而产生的攀比现象日趋普遍，调整的难度加大。三是公众对社会保障管理服务的方式和效率提出了新要求，如出现大量异地养老、异地就医，群众强烈要求改善服务方式，提高服务效率。同时，工业化的加快也使地区之间不平衡状态凸显。东部地区工业化程度比较高，中部地区承接产业转移，而西部地区工业基础薄弱，发展较为滞后。工业化程度不同带来的地区之间的经济发展差别，决定了我国社会保障体系的基本取向：既要考虑各地区发展社会保障的现实条件和财政支出，又要注重和促进制度的总体性和统一性，努力缩小各地区之间的差别，减少未来整合制度的成本和压力。

2. 城市化提速凸显了对农村和农民社会保障制度供给不足

城市化是一个渐进的过程，对于我们这样一个幅员辽阔、人口众多的发展中国家来说，情况尤为突出。我国城乡二元结构在今后相当长的时期内不会彻底改变，农业人口将继续保持较大比重。目前，我国城乡之间的差别依然较大。仅从收入关系上来看，2001—2008年，农村居民家庭恩格尔系数对比城镇居民家庭恩格尔系数，从高出 9.5 个百分点下降到高出 5.8 个百分点，但城镇居民可支配收入从6 860元上升到15 781元，增长 1.3 倍；农村居民纯收入从2 366元上升为4 761元，增长 1.01 倍，绝对差距还是拉大了[①]。为了增加农民收入，国家出台了许多政策。但由于土地资源增加的空间有限，就必须加大对农民的直接补贴额度。从这个角度来说，我国现行农村社会保障制度还存在着不足，主要体现在：其一，农村缺乏完整的社会保障制度安排，保障水平较低；其二，对大量在城乡之间流动的农民工，尚缺乏适合其特点的政策安排。总之，城市化，使农村和农民的社会保障制度缺失及不完善问题凸显出来。

3. 人口老龄化，对社会保障制度建设带来新的压力和挑战

20 世界 80 年代以来，人口老龄化已经成为了一种普遍的国际现象。据全国老龄工作委员办公室 2006 年 2 月发布的《中国人口老龄化发展趋势预测研究报告》认为，21 世纪的中国将是一个不可逆转的老龄社会。2001—2100 年，中国人口老龄化分三个阶段：第一阶段，2001—2020 年是快速老龄化阶段，这一阶段中国将平均每年新增 596 万老年人口，年均增长速度达到 3.28%。第二阶段，2021—2050 年是加速老龄化阶段，平均每年增加 620 万人，到 2050 年，老年人口总量将超过 4 亿。第三阶段，从 2051 年到 2100 年是稳定的重度老龄化阶段，这一段时间，老龄化水平基本稳定在 31%左右[②]。与其他国家相比。我国人口老龄化具有以下特征：一是老年人口规模大；二是老龄化发展迅速；三是地区发展不平衡；四是城乡倒置现象严重；五是老龄化超前于现代化。人口老龄化意味着社会保障制度抚养比结构持续恶化，这在一定程度上削弱了社会保障发展的财务基础，从减收和增支两方面影响社会保障

---

① 中华人民共和国国家统计局[DB/OL].http://www.stats.gov.cn/.

② 中国网[DB/OL].http://www.china.com.cn/chinese/news/1134589.htm.

制度的长期可持续性。此外，在建立满足庞大老年人群需求的为老社会服务体系方面，诸如增加为老服务设施、开展老年护理，也面临着巨大压力。

4. 全球化的影响，增加了我国社会保障发展的不确定因素

经济全球化影响的加深，对社会保障制度的发展带来严重挑战，冲击了社会保障制度的稳定性和可靠性。主要表现在：其一，我国社会保障基金总量较大，为了实现基金的保值增值，必将更大规模的社会保障基金进入资本市场，寻求投资机会。经济全球化，增加了各经济实体之间的联系，在出现金融动荡时，势必加大社保基金的投资风险，所以对于我国社会保障制度的建设问题的思考应该超越一国范围，考虑国际因素。其二，全球化背景下，我国经济的外贸依存度更高，国际经济的周期性波动、汇率的变化都有可能导致国内一些企业特别是中小企业的停产关闭，此外，生产过程中的"强资本、弱劳动"的格局，使劳动者处于更加弱势的低位，面临更大的收入波动和失业风险，这一切都给社会保障制度带来一定的压力。

可见，中国社会保障制度未来的发展，存在很多机会，同时也面临严峻挑战。建设中国特色的社会保障体系任重而道远。

二、中国社会保障制度未来发展的目标、思路及工作重点

社会保障关系亿万国民的切身利益，是维护公平正义、促进社会和谐的基本制度安排。伴随经济改革与社会转型的演进，中国社会保障制度改革在探索中前行。中国社会保障制度改革究竟是继续维持城乡分割的格局，还是应当推进实现社会保障体系的城乡衔接？这个涉及社会保障制度改革与发展的宏观目标或方向的重大问题，已经得到了解决。根据中共十六届六中全会和十八大的提法，从 2007 年起到 2020 年，基本建立覆盖城乡居民的社会保障体系，既是构建社会主义和谐社会的主要任务，也是确保到 2020 年实现全面建成小康社会的奋斗目标之一。

（一）建立覆盖城乡居民社会保障体系的目标

从现在起到 2020 年，中国社会保障改革与发展的目标是：建立有中国特色、全民共享的社会保障制度以及与之相适应的运行机制和管理体制，实现保障对象全民化、保障方式多样化、筹资渠道多元化、管理服务社会化，为全面实现小康社会提供和谐、稳定的保障网①。具体说，主要包括以下几个方面：

1. 社会保障项目比较齐全，人人享有基本保障

在党的十七大报告提出的"社会保障要保障人民生活"基础上，十八大报告增加了"社会保障是调节社会分配的一项基本制度"，这一界定标志着中国社会保障理念的又一次转变，而这一理念将会影响到今后的制度设计及实践。到 2020 年，我们的目标是"覆盖城乡居民的社会保障体系基本建立，人人享有基本生活保障"。这就是说，社会保障制度建设，要不分身份、不分行业、不分地域、不分城乡，通过不同的制度安排及相互衔接，对所有劳动者和

---

① 胡晓义.走向和谐：中国社会保障发展 60 年[M].北京：中国劳动社会保障出版社，2009：547.

社会成员都能实现保障制度的全覆盖。社会保障项目要比较齐全，要保障制度落实到人，不同社会群体在基本养老、基本医疗和最低生活保障等方面均有相应的制度安排，努力使全体人民学有所教、劳有所得、病有所医、老有所养、住有所居，推动建设和谐社会。

2. 社会保障水平适度，能够有效保障基本生活

在不同社会保障制度的安排下，不同社会群体都能得到基本保障，各群体之间的保障水平差距缩小。要合理界定各类群体的社会保障待遇差距，发挥社会保障调节社会分配的功能。同时，与城乡经济发展、生活水平相适应的社会保障水平调整机制总体形成，社会保障水平随国民经济发展相应提高，让受保障者都能合理分享经济发展和社会进步的成果。

3. 社会保障资金长期平衡，实现可持续发展

要注重社会保障资金的长期平衡，避免急功近利，实现社会保障的可持续发展，为积极、从容地应对未来人口老龄化高峰的挑战做好制度、政策和资金准备。特别是要落实财力保障，保证国家财政性社会保障投入不低于财政支出的20%，并通过财政支持及税收减免调动社会资源投向社会保障领域。基尼系数因社会保障对收入分配的调节而降低到0.4以内。

4. 形成多层次的社会保障体系，满足人民群众不同层次或更高水平的保障需要

要以养老补贴、医疗救助、最低生活保障制度作为国家最基础的社会保障；以养老、医疗、失业、工伤、生育等社会保险作为劳动者的基本保障；以补充性保险满足人民群众更高的保障需求。

5. 社会保障管理体系健全，运行机制实现现代化、规范化

加快社会保障立法的进程。《社会保险法》已经出台，《社会救助法》《社会福利法》也需要抓紧制定，以将各项社会保障制度全面上升到法律规范的层次。理顺和处理好社会保障立法机关、行政机关、经办机构和社会组织之间关系，各负其责。同时，要保持各项社会保障制度之间的有效协调。特别是加快社会保障信息系统建设，在基本保障项目上实现全国联网，并与政府社会管理和公共服务等其他信息系统实现资源共享。

（二）建立覆盖城乡居民社会保障体系的基本思路

在中国社会保障制度进入定型、稳定、可持续发展的关键时期，总揽全局，加快覆盖城乡居民的社会保障体系建设，应当坚持的基本思路主要有以下几个方面：

1. 坚持从基本国情出发

中国还处于并将长期处于社会主义初级阶段，人口多，底子薄，城乡二元分割与地区发展失衡作为长期形成的一种客观现象，受制于经济、社会发展失衡以及一些根深蒂固的制度安排（如户口政策），失衡状况与差距虽然会持续缩小，却非短期内可以完全改变。尽管社会保障制度应当符合政府主导、城乡一体、公平普惠的内在要求，但城乡分割与地区发展失衡的现实国情，迫使中国社会保障体系建设只能走渐进式发展之路。

受国民经济发展水平比较低、社会财富积累也不够多、人口众多等因素的制约，在相当长时期内，只能实行以保障基本生活为标准的社会保障。保障水平不能搞得过高，否则，企业负担过重，还容易出现“养懒汉”的现象，但是水平也不能过低，要满足广大群众的基本需要,保证保障对象的基本生活。

此外,人口流动加速,产业结构升级,就业结构与形式也在持续变化。因此,覆盖城乡居民的社会保障体系建设,除了坚持低水平起步和渐进式全覆盖之外,还要适应人口流动和就业形式多样化的特点,做好制度之间的政策衔接和社会保险关系的转移接续。

2. 坚持公平与效率相结合,权利与义务相结合

社会保障体系建设必须以促进公平为基本出发点,这是由社会保障制度的本质所决定的,否则就丧失了其赖以生存和发展的最基本价值。社会保障体系建设同样也不能忽视效率,只有通过提高效率来不断做大国民收入总量这块"蛋糕",才有可能调动更多的社会资源用于群体之间、地区之间、劳资之间、代际之间的再分配,使社会成员更加公平地分享经济发展和社会进步的成果。因此,只有将公平与效率有机地统一起来,才是符合社会保障本质要求并实现健康、持续发展的取向。

建立覆盖城乡居民的社会保障体系,坚持以缴费型社会保险制度为主,以非缴费型福利项目为补充,是因为社会保险制度最能体现公平与效率相结合、权利与义务相对等等现代社会保障运行的原则,能较好地防范制度性的负激励与道德风险,防范和避免"福利陷阱"。同时,坚持社会保险待遇水平与缴费相挂钩的激励约束机制,能够引导劳动者积极就业多劳多得,早缴费、多缴费、连续长期缴费。

3. 注重社会保障制度的城乡统筹

城市和农村之间社会保障事业发展的差距是中国社会保障制度存在的最突出问题之一。近年来,农村社会保障体系建设明显提速,但总的来看,城镇社会保障和农村社会保障发展不平衡的局面仍然没有根本扭转。为此,一是将农村社会保障放在更加重要的位置加以考虑,将社会保障工作和财政投入的重点切实向农村适度倾斜。二是要注意做好城镇相关社会保障制度与农村相关社会保障制度的衔接与整合。三是要高度重视农民工这一特殊群体的社会保障问题,扩大农民工工伤、医疗、养老保险的覆盖面,尽快将有条件的农民工纳入城镇社会保险体系,制定和实施农民工养老保险关系转移接续办法。四是做好被征地农民社会保障,做到先保后征,使被征地农民基本生活长期有保障。当然,也不能将统筹城乡简单理解为城镇与农村在社会保障具体制度设计和保障水平方面的完全整齐划一,而是要充分考虑城市居民与农村居民在生产生活等方面的差异。

4. 坚持"德法"并重兼施,进一步规范社会保障管理与运行

社会主义市场经济本质上是法制经济,作为市场经济的重要组成部分,社会保障制度也必须建立在法制化基础之上,这是不言而喻的。只有通过立法将社会保障制度以法律的形式确立下来,才能使社会保障主体的权利、义务和职责明晰化,才能减少制度实施中的摩擦,使制度获得连续实施的生命力。目前,中国社会保障法制建设还应进一步加快步伐,尽早出台《社会救助法》《社会福利法》等社会保障领域的基本法律,规范社会保障关系,提高社会保障制度的权威性、执行的严肃性、适用的强制性。只有体制、机制和法制"三制"健全才有可能保证社会保障事业的顺利发展。

同时，我们也不能忽视道德建设对社会保障事业发展的巨大作用。要将法律的规范作用和道德的规范作用有机结合起来。因为在很多情况下，法律毕竟只是为社会保障相关主体的行为标准设定了底线，很多行为难以纳入调节范畴，因此要注意充分发挥道德舆论对社会保障的激励和约束作用。

总之，建立覆盖城乡居民的社会保障体系，应当坚持广覆盖、保基本、多层次、可持续的方针，立足当前、着眼长远，统筹城乡、整体设计，分步实施、配套推进。先解决制度从无到有的问题，循序解决覆盖面从小到大、待遇水平从低到高的问题。量力而行，积极而为，逐步将各类人员纳入社会保障覆盖范围，实现应保尽保。

（三）建立覆盖城乡居民社会保障体系的工作重点

当前，中国社会保障体系建设已经进入了统筹城乡、全面发展的新时期。我们应当坚持中共十七大确定的发展方向和目标任务不动摇，着力解决现实突出的和历史遗留的问题，重点在增强社会保障制度的公平性、适应流动性、保证可持续性方面下功夫，加快推进覆盖城乡居民的社会保障体系建设。

1. 完善养老保障体系，尽快实现“老有所养”目标

尽快弥补农村养老保障制度安排缺失。一是根据国务院《关于开展新型农村社会养老保险试点的指导意见》落实各级政府补助资金，引导农民积极参保，同时，根据工业化、城镇化的发展趋势，使这一制度与城镇的养老保险制度相衔接。二是制定、出台和实施农民工参加养老保险的办法，特别重要的是，农民工养老保险办法，要预留出与职工养老保险制度及新农保制度的“接口”。三是落实被征地农民的社会保障政策。

深化改革城镇现有养老保险制度。一是完善城镇职工养老保险制度，扩大其制度覆盖面。当前比较突出的问题是，城镇职工基本养老保险制度规定企业按工资总额的20%缴费，这在世界上是比较高的。因此，要通过适当降低缴费基数和费率等措施，鼓励和引导私营企业、个体灵活就业人员参加基本养老保险。这样，可以扩大制度的覆盖面，改善缴费者与领取者的比例，又反过来为保持适度较低费率提供支撑。二是提高养老保险基金统筹层次。目前大多数地区实行地市级统筹，甚至还有实行县级统筹的，这不符合大范围分散养老风险的需要。要尽快实现省级统筹，并在此基础上实施基础养老金全国统筹。三是做好制度之间的政策衔接。城镇职工养老保险制度和新型农村养老保险制度，虽然保障水平不同，但如果“基础养老金十个人账户”的结构，两套制度就能够互通互联，适应劳动者城乡流动。

加快发展各种补充性养老保障事业发展。补充性养老保障项目主要包括企业（职业）年金、商业养老保险、农村土地保障和家庭养老以及老年服务等。目前，中国补充性养老保障事业发展仍然滞后。因此，国家应通过多种更有力的政策，鼓励和引导用人单位为劳动者建立补充保险。此外，为应对老龄化高峰的到来和老年人养老需求的多样化，还需充分发挥商业保险、家庭和社区服务在养老方面的积极作用。

2. 完善医疗保障体系，尽快实现“病有所医”目标

建立和完善“三横三纵”的医疗保障体系。“三横”即城乡医疗救助制度作为保底层、基本医疗保险作为主干层、各种补充医疗保险和商业健康保险作为补充层，组成医保体系的三个主要层次。“三纵”即在基本医疗保险中的职工医疗保险、城镇居民基本医疗保险和“新农合”三项制度。当务之急，一是加快推进城镇居民基本医疗保险制度建设，在总结试点经验的基础上全面推开；二是全面推进城镇职工基本医疗保险制度，继续扩大职工医保覆盖面。三是完善新型合作医疗制度，使“新农合”覆盖人群稳定在 8 亿人。

推进医疗保障的“三个统筹”。一是实行门诊统筹。目前城镇居民医保的政策安排主要是解决住院和大病费用问题。随着试点推开，群众对减轻门诊多发病、常见病的费用负担问题也会提出需求。通过统筹共济方式，可以有效满足这样的需求，扩大保障受益面，增强制度吸引力，并有利于更好地发挥社区等基层医疗机构的作用。二是提高统筹层次。当前，基本医疗保险县级低层次统筹的矛盾日益凸显，今后要加快地市级统筹的步伐，有条件的地区向省级统筹迈进，在更大范围内调剂基金，提高基金使用率。三是统筹城乡发展，要逐步缩小职工医保、居民医保和新农合三项医疗保险制度在报销比例和总额方面的差距，搞好城乡医保制度之间的衔接。

3. 完善失业、工伤、生育保险制度

失业保险制度改革。中国失业保险制度保障范围小、保障水平低，能够享受到失业保险的人员更少，促进就业的功能较弱，缺乏稳定就业和预防失业功能。借鉴国际经验，完善失业保险制度，目前可采取以下措施：一是扩大失业保险覆盖范围，提高失业保险待遇水平。二是适时调整制度的目标取向，以保障基本生活为基础，同时发挥其促进就业和预防失业的功能。三是逐步提高统筹层次，合理确定费率，做到基金收支平衡。

工伤保险制度改革。一是继续实施“平安二期计划”，争取将城镇有劳动关系的农民工基本纳入工伤保险范围。二是尽快解决经济体制转轨过程中出现的一部分工伤职工仍由原企业承担医疗和伤残补助费用的“老工伤”问题。三是提高统筹层次，实行地市级统筹，有条件的地区要向省级统筹迈进。四是建立预防、补偿、康复相结合的制度体系。

生育保险制度改革。要继续扩大生育保险的覆盖面，探索将保障范围逐步由职业人群扩展到城乡全体居民。

此外，在社会救助制度方面，应该完善最低生活保障制度，扩大专项救助政策实施范围，建立健全应急救助体系；在社会福利制度方面，中国社会福利制度亟待转型，建立一个与中等发展水平相适应的新型社会福利制度，老年人和残疾人社会福利制度仍需加大建设力度；在基金筹集方面，需要多渠道筹措社会保障基金，做大社会保障基金的盘子，开辟社会保障基金投资渠道，确保社会保障基金保值增值；在社会保障制度管理方面，加快社会保障法制化建设，建立科学的社会保障责任分担机制，加强社会保障管理现代化建设。

参考文献

中文图书

[1] 郑功成.社会保障学[M].北京:商务印书馆,2000.

[2] 郑功成.社会保障学——理念、制度、实践与思辨[M].北京:商务印书馆,2012.

[3] 郑功成.中国社会保障改革与发展战略[M].北京:人民出版社,2011.

[4] 丁建定.西方社会保障制度史[M].北京:高等教育出版社,2010.

[5] 丁建定.瑞典社会保障制度的发展[M].北京:中国劳动社会保障出版社,2004.

[6] 李秉坤,陈淑君.社会保障学[M].北京:中国财富出版社,2008.

[7] 曹立前.社会保障概论辅导全书[M].济南:山东人民出版社,2009.

[8] 谢圣远.社会保障发展史[M].北京:经济管理出版社,2007.

[9] 王文素.社会保障理论与实务[M].北京:经济科学出版社,2004.

[10] 黄安年.当代美国的社会保障政策[M].北京:中国社会科学出版社,1998.

[11] 林闽钢.社会保障国际比较[M].北京:科学出版社,2007.

[12] 林闽钢.现代社会保障通论[M].北京:中国社会科学出版社,2014.

[13] 金志霖.英国行会史[M].上海:上海社会科学院出版社,1996.

[14] 孙光德,董克用.社会保障概论[M].北京:中国人民大学出版社,2008.

[15] 周弘.福利国家向何处去[M].北京:社会科学文献出版社,2006.

[16] 钱乘旦,陈晓律.在传统与变革之间——英国文化模式溯源[M].杭州:浙江人民出版社,1991.

[17] 姜守明,耿亮.西方社会保障制度概论[M].北京:科学出版社,2002.

[18] 史柏年.社会保障概论[M].北京:高等教育出版社,2012.

[19] 姜士林.世界宪法全书[M].青岛:青岛出版社,1997.

[20] 苏振苏,社会保障制度国别研究[M].北京:人民日报出版社,2004.

[21] 李琮.西欧社会保障制度[M].北京:中国社会科学出版社,1989.

[22] 牛文光.美国社会保障制度的发展[M].北京:中国劳动社会保障出版社,2004.

[23] 邓大松.改革开放30年中国社会保障制度改革回顾、评估与展望[M].北京:中国社会科学出版社,2009.

[24] 王尔山,王则柯.社会保障在美国[M].广州:中山大学出版社,2000.

[25] 夏淑敏.社会保障概论[M].合肥:安徽大学出版社,2005.

[26] 童星.社会保障与管理[M].南京:南京大学出版社,2002.

[27] 金红磊,理治.社会保障导论[M]. 北京:中央民族大学出版社, 2013.

[28] 泽瓦埃斯.1871年后的法国社会主义[M].中央编译局国际共运史研究室,译.北京:三联书店 1983.
[29] 顾海良,张雷声.世界主要国家社会保障制度概观[M].北京:中国大百科全书出版社,1995.
[30] 邵芬主.欧盟诸国社会保障制度研究[M].昆明:云南大学出版社,2003.
[31] 成新轩.国际社会保障制度概论[M].北京:经济管理出版社,2008.
[32] 顾俊礼.福利国家论析——以欧洲为背景的比较研究[M].北京:经济管理出版社,2002.
[33] 盖瑞,杨光.社会保障学[M].北京:清华大学出版社,2009.
[34] 彭迪先.世界经济史纲[M].北京:新知三联书店,1949.
[35] 蒋孟引.蒋孟引文集[M].南京:南京大学出版社,1995.
[36] 李珍.社会保障理论(第2版)[M].北京:中国劳动社会保障出版社,2007.
[37] 吴宏洛.社会保障概论[M].武汉:武汉大学出版社,2009.
[38] 康士勇.社会保障管理运作实务[M].北京:首都经济贸易大学出版社,2008.
[39] 粟芳,魏陆.瑞典社会保障制度[M].上海:上海人民出版社,2010.
[40] 邹根宝.社会保障制度欧盟国家的经验与改革[M].上海:上海财经大学出版社,2001.
[41] 李曜,史丹丹.智利社会保障制度[M].上海:上海人民出版社,2010.
[42] 穆怀中.社会保障国际比较(第2版)[M].北京:中国劳动社会保障出版社,2007.
[43] 郑春荣.英国社会保障制度[M].上海:上海人民出版社,2012.
[44] 高灵芝.社会保障概论[M].济南:山东人民出版社,2011.
[45] 胡晓义.社会保障概论[M].北京:中国劳动社会保障出版社,2012.
[46] 张开云,陈雷.社会保障学导论[M].广州:暨南大学出版社,2012.
[47] 穆怀中.国际社会保障制度教程[M].北京:中国人民大学出版社,2009.
[48] 李健,兰莹.新加坡社会保障制度[M].上海:上海人民出版社,2011.
[49] 吕学静.现代各国社会保障制度[M].北京:中国劳动社会保障出版社,2006.
[50] 张桂琳,彭润金.七国社会保障制度研究——兼论我国社会保障制度建设[M].北京:中国政法大学出版社,2005.
[51] 胡晓义.走向和谐:中国社会保障发展60年[M].北京:中国劳动社会保障出版社,2009.
[52] 宋士云.新中国社会保障制度结构与变迁[M].北京:中国社会科学出版社,2011.
[53] 严忠勤.当代中国职工福利和社会保险[M].北京:中国社会科学出版社,1987.
[54] 郑功成.中国社会保障制度变迁与评估[M].北京:中国人民大学出版社.2002.
[55] 郑功成.中国社会保障30年[M].北京:中国人民大学出版社,2008.
[56] 时政新.中国社会救济体系研究[M].北京:中国社会科学出版社,2002.
[57] 李学举.跨世纪的中国民政事业总卷(1994—2002)[M].北京:中国社会科学出版社,2002.
[58] 蔡昉.中国劳动与社会保障体制改革30年研究[M].北京:经济管理出版社,2008.

[59] 陈佳贵.中国社会保障发展报告 1997—2001[M].北京:社会科学文献出版社,2001.
[60] 陈佳贵,王延中.中国社会保障发展报告 2001—2004[M].北京:社会科学文献出版社,2004.
[61] 董克用.中国经济改革 30 年·社会保障卷[M].重庆:重庆大学出版社,2008.
[62] 孙祁祥,郑伟.中国社会保障制度研究——社会保险改革与商业保险发展[M].北京:中国金融出版社,2005.
[63]【英】克拉潘.简明不列颠经济史[M].范定九,等,译.上海:上海译文出版社,1980.
[64]【英】拉蒙德.论英国本土的公共福利[M].马清槐,译.北京:商务印书馆,1989.
[65]【英】尼古拉斯·巴尔.福利国家经济学[M].郑秉文,穆怀中,等,译.北京:中国劳动社会保障出版社,2004.
[66]【英】勃里格斯.英国社会史[M].陈叔平,等,译.北京:中国人民大学出版社,1991.
[67]【法】布瓦松纳.中世纪欧洲生活和劳动[M].潘源来,译.北京:商务印书馆,1985.
[68]【俄】克鲁泡特金.互助论[M].李平讴,译.北京:商务印书馆,1963.
[69]【美】福克纳.美国经济史(下卷)[M].北京:商务印书馆,1964.
[70]【美】汤普逊.中世纪经济社会史[M].耿淡如,译.北京:商务印书馆,1984.
[71]【美】罗斯福(Franklin D.Roosvelt).罗斯福选集[M].关在汉,编译.北京:商务印书馆,1982.
[72]【英】贝弗里奇(Sir William Beveridge).贝弗里奇报告——社会保险和相关服务(中/英文版)[M].北京:中国劳动社会保障出版社,2008.

中文期刊

[1] 李韬.慈善基金会缘何兴盛于美国[J].美国研究,2005(3).
[2] 柯卉兵.新自由主义社会福利及政策实践评析[J].南都学坛(人文社会科学报),2006(6).
[3] 范涛.欧洲福利理论中的中间道路学派及其影响[J].南开大学学报,2000(2).
[4] 魏娟."第三条道路"评述[J].前沿,2003(7).
[5] 岑子彬.《贝弗里奇报告》的社会保障理念及其启示[J].重庆科技学院学报(社会科学版),2010(15).
[6] 丁建定.德国社会保障制度的发展及其特点[J].南都学坛,2008(4).
[7] 王冶英,任超.对新加坡社会保障制度的评价与借鉴[J].山西高等学校社会科学学报,2007(12).
[8] 丁建定.当代西方社会保障制度改革的背景[J].南都学坛,2006(3).
[9] 郑秉文.中国社会保障制度 60 年:成就与教训[J].中国人口科学,2009(5).
[10] 宋士云.新中国社会福利制度发展的历史考察[J].中国经济史研究,2009(3).

[11] 李玲.中国社会保障制度的 60 年及其公平性研究[J].福建论坛(人文社会科学版),2009(11).

[12] 郑秉文,于环,高庆波.新中国 60 年社会保障制度回顾[J].当代中国史研究,2010(2).

[13] 郑功成.中国社会保障制度改革的新思考[J].山东社会学,2007(6).

[14] 高书生.中国社会保障制度改革:回顾和思考[J].经济学动态,2005(2).

[15] 李迎生.中国社会保障制度改革的目标定位新探[J].社会,2006(2).

[16] 丁建定,王鑫.中国社会保障制度整合与体系完善的基本思路[J].学习与实践,2013(5).

外文文献

[1] Charles Zastrow. Introduction to Social work and Social Welfare[M]. California: Brooks/Cole Publishing Company, 2003:15.

[2] Gaston V. Rimlinger. Welfare Policy and Industrialization in Europe, America, and Russia[M]. John Wiley & Sons, Inc., 1971.

[3] George T. Martin. Social Policy in the Welfare State[M]. New Jersey: Prentice Hall, 1990.

[4] Olwen H. Hufton. The Poor of Eighteen-Century France 1750—1789[M]. Oxford, 1974.

[5] Sven E. Ollson. Social Policy and Welfare State in Sweden[M]. Lurid Arkiv Academic Press, 1993.

[6] Tommy Bengtsson. Population, Economy and Welfare State[M]. Berlin: Springer-Verlag Berlin and Heidelberg GmbH & Co. K,1994.

[7] Titmuss, R. M. The Social Division of Welfare: Some Reflection on the Search for Equity[M]. London: Allen and Unwin,1958.

[8] Gaston. V. Rimlinger. welfare Policy, Industrialization in Europe, America and Russia[M]. New York, 1971.

[9] Peter A. Kohler. The Evolution of the Social Insurance, 1881—1981, Studies of Germany, France, Great Britain, Austria and Swithland[M]. New York, 1982.

后　记

本书的编写得益于上海工程技术大学校领导和相关职能部门的大力支持。在编写过程中，本书被列入上海工程技术大学社会保障专业系列课程教材资助项目，获得了资金资助，特此鸣谢。

本书是由长期从事社会保障及相关专业教学与研究的高校教师共同完成的，可以说是集体智慧的结晶。全书由学院张健明教授组织策划并悉心指导，刘芳和毕可影负责拟定各章提纲并进行写作分工和最后统稿。社会保障专业研究生朱传娟、黄茜、陈张义、许力、高露、姚敏、韩朋、王昌飞也参与了书稿的资料收集与整理工作。

在本书的编写过程中，我们参考了有关社会保障制度的诸多研究成果，有些引文已在文中标明，有些仅在参考文献中列出。在此，我们对这些专家和学者深表敬意和谢意！

社会保障制度在我国仍是一门较新的课程，对于社会保障制度史的研究也是一个崭新的领域，本书内容虽经编写组诸位同仁反复商榷，精心筛选，但疏漏和不足之处仍在所难免。惟望来日能够增广补阙，使之更为充实和丰满。

本书的出版离不开上海交通大学出版社诸位编辑的艰辛付出，在此表示诚挚的感谢！

编　者

2018 年 1 月